제2판

영유아 프로그램 개발과 평가

Early Childhood Program Development and Evaluation

하정연 노진형 전재선 황현숙 허우정 공저

YANGSEOWON
양서원

머리말

맞벌이 가정의 증가, 다문화 사회, 출산율 저하, 생태적 환경 위기 등 최근 급속한 사회 변화는 다양한 영유아 프로그램을 요구하고 있다. 따라서 다양한 국내 · 외 영유아 프로그램의 특성을 분석해서 이들 프로그램의 이론적 기초 및 실천 과정을 알아볼 필요가 있다. 아울러 영유아 프로그램 개발 관련 지침과 개발 절차를 알아봄으로써 다양하고 질 높은 영유아 프로그램 개발을 위한 가이드라인을 얻을 수 있을 것으로 본다.

이상의 취지를 담아 출판하는 이 책은 전체가 4부 12개의 장으로 구성되어 있다.

제 1부는 3개의 장으로 구성되며 영유아 프로그램 개발의 기초에 관하여 다루고 있다. 1장에서는 영유아 프로그램의 개념과 이론적 기초인 철학적 기초, 심리적 기초, 사회적 기초를 다루고 있다. 2장에서는 영유아 프로그램 개발 개념 및 절차, 영유아 프로그램의 유형에 대하여 다루고 있다. 3장에서는 현대 영유아 프로그램 개발의 동향에 대한 내용으로 영유아 인성교육 프로그램, 영유아 창의성교육 프로그램, 지속가능발전교육에 대하여 다루고 있다.

제 2부는 5개의 장으로 구성되며 현대 영유아 프로그램 모델을 소개하고 있다. 4장에서는 몬테소리 프로그램의 배경, 몬테소리 프로그램의 개념, 준비된 환경, 몬테소리 프로그램의 교육내용을 다루고 있다. 5장에서는 레지오 에밀리아 접근법의 배경, 운영, 레지오 에밀리아 접근법의 교사, 레지오 에밀리아 접근법의 실제를 다루고 있다. 6장에서는 프로젝트 접근법의 이론적 배경, 프로젝트 접근법의 교육목표 및 과정, 교사 역할에 대하여 다루고 있다. 7장에서는 발도르프 프로그램의 이론적 배경, 슈타이너의 인간발달론, 발도르프 프로그램의 구성, 발도르프 유치원 프로그램의 운영 특징을 다루고 있다. 8장에서는 생태유아교육의 개념 및 기본 체계도, 생태유아교육 프로그램의 목적 및 목표, 내용, 교육방법, 운영에 대하여 다루고 있다. 제 2부 각 장의 프로그램 실제를 소개할 때는 사진과 현장 사례를 수록하여 독자들에게 내용 이해와 생동감을 주고자 노력하였다.

제 3부는 3개의 장으로 구성되어 있으며 현대 사회변화에 따른 영유아 프로그램을 소개하고 있다. 9장에서는 종일제 프로그램의 개념 및 유형, 종일제 프로그램의 운영, 종일제 프로그램의 교사 역할, 종일제 프로그램의 실제를 다루고 있다. 10장에서는 포괄적 보육 프로그램의 배경과 개념, 구성요소, 내용, 사례를 다루고 있다. 11장에서는 장애영유아 통

합 프로그램의 이론적 배경, 장애영유아 통합 프로그램의 이해, 장애영유아 통합 프로그램의 실제에 대하여 다루고 있다.

제 4부는 1개의 장으로 구성되어 있으며 영유아 프로그램의 평가를 소개하고 있다. 12장에서는 영유아 프로그램 평가의 이해, 평가의 적용, 국가 수준 교육과정에 대한 평가의 실제에 대하여 다루고 있다.

이 책은 대학에서 한 학기 동안 강의를 할 수 있도록 내용을 구성하였으며, 유아교육기관의 원장, 교사 및 유아교육 관련 연구를 하는 대학원생이나 학부모가 참고할 수 있는 내용을 수록하였다.

다섯 명의 저자가 여러 차례 논의 끝에 집필한 책이지만 아직 부족한 부분이 많이 보인다. 이 책을 읽는 독자들의 애정 어린 충고를 바탕으로 계속 수정 · 보완해서 보다 정교한 책으로 발전시켜 나가고자 한다.

이 책이 나오기까지 많은 사람의 도움이 있었다. 먼저, 이 책의 사진 자료를 제공해 준 유아교육현장의 아이들, 원장님, 선생님들께 감사의 마음을 전한다. 신명나게 뛰어 놀고 열심히 활동한 아이들과 아이들의 모습을 정리해 준 유아교육현장의 선생님과 원장님이 없었다면 이 책은 나올 수 없었기 때문이다. 또한 참고자료를 제공해 주고, 편집과정에 도움을 준 선 · 후배 및 동료교수님들께도 감사를 드린다. 마지막으로 이 책의 출간을 맡아주신 양서원 박철용 회장님과 부족한 원고를 꼼꼼하게 편집해 준 양서원 직원 여러분의 노고에도 감사의 인사를 전한다.

2019년 6월

저자 일동

목차

PART 2 현대 영유아 프로그램 모델

Chapter 04 몬테소리 프로그램

Chapter 05 레지오 에밀리아 접근법

Chapter 06 프로젝트 접근법

Chapter 07 발도르프 프로그램

Chapter 08 생태유아교육 프로그램

PART 3
현대 사회변화에 따른 영유아 프로그램

Chapter 09 종일제 프로그램

Chapter 10 포괄적 보육 프로그램

Chapter 11 장애영유아 통합 프로그램

PART
1

영유아 프로그램 개발의 이해

Chapter

01

영유아 프로그램의 기초

01 영유아 프로그램의 개념

프로그램이란 협의로 해석하면, 교과과정이나 특별한 주제와 관련된 학습과정으로 정의할 수 있다. 그러나 광의로 해석하면 각 지역사회 기관에서의 모든 종류의 코스나 학교에서 제공하고 있는 교과과정으로 정의할 수 있다.

프로그램이란 교육대상자의 긍정적인 발달을 위해 그들에게 제공하는 활동 목표, 내용, 방법, 환경, 교사 역할, 평가를 해 놓은 설계도로써 어떠한 목적을 달성하기 위해서 선택된 활동으로 누가, 무엇을, 어떻게, 왜, 언제, 어디서, 누구와 행할 것인가를 보다 구체적으로 제시해 주는 활동 지침이라 할 수 있다(조희금, 2010).

이런 맥락에서 보면 영유아 프로그램이란 어떤 특정 이론이나 입장에 근거하여 조직된 영유아 교육과정의 한 형태로서, 일반적인 교육과정의 개념보다 구체화되고 실제 현장에서 가르치는 교육내용을 상세하게 기술한 협의의 개념으로 이해할 수 있다(김영명 외, 2011; 임재택 외, 2008). 임재택 등(2008)은 '영유아 교육과정'과 '영유아 프로그램'을 구분하여 영유아 프로그램은 어떤 특정 이론이나 입장에 근거하여 제안된 영유아 교육과정의 한 형태로 일종의 교육활동계획안이라고 할 수 있으며, 영유아 교육과정은 여러 가지 입장이나 형태의 영유아 프로그램을 포괄하는 광의의 개념으로 사용되고 있다고 하였다.

영유아 프로그램이란 특정한 이론이나 철학적 입장에 근거하고 있거나 특정 아동 혹은 기관 및 지역사회의 특성이나 요구를 반영하고 있으며 프로그램의 실시방법이 비교적 구조화되어 있는 특징을 지닌다(김영명 외, 2011).

따라서 영유아를 위한 프로그램의 개발이란 특정한 이론이나 철학적 입장에 근거하고 특정 아동 혹은 기관 및 지역사회의 특성이나 요구를 반영하여 보육과 교육이 이루어지는 현장에서 실행 가능한 프로그램을 구성하는 것으로서 프로그램 개발의 목적에 따라 교육계획을 수립하고 이를 적용한 후 수정하는 과정을 통해 다시 재구성하는 순환적인 활동이라고 할 수 있다. 영유아 프로그램의 개발은 일반적으로 개발과 적용, 평가의 단계를 거쳐 이루어지며 개발된 프로그램은 현장에서의 적용을 통해 문제점과 개선점이 발견되면 다시 수정과 보완이 이루어진다(김영명 외, 2011).

02 ····· 영유아 프로그램의 이론적 기초

1) 철학적 기초

인류 역사가 시작된 이래로 많은 철학자와 교육사상가들이 영유아의 본성에 대한 탐구와 영유아 프로그램의 기초가 되는 다양한 이론을 제시해 왔다. 따라서 고대, 중세, 근대, 현대로 시기를 구분하여 다양한 사상가들의 이론을 살펴봄으로써 영유아 프로그램의 이해를 돕고자 한다.

(1) 고대

고대의 대표적인 사상가로는 플라톤(Platon)과 아리스토텔레스(Aristoteles)를 들 수 있으며, 여기서는 이들의 교육사상을 중심으로 살펴보기로 한다.

① 플라톤(Platon)

플라톤(Platon)은 유아교육 원리를 영유아의 생명 성장을 돕는 것이어야 하며, 영

플라톤(Platon)

유아들이 성장하는 영혼에 적절한 자양분을 줄 수 있어야 하며, 영혼의 본성에 대한 이해를 필요로 한다고 하였다.

플라톤(Platon)의 교육은 체육교육, 음악교육, 놀이교육으로 나눌 수 있다. 영유아들은 7세까지는 놀이와 동화세계에서 성장하기 때문에 주로 스포츠, 게임, 유희, 음악, 시 등과 접하게 하는 것이 중요함을 역설했다(전남련 외, 2012).

그는 인간이 갖고 태어난 본성을 존중해서 강제 학습이나 체벌을 사용하는 교육방법을 반대하였으며, 외부로부터 주입하는 지식보다는 내재한 능력을 바람직한 방향으로 발현시켜 주는 교육을 강조하였다. 특히 유아기에는 놀이를 통한 교육이 중요하다고 보았는데, 놀이가 자발적인 내적 욕구를 자연스럽게 표출시키는 과정이기 때문이라고 보았다.

교사는 안내자의 역할을 해야 함을 강조하였고, 성숙한 인격 육성을 교육목표로 정했다(전남련 외, 2012). 그는 고대 사상가들 중에서 유일하게 남녀 평등교육을 주장한 학자이다.

아리스토텔레스(Aristoteles)

② 아리스토텔레스(Aristoteles)

아리스토텔레스(Aristoteles)는 교육의 궁극적인 목적은 사람으로 하여금 행복한 삶을 살게 하는 것이며 행복은 기본적으로 교육을 통하여 얻을 수 있다고 보았다. 그의 교육관은 주로 정치관에 기초하고 있는데, 교육은 실천정치의 일부이므로 공영사업이 되어야 한다고 보았다. 아리스토텔레스(Aristoteles)는 국가의 힘을 곧 시민 개인의 힘으로 보았으며, 탁월한 국가는 탁월한 시민양성에 중점을 두어야 하고, 탁월한 시민양성을 위해서는 집단적인 교육보다 개인차를 볼 수 있는 개별교육이 중요하다고 하였다.

아리스토텔레스(Aristoteles)는 육체에 대한 훈련이 정신에 대한 교육보다 앞서고, 습관에 의한 교육이 이성에 의한 교육보다 앞서야 한다고 보았다. 교육의 순서도 먼저 신체 단련에서 출발하여 좋은 습관 형성단계를 거쳐 결국 지성의 도야에 이르게 된다고 하였다. 5세 이전 영유아의 교육공간은 가정이며, 놀이를 통해 가장 기본적인 신체훈련과 정신훈련이 이루어져야 한다고 보았다.

(2) 중세

중세의 두드러진 특징은 영유아를 '성인의 축소판'으로 인지한다는 점이다. 영유아를 독립적인 개체로 인식하기보다 성인에 비하여 모든 것이 부족하고, 신체 크기가 작은 성인의 축소물로 취급되어 5~6세만 되어도 노동과 군사 활동에 참여하였다. 영유아를 군사적인 용맹과 충성심 있는 기사로 키우는 것에 교육목적이 있었기 때문에 유아를 군사력과 경제력 확보의 수단으로 간주하였다(황해익 외, 2008).

(3) 근대

① 코메니우스(Comenius)

근대교육의 아버지라 불리는 코메니우스(Comenius)는 영유아부터 성인기에 이르기까지 발달단계에 따라 적절한 교육 제도와 방법을 수립했다. 그의 대표적인 저서인 『대교수학』에서는 인간발달을 네 단계로 나누어 설명하였는데, 그중 출생에서 6세까지의 영유아기는 가정 또는 어머니의 무릎에서 이루어지는 '어머니 무릎학교'의 교육을 강조하였다.

코메니우스(Comenius)

코메니우스(Comenius)는 엄마들이 유아학교(nursery school)를 조직하여야 한다고 가르쳤다. 이러한 유아학교는 형식적 교육을 제공하기보다 놀이, 노래,

게임을 통해 학교생활을 준비해야 한다고 보았다. 그는 모든 학교는 사회의 거울이어야 하며, 학습에 사용되는 사물을 실생활에서 사용해야 한다고 하였다(김수영 외, 2008).

코메니우스(Comenius)는 인간의 내재적 가능성을 믿고 영유아를 선한 존재로 보았으며, 가능한 일찍 교육을 시작해야 하지만 영유아가 준비가 되기 전에 강요하거나 체벌을 사용해서는 안 되며, 영유아의 자연적 발달 순서에 따라 교육활동을 제시하는 합자연의 원리에 따라야 한다고 주장했다(문혁준 외, 2014).

코메니우스(Comenius)는 영유아의 놀이를 중요한 교육내용으로 보았다. 그리고 지금도 최초의 시청각 교재로 높이 평가되고 있는 『세계도회』의 서문에서 "감각에 존재하지 않고 지성에 존재하는 것은 하나도 없다"고 하여 감각적 직관을 강조하였다.

② 로크(Locke)

로크(Locke)

로크(Locke)는 인간은 선하지도 않으며 악하지도 않은 백지와 같은 상태로 태어난다는 백지설(Tabula Rasa)을 제안하였는데, 이는 인간의 본성이 이미 결정된 것이 아니라 출생 이후 경험하는 환경적 자극에 의하여 만들어지는 산물로 본 것이다. 즉, 영유아의 선천적인 능력이나 소질보다 후천적인 교육의 역할을 강조하여 외부로부터 받는 물리적 · 사회적 환경과 자극을 강조하였다.

따라서 로크(Locke)의 교육목적은 훈련을 통한 습관 형성으로 체육 · 덕육 · 지육을 통한 건전한 인격을 갖춘 신사를 육성하는 데 있다. 교육내용은 신체교육, 도덕교육, 지적교육으로 구분되는데, 로크(Locke)는 지적교육보다는 도덕교육을 더 중시하였다.

영유아의 흥미를 유발시키기 위해 학습에 놀잇감을 처음 도입하였는데 그가 말한 놀잇감은 자연물에 초점을 둔 돌, 낙엽 등과 같은 것이었다. 영유아가 바르게 생각하고 행동하는 습관을 만들어주는 교육방법을 중시했다. 영유아가 즐겁게 학습할 수 있도록 하기 위해서 엄격한 훈육과 체벌은 반대했다. 영유아에게는 체벌보다는 격려 등을 통해 합리적인 지식과 도덕적인 행동을 형성해 나가도록 해야 한다고 주장하였다.

유전보다는 환경을 우선시한 로크(Locke)는 헤드 스타트(Head Start)와 같이 불리한 환경의 영유아를 위한 보상 프로그램 개발에 영향을 주었다.

③ 루소(Rousseau)

18세기의 대표적인 계몽주의 사상가였던 루소(Rousseau)는 아동존중사상과 자연주의사상(naturalism)을 강조하였다. 루소(Rousseau)가 말하는 자연주의사상은 사회의 인위와 허세를 버리고 제약과 간섭 없이 아이를 교육시키는 것을 의미한다.

루소(Rousseau)

루소(Rousseau)는 진정한 교육은 사회의 구속에서 벗어나 자유롭게 성장할 수 있을 때 가능한데, 영유아들은 사회에서 성장하는 동안 온갖 편견, 권위, 위선들을 경험하면서 사악해지고 타락한다고 보았다. 자연인을 만드는 것이 바로 교육이며, 선을 지키려는 본성이 자연인의 특성이라고 보았다. 또한 루소(Rousseau)는 영유아는 성인의 축소판이 아니라 각각의 발달시기마다 완성해야 할 독자적인 세계가 따로 있는 인격적 존재이며, 사회의 중요한 구성원이라는 아동관을 확립하였다. 루소(Rousseau)는 영유아에게도 인간답게 살 수 있는 기회를 주어야 하며, 개인적인 자유와 권리를 보장해야 한다고 주장하였다(황해익 외, 2008).

루소(Rousseau)는 『에밀』이라는 책을 통해서 영유아기부터 청년기까지의 연령에 따른 다섯 가지 교육단계를 구분하였다. 출생에서 언어를 습득하는 2세까지의 영유아기에는 신체활동을 통해 가장 잘 배울 수 있고, 이후 3~12세 아동기는 환경에 대한 탐색과 직접적 경험을 통해 가장 잘 학습할 수 있는 감각교육기라고 하였다.

루소(Rousseau)는 자연적인 교육방법을 중시하였다. 그는 영유아의 발달단계에 맞는 교육이 체계적으로 이루어져야 한다고 주장하였다. 교육이란 성인의 사고나 도덕을 영유아에게 강제적으로 주입시키는 '적극적인 교육'이 아니라 오히려 만연한 오류나 악덕으로부터 영유아를 보호하는 '소극적 교육'이어야 한다고 주장했다. 소극적인 교육은 영유아의 자연스러운 발달을 보장해 주는데, 이를 위해서는 바람직한 환경에서 영유아의 자유로운 활동을 존중해야 한다고 보았다. 또한 그는 영유아의 성장에 맞는 자연스러운 내면적 발달과 사물을 통한 경험교육, 즉 인간에 의한 교육과 견학이나 실존 사물을 관찰하는 교육이 서로 조화를 이룰 때 완전한 교육이 될 수 있다고 보았다.

④ 페스탈로찌(Pestalozzi)

페스탈로찌(Pestalozzi)

페스탈로찌(Pestalozzi)의 교육사상은 실제 체험을 바탕으로 한 것이다. 그의 교육목적은 인간과 사회 개혁에 두고 있으며, 교육의 본질적인 수단으로 인간을 도야하고, 도야된 인간을 통하여 인간을 개혁하고, 개혁된 인간에 의해 사회개혁이 이루어진다고 보았다. 그는 교육을 영유아에게 내재된 능력을 개발할 수 있게 기회를 열어주는 것이라고 보았다.

페스탈로찌(Pestalozzi)는 모든 영유아는 하나님이 주신 성스러운 인간성의 힘이 깃들어 있다고 보았다. 교육이란 그런 인간성을 계발하는 것으로 인간의 도덕적 · 신체적 · 지적인 능력이 조화롭게 성장할 수 있도록 도와주는 일이라고 하였다.

그의 저서 『어머니에게 보내는 편지』에 잘 나타나 있듯이 페스탈로찌(Pestalozzi)는 어머니와의 관계 속에서 유아관을 설명하고 있다. 즉, 페스탈로찌(Pestalozzi)는 어머니와 자식 사이의 사랑의 대화가 이루어지는 가정을 중요한 교육의 장으로 신성하게 여겼다. 자녀교육을 지탱하고 있는 것은 어머니의 사랑이며, 모든 교육은 어머니의 모성애로부터 출발하고, 이것이 교사의 제 1의 조건이고 원동력으로 작용한다고 본 것이다(황해익 외, 2008).

페스탈로찌(Pestalozzi)의 직관의 원리, 합자연의 원리, 자기활동의 원리, 노작의 원리 등은 근대 교육학의 중심이 되었으며, 활동중심 교육, 아동중심 교육의 출발점이 되었다. 교육은 인간 본성에서 출발해야 한다는 페스탈로찌(Pestalozzi)의 관점은 후에 듀이(Dewey), 피아제(Piaget)의 이론을 뒷받침하는 계기가 되었다(김혜경, 2009).

⑤ 프뢰벨(Froebel)

프뢰벨(Froebel)

프뢰벨(Froebel)은 독일 삼림지대인 튜링겐의 오버바이스바흐에서 태어났으며, 독일 낭만주의의 영향을 받은 교육사상가이자 실천가이다. 프뢰벨(Froebel)은 낭만주의의 영향으로 인간의 정신영역을 식물 생명에 비유하여, 영유아를 '미숙한 인간이 아니라 자신의 개별적인 성향을 내부에 지닌 존재'로 인식하였다. 그리고 영유아의 정신능력은 자신의 내부에 주어져 있는 법칙에 따라서 자연적으로 형성되는 것으로 보았다. 이에 따라 그의 교육론은 개화과정(unfolding), 즉 영유아 스스로의 자연적 필요에 의해서 사고가 일어나도록 돕는 교육이어야 한다고 주장하였다(박찬옥 외, 2011).

프뢰벨(Froebel)은 처음으로 "어린이들의 놀이정원"이라는 의미를 담은 "킨더가든(Kindergarden)"이라는 말을 사용하였으며, 이는 유치원이란 이름으로 전 세계에 보급되었다.

프뢰벨(Froebel)은 은물(恩物)이라는 교구를 만들었는데 이것을 통하여 영유아들이 우주의 조화, 다양성, 상호 관련성 등을 배우도록 하였다. 공, 정육면체, 원통에서 찰흙, 종이 오리기 등에 이르기까지 지금도 유아교육현장에서 다양하게 활용되고 있다.

프뢰벨(Froebel)의 가장 큰 혁신은 놀이이다. 그는 놀이를 통해 학습이 이루어져야 하며 단순히 유아들의 놀이를 방임하는 것이 아니라 어른이 놀이 환경을 구조화함으로써 유아가 놀이를 통해 학습할 수 있도록 도와야 한다고 주장했다. 프뢰벨(Froebel)은 당시 만연해 있었던 성인중심적인 교육에서 벗어나 놀이중심 교육의 장을 열었으며, 영유아에 대한 존중과 수동적 학습보다는 놀이를 통한 신체 움직임이 중요하다는 노작교육의 기초를 만들었다. 또한 유치원은 영유아들에게 또래 집단과의 상호작용을 통한 사회성 발달과 같은 새로운 유아교육 모형을 가장 먼저 제시하였다(강란혜, 곽미영, 2011).

(4) 현대

① 듀이(Dewey)

듀이(Dewey)

듀이(Dewey)는 실용주의에 근거를 두고 진보주의 교육사상을 펼친 교육실천가이다. 실용주의는 20세기 대표적인 사상으로, 도구주의 또는 실험주의라고도 한다. 이 사상은 진리와 가치를 경험 속에서 얻으려고 하였고, 변화와 경험을 중요시하였다. 즉, 지식은 그 자체가 가치 있는 것이 아니라, 사람이 주위 환경 사회에 적응하면서 당면하는 여러 문제를 해결하기 위한 도구의 기능을 할 때 가치 있다고 보는 입장이다(박찬옥 외, 2011).

실용주의에 기반을 둔 진보주의 교육사상은 19세기 말경 그의 실험학교를 통하여 새로운 교육사상으로 전개되었으며, 20세기 대표적인 교육사상으로 자리 잡았다.

듀이(Dewey)는 영유아를 개인적인 능력과 관심을 지닌 '개인적인 존재'로서 뿐만 아니라 환경과 능동적으로 상호작용하는 '사회적인 존재'임을 강조하였다. 그리고 그는 교육의 실용성을 강조하여 영유아들에게 의미 있고 흥미로운 경험을 중시하는 '생활중심 교육'을 강조하였다.

② 몬테소리(Montessori)

이탈리아 최초의 여의사로서 1906년 3~7세를 위한 '어린이의 집(Casa dei Bambini)'

을 세운 몬테소리(Montessori)는 영유아를 스스로 탐색하고 학습하는 능동적인 존재로 인식하고 이를 교육의 시발점으로 삼았다. 즉, 영유아는 스스로 발달해 나갈 수 있는 내적 생명력을 가지고 있으며, 영유아 자신이 그 생명력을 스스로 펼쳐나간다고 보았다. 그녀의 교육사상은 민감기, 준비된 환경, 흡수정신, 자동교육, 정상화로 요약된다.

몬테소리(Montessori)

- 민감기 : 영유아가 발달해 가는 동안 특정 행동과 기술을 더욱 쉽게 익힐 수 있는 최적의 시기를 말한다. 이 시기에 영유아는 내부에 잠재된 흡수정신을 통해 환경을 빨아들이듯 강하게 학습하며 스스로 경험을 통해 배운다.
- 준비된 환경 : 준비된 환경이란 영유아를 관찰한 후 교사가 영유아 발달에 가장 적합한 활동들로 환경을 준비해 놓은 것을 의미한다. 몬테소리(Montessori)는 잘 준비된 교육환경을 위해 몬테소리(Montessori) 교구를 고안해 냈다. 몬테소리(Montessori) 교구는 시각, 미각, 청각, 촉각 등을 발달시켜 주는 감각교구와 영유아가 스스로 입고 벗고 먹는 것을 연습함으로써 자조능력을 키워주는 일상생활 훈련교구, 인지발달을 도모하는 수교구와 언어교구 등으로 구성되어 있다(강란혜, 곽미영, 2011).
- 자동교육(auto education) : 몬테소리(Montessori)는 영유아 스스로 교구와의 상호작용을 통하여 행동을 수정한다고 보았다. 자동교육이 이루어지기 위해서는 준비된 환경을 제공하는 것이 중요하므로 교사는 영유아를 도와주는 역할을 한다.

2) 심리적 기초

20세기 이후 영유아 발달에 대한 다양한 학자들의 견해가 유아교육현장에 적용되어 왔으며, 이를 통하여 다양한 영유아 프로그램이 개발되어졌다. 본 장에서는 성숙주의 이론, 정신분석이론, 행동주의 이론, 구성주의 이론, 생태학적 이론에 대해 알아본다.

(1) 성숙주의 이론

성숙주의 이론이란 영유아가 타고난 유전적 요인에 의해 성장과 발달이 결정된다고 보는 이론이다. 즉, 영유아의 발달은 생물학적, 유전적 혹은 내재적 요인에 의해 이미 정해져 있는 내용과 순서에 따라 일어나는 과정이라고 인식하는 것이다. 성숙주의의 대표적인 학자로 게젤(Gesell)을 들 수 있다.

게젤(Gesell)의 성숙주의 이론은 홀(Hall)의 예정된 발달단계이론의 영향을 받았다. 게젤(Gesell)은 모든 유기체는 유전적 요소에 의해 성장 방향이 결정되어 있다고 보았다. 그는 영유아의 신체적, 인지적, 사회 · 정서적 발달에서의 표준행동을 찾아 표준행동목록을 만들었다. 표준행동목록은 특정 연령 수준에서 기대되는 행동이 서술되어 있어 영유아의 성장이 정상적으로 진행되고 있는지 비교할 수 있는 기준을 제공하였는데, 그 자체가 영유아 프로그램의 내용으로 활용되기도 하였다(김수영 외, 2008).

(2) 정신분석이론

프로이드(Freud)에 의해 창안된 정신분석이론은 인간의 정서, 동기, 인성 등 정신적인 과정을 이해함으로써 인간의 행동을 설명하는 데 관심을 가진다. 즉, 정신분석이론은 심리적 문제가 뇌세포나 신경의 이상이 아닌 마음의 문제에서 비롯될 수 있으며, 무의식 속에 억압되어 있는 심리적인 문제들을 치유해야 해결될 수 있다고 본다.

프로이드(Freud)는 인간의 성격이 원초아(id), 자아(ego), 초자아(super ego)의 세 구조로 구성된다고 보았다. 원초아는 성격의 가장 원초적인 부분으로써 생물학적인 본능으로 구성되어 있다. 자아는 즉흥적인 충동을 억제시키며 현실을 고려하도록 한다. 초자아는 옳고 그름에 대한 판단 역할을 하는 것이다. 자아와 초자아는 의식세계와 무의식세계에 걸쳐 존재한다.

프로이드(Freud)는 인간에게는 리비도(libido)라고 부르는 성적 에너지가 존재한다고 보고, 영유아가 성장함에 따라 이 리비도가 신체의 특정 부위로 이동하는 것에 따라서 발달단계를 구강기, 항문기, 남근기, 잠복기, 생식기의 5단계로 구분하였다. 각 발달단계에는 충분히 충족되어야 할 독특한 욕구가 존재하는데, 이 욕구가 지나치게 과잉되거나 결핍되면 발달에 문제가 생기게 된다고 보았다. 즉, 영유아기에 충분히 충족되지 못한 욕구는 인간의 행동에 결정적인 영향을 주는 무의식 속에 부정적인 정서로 잠재되어 영유아가 건전한 인성을 갖춘 성인으로 성장하는 데 방해요소가 될 수 있다.

한편, 에릭슨(Erikson)은 프로이드(Freud)와 달리 발달의 사회적 맥락을 강조하였는데, 문화적 · 사회적 욕구가 인간발달에 더 영향을 미친다고 하였다. 프로이드(Freud)가 인간 행동의 동기를 본능적, 성적인 것으로 보았다면, 에릭슨(Erikson)은 인간 행동의 동기는 사회적이고 다른 사람들과 사귀고 싶어 하는 욕구를 반영한다고 보았다. 프로이드(Freud)와 에릭슨(Erikson)의 발달관은 기본적으로 동일하지만 프로이드(Freud)가 인간발달의 성적 차원을, 에릭슨(Erikson)이 사회적 차원을 강조한다는 점에서 차이가 있다.

에릭슨(Erikson)은 인간의 발달을 출생에서 노년기에 이르기까지 8가지 발달단계로 설명하였는데, 각 단계는 그 시기에 겪어야 하는 발달 위기를 서로 대립되는 양극의 개념으로 제시하고 있다.

에릭슨(Erikson)이 제시한 심리사회적 발달의 8단계는 신뢰감 대 불신감(출생~1세), 자율성 대 수치심과 회의감(1~3세), 주도성 대 죄책감(3~6세), 근면성 대 열등감(6~11세), 정체감 대 정체감 혼미(12~18세), 친밀감 대 고립감(성인기), 생산성 대 침체성(중년기), 통합감 대 절망감(노년기)으로 구분된다(황해익 외, 2008).

(3) 행동주의 이론

행동주의 이론은 인간발달에 미치는 환경의 영향력을 중요시한다. 즉, 인간발달이란 어떤 환경에서 어떤 경험을 했느냐에 따라 달라진다고 보는 견해이다. 따라서 내면의 감정이나 마음을 연구하기보다 직접 관찰하고 측정할 수 있는 행동을 연구할 필요가 있음을 강조하였다.

행동주의 이론을 대표하는 학자로는 파블로브(Pavlov), 왓슨(Watson), 스키너(Skinner), 반두라(Bandura) 등이 있으며, 그중 스키너(Skinner)와 반두라(Bandura)를 중심으로 살펴보기로 한다.

스키너(Skinner)의 행동주의 이론을 조작적 조건형성이론이라고 한다. 영유아의 특정 행동이 강화를 받으면 그 행동의 발생 빈도가 높아지는 반면, 처벌을 받게 되면 그 행동의 발생 빈도가 낮아진다는 것이다. 즉, 인간의 모든 행동은 보상과 강화에 의해 결정된다는 것이다. 이처럼, 행동주의 이론은 영유아의 바람직한 행동에 대해 강화를 해 줌으로써 바람직한 행동의 빈도를 높이고, 바람직하지 않은 행동이나 실수를 줄이는 데 관심을 두고 있다. 따라서 부모나 교사는 적응 행동의 빈도를 높이기 위해 직접적인 교수, 구체적인 보상, 그리고 칭찬과 사회적인 인정 등의 방법을 활용하는 것이 바람직하다고 보았다.

반두라(Bandura)는 영유아의 행동은 다른 사람의 행동을 관찰하고 주의를 기울이며 기억하고 인지적으로 재현하고 모방함으로써 발달한다고 보았다. 학습은 직접적인 강화와 처벌을 받는 경험을 통해 이루어지기도 하지만 다른 사람의 행동을 관찰함으로써 새로운 행동을 학습하고 억제하기도 한다(전남련 외, 2008). 이처럼, 반두라(Bandura)는 사회적 상황에서 모방을 통하여 학습하는 관찰학습을 강조하였는데, 관찰학습은 모방 또는 모델링이라고 한다. 반두라(Bandura)의 이론은 영유아교육에 있어서 모델과 본보기 교육의 중요성을 인식시켰다.

(4) 구성주의 이론

구성주의 이론은 영유아의 발달이 유전적 요인과 환경적 요인 간의 상호작용 결과로 이루어진다고 보았다. 즉, 영유아는 주변 환경과의 상호작용을 통해서 자발적, 능동적으로 학습한다고 보았다. 구성주의 이론을 대표하는 학자로는 피아제(Piaget)와 비고츠키(Vygotsky)가 있다.

피아제(Piaget)에 의하면, 영유아는 새로운 환경에 적응하기 위하여 자신의 도식을 평형상태로 유지하고자 동화(assimilation)와 조절(accomodation)을 사용하게 된다. 동화와 조절은 적응(adaption)을 통해 도식이 변화하는 과정이다. 동화는 새로운 환경자극에 반응함으로써 기존 도식을 사용해 새로운 자극을 이해하는 것이다. 조절은 기본 도식으로 새로운 사물을 이해할 수 없을 때, 기존 도식을 변경하는 것이다.

그리고 평형은 동화와 조절의 균형을 의미한다. 인지구조는 항상 평형을 이루고자 하며, 이러한 힘에 의해 동화와 조절은 끊임없이 일어난다.

피아제(Piaget)는 영유아가 능동적으로 외부세계를 탐색하고 조작함으로써 인지발달이 일어난다고 보았다. 또한 영유아의 인지발달은 불변적 · 계열적인 단계를 거쳐 일어난다고 보았다.

피아제(Piaget)는 인지구조가 질적으로 변화하는 과정에 따라 인지발달 단계를 감각운동기(0~2세), 전조작기(2~6세), 구체적 조작기(6~11세), 형식적 조작기(11세 이후)의 4단계로 구분하였다. 발달은 예측 가능하며 점진적으로 진행되는 과정으로, 영유아는 발달의 능동적 주체자로 각 발달단계마다 독특한 인지구조를 스스로 획득해 간다고 보았다.

비고츠키(Vygotsky)는 개인 내부에서 일어나는 인지발달 기제에 초점을 두고 있는 피아제(Piaget)와 달리 인지발달에 영향을 미치는 사회적 요인을 강조했다는 점에서 사회문화적 구성주의자라고 불린다. 비고츠키(Vygotsky)는 모든 영유아가 똑같은 인지발달 단계를 거친다고 보지 않았으며, 사회가 영유아의 인지발달을 중재한다고 보았다.

비고츠키(Vygotsky)는 놀이를 중요한 매개로 생각하였기 때문에 영유아는 놀이 속에서 자신이 속한 사회의 상징과 개념을 상호작용하면서 학습할 뿐만 아니라 사회적 기술을 발달시킨다고 보았다. 또한 그는 영유아의 학습잠재력을 발달시키는 과정에서 부모, 교사, 또래의 협동과 지지가 중요한 영향을 미친다는 점을 착안하여 근접발달지대(zone of proximal development, ZPD)와 스케폴딩(scaffolding)의 개념을 제시하였다. 근접발달지대(ZPD)란 영유아가 독립적으로 문제를 해결하는 실제적 발달수준과 좀 더 지식이 풍부한 성인이나 유능한 또래의 도움을 받아 성취할 수 있는 잠재적 발달수준 사이의 거리를 말한다. 비고츠키(Vygotsky)는 근접발달지대 형성을 위해서 사회 · 문화적 환경과의 의도적인 상호작용이 필요하다고 보았다.

비고츠키(Vygotsky)는 교육이 발달을 주도한다고 보았기 때문에 근접발달지대를 형성하기 위해서 교사와 성인, 유능한 또래의 역할이 중요하다고 보았는데, 그것이 바로 스케폴딩(scaffolding)이다. 스케폴딩(비계설정)의 사전적 의미는 '건물을 건축하거나 수리할 때 인부들이 건축 재료를 운반하며 오르내릴 수 있도록 건물 주변에 세우는 장대와 두꺼운 판자로 된 발판을 세우는 것'이다. 스케폴딩(비계설정)은 영유아의 학습을 지원해 주고, 하나의 도구로 작용하며, 작업자의 작업 범위를 넓혀주고, 작업자가 필요로 하는 부분을 선택적으로 도와주는 것이다. 학습에서 스케폴딩은 영유아 스스로 학습을 해결할 수 있는 수준에 도달하기까지 영유아의 수행수준에 맞추어 성인이나 또래가 도움을 주는 수준과 양과 방법을 조절하는 것을 말한다(전남련 외, 2008). 효과적인 스케폴딩을 위해서는 흥미 있고 문화적으로 의미 있는 협동적 문제해결활동에 적극적으로 참여하도록 하는 것이다.

(5) 생태학적 이론

생태학적 이론을 주창한 브론펜브레너(Bronfenbrenner)는 영유아는 자신을 둘러싼 여러 환경 층의 영향을 받는 복잡한 관계 체계 속에서 발달한다고 보았다. 브론펜브레너(Bronfenbrenner)의 생태학적 환경은 미시체계, 중간체계, 외체계, 거시체계, 시간체계 등의 동심원적 구조로 이루어져 있다. 미시체계는 영유아에게 직접적으로 영향을 미치는 근접환경으로 영유아의 가족, 친구, 학교, 이웃이 포함된다. 중간체계는 미시체계들 간의 상호작용, 즉 부모와 교사 간의 관계, 형제관계, 이웃 간의 관계 등이다. 외체계는 영유아가 직접 관여하지는 않지만 영향을 받게 되는 사회적 환경을 의미한다. 거시체계는 미시체계, 중간체계, 외체계에 포함된 모든 요소에 개인이 살고 있는 문화적 환경까지 포함한다. 각 문화의 가치관, 태도, 신념, 관습, 법 등이 거시체계에 해당하는데, 이런 것에 따라 부모의 양육태도가 영향을 받게 되어 영유아에게 영향을 주게 된다. 시간체계는 전 생애에 걸쳐 일어나는 변화와 사회역사적인 환경을 포함한다. 예를 들어, 이혼, 동생이 태어나는 것 등이 여기에 포함된다(김수영, 2008).

브론펜브레너(Bronfenbrenner)는 생태학적 이론의 특징을 다음과 같이 제시하였다(황해익, 2008).

첫째, 발달하는 개인을 단순히 환경의 영향을 받는 백지상태가 아니라 성장하는 역동적 실체로 간주한다. 즉, 영유아는 점차적으로 자기가 살고 있는 환경 속으로 이동해 들어와서 그 환경을 재구성하는 존재라고 본다.

둘째, 개인과 환경 간의 상호작용은 상호 호혜성의 특징을 가진다. 즉, 환경이 개인의 발달에 영향을 줄 뿐만 아니라 개인이 환경에 영향을 주기도 하고 그 결과가 다시 개인에게 영향을 미치게 된다.

셋째, 발달과 관련되는 환경의 개념은 단일하고 즉각적인 장면으로 국한되는 것이 아니라, 더 확장되어 그런 장면들 간의 통합된 상호 연결은 물론 더 넓은 환경에서 전달되는 외적 영향까지도 포함한다.

브론펜브레너(Bronfenbrenner)의 생태학적 이론은 우리가 영유아를 보다 더 잘 이해하기 위해서는 영유아를 둘러싼 환경을 이해해야 하며, 환경은 가정이라는 미시체계를 넘어선 환경으로 이해해야 함을 강조하고 있다.

3) 사회적 기초

사회 변화는 영유아교육의 방향 설정에 중요한 영향을 미친다. 따라서 영유아교육은 그 시대의 사회문화적인 환경 현상을 벗어나서는 설명하기 어렵다. 우리 사회의 사회문화적인 환경을 여러 가지 측면에서 설명할 수 있지만, 여기서는 가족구조 및 기능의 변화, 여성의 취업 증가 및 출산율 저하, 다문화사회, 생태적 환경 위기로 구분하여 살펴보고자 한다.

(1) 가족구조 및 기능의 변화

가족은 사회적 요구와 시대가 변화함에 따라 변화한다. 21세기 가족은 다음과 같이 생각할 수 있다. 먼저, 전통적 핵가족과는 다른 새로운 형태의 가족구조가 등장하고 있다. 편부모 가족이 있는가 하면 재혼이나 입양으로 새로운 가족이 구성되어 확대되는 가족도 있다. 또는 조부모나 사촌, 그 외 친척 또는 혈연관계가 아닌 사람들과 함께 사는 형태의 가족도 있다. 가족구조가 변화하면서 그 구성원의 역할도 변화하게 된다. 점점 많은 부모들이 일을 하게 되고 가사나 자녀를 위한 시간이 줄어들고 있다. 조부모나 가족구성원이 아닌 사람이 새로운 양육 역할을 배워야 할 필요성이 대두되기도 한다(김수영 외, 2008).

따라서 오늘날의 영유아 프로그램은 다양한 가족구조의 변화에 대응할 수 있는 방향으로 개발되어야 한다. 즉, 핵가족화와 가정의 기능 변화로 인하여 야기되는 문제점을 보완해 주는 차원에서 구성되고 운영되어야 한다. 우선 영유아 프로그램은 핵가족 환경에서 영유아들에게 나타나는 심신의 나약함, 사회성과 사회공동체 의식의 결여, 이기적 인간성들을 극복할 수 있는 교육내용이나 활동을 제공할 필요가 있다. 가정이나 이웃에서 경험할 수 없는 다양한 또래관계나 성인과의 관계를 경험하고 바른 인성을 기를 수 있는 내용을 강화할 필요가 있다. 그리고 여러 사람의 관계 속에서 다양성을 존중하고 더불어 사는 공동체 의식을 기르는 교육내용과 활동을 제공할 필요가 있다.

증가하는 편부모 가정의 자녀 및 부모를 위한 프로그램도 개발해야 한다. 자녀양육의 어려움을 호소하고 있는 편부모 가정의 부모가 자녀양육에 도움을 받고 있다는 느낌을 가질 수 있도록 할 필요가 있다.

현대 사회의 아버지는 전통적인 측면의 경제적 부양을 넘어서 정신적인 지지까지 요구되는 '생산적인 아버지 역할(generative fathering)', '공동양육자로서의 아버지(coparenting father)'가 강조되면서(연은모, 최효식, 2014) 아버지의 적극적인 양육참여에 대한 관심이 증가하고 있다. 특히 아버지의 적극적인 양육참여는 자녀, 어머니, 아버지 자신의 가족구성원 모두에게 긍정적인 영향을 미칠 수 있기 때문에 양육 및 가정생활의 결정인자로서의 어머니의 역할을 강조했던 과거와 달리 아버지 역할에 대한 관심이 고조되고 있다. 하지만 대부분의 초보 아버지는 양육방법을 몰라 힘들어 하고 있어서 구체적인 자녀양육 방법에 대한 정보와 프로그램이 필요한 실정이다.

(2) 여성의 취업 증가 및 출산율 저하

현대 사회 변화의 두드러진 특징 중의 하나는 경제활동에 참여하는 여성의 수가 꾸준히 증가하고 있는 점이다. 현대 사회에서 직업 노동은 남성뿐만 아니라 여성에게도 생계수단을 뛰어넘어 자아실현의 의미를 갖는다.

여성 취업에 대한 태도의 변화와 더불어 남녀고용평등법의 실시로 인하여 지난

40년간 경제활동에 참여하는 여성의 수는 꾸준히 증가해 왔다. 2012년 현재, 우리나라 여성 경제활동 참가율은 55.2%로 1960년대 37.0%보다 현저히 증가하였다. 특히 취학 전 자녀를 가진 취업모가 빠르게 증가하고 있다.

여성의 사회참여에 따른 육아지원의 필요성과 요구가 높아짐에 따라 어린이집의 수가 급격히 증가하였으며, 2015년도 전국보육실태조사 결과, 보육 · 교육시설 이용률은 67.0%로 2012년보다 증가하였으며, 어린이집 이용 시작 시기는 평균 아동월령 26.5개월로 2012년(28.3개월)보다 시기가 2개월이 빨라졌고, 취업모가 미취업모보다 4개월 빨리 이용하는 것으로 나타났다(보건복지부, 2016).

이러한 결과는 육아지원시설이 많이 확충되었지만 아직도 영유아 교육 및 보육사업의 확대가 필요함을 말해준다. 또한 맞춤형 보육제도의 도입으로 다양한 보육형태의 필요성이 제기되고 있다.

직장에 다니는 어머니의 비율이 늘어남에 따라 맞벌이 부모의 요구에 부응할 수 있는 영유아 프로그램의 개발도 필요하다. 즉, 장시간 직장에서 일하는 어머니를 위해 영유아들과 어머니가 효과적으로 의사소통할 수 있는 방법을 제공할 필요가 있다(김수영 외, 2008).

여성의 경제활동 참여는 출산율 감소의 주요 요인으로 지목되어 왔다. 이는 여성이 경제활동에 참여하면서 자녀의 기회비용이 상승하고 초혼연령 및 출산연령이 상승하면서 출산율이 감소한 것에 기인한다. 통계청에 따르면 2011년 우리나라의 합계 출산율은 가임 여성 1인당 1.24명인데, 이는 대체출산율인 1인당 2명에 비교하면 현저하게 낮은 수준이며, 특히 OECD 가입 국가 중 가장 낮은 수준에 속하는 것이다.

저출산은 장기적으로 생산 가능인구 비중을 축소시키고, 고령화 문제를 심화시켜 경제성장을 저해하는 요인이 된다는 점에서 심각한 사회 문제로 인식되고 있다. 이에 따라 저출산 문제 해결에 대한 사회적 공감대가 형성되었고 다양한 분야에서 연구가 진행되고 있다.

이는 유아교육분야에서도 저출산을 대비한 영유아 프로그램의 개발과 제공에 많은 관심을 기울여야 할 필요성이 있음을 시사한다.

출산율 저하는 영유아 입장에서는 과거처럼 여러 형제 자매와 함께 자라지 못하고 혼자 성장할 가능성이 높음을 의미한다. 그러나 영유아의 바람직한 성장을 위해서는 형제 및 또래와의 상호작용이 반드시 필요하므로 이러한 상황을 보완할 수 있는 기회를 제공할 필요가 있다. 또한 출산율 저하는 유아교육기관 운영자 입장에서는 다음과 같은 양면적 의미를 가질 수 있다. 먼저 출산율의 지속적인 감소는 곧 영유아 프로그램 수요자의 감소를 의미하며, 심각한 경우 폐원 또는 정원 미달 사태를 초래하게 된다. 따라서 미래에는 좀 더 차별화된 영유아 프로그램으로 특화하거나 유치원이나 어린이집을 이용하지 않는 영유아를 대상으로 하는 대안적인 영유아 프로그램을 개발하는 등 다각적인 노력이 필요하다. 이와 반대로 희소성의 경제원리상 출산율 저하는 각 자녀의 중요성을 증가시키고 이로 인해 자녀에 대한 부모의 관심과 투자가 증가한다는 지적도 있다. 이러한 입장에서 볼 때, 질 높은 교육적 경험을 제공할 수 있는 고급화된 영유아 프로그램을 공급할 필요가 있다.

(3) 다문화사회

5천년 단일 민족국가, 단일 문화라는 전통적 정체성을 가진 우리나라도 범지구적 유행으로 퍼진 세계화와 다문화사회로의 진입에서는 예외일 수가 없다.

행정자치부의 '2015년 외국인주민 현황' 조사결과에 따르면, 우리나라에 거주하고 있는 외국인주민 수는 174만 1,919명으로 2015년 1월 1일 현재 주민등록인구(5,133만 명)의 3.4%에 달한다. 즉, 인구 100명 중 3명은 외국인주민인 셈이다(박도윤, 2016).

교육부가 발표한 '2015년 교육 기본통계'에 따르면, 국내 유치원 · 초 · 중 · 고교의 다문화 학생은 8만 2,536명으로 전체 681만 9,927명 가운데 1.4%를 차지하고 있다. 그리고 현재 학교에 다니는 아이들보다 유치원이나 학교로 유입될 아이들이 11만 여 명으로 더 많다. 더구나 결혼이민자의 상당수가 가임기 여성이라는 점을 감안하면, 앞으로도 이러한 추세는 계속될 전망이다.

다문화사회로 접어들면서 다문화가정이 증가하게 되었다. 우리나라는 2008년 다문화가족지원법이 제정된 이후 다문화가정을 지원하기 위한 다양한 정책과 계획이 수립되고, 환경 변화에 대응하여 지속적으로 논의를 거듭하고 있지만, 여전히 다문화가정 자녀에 대한 문제는 끊임없이 제기되고 있다. 다문화가정 자녀들이 지역사회에 정착하고 사회구성원으로 성장하는 데 경험하는 어려움이나 장애요인, 그리고 이들이 우리 사회에 바라는 기본 욕구들이 충족되지 않는다면, 특히 취학을 시발점으로 한 다문화가정 자녀의 문제는 이들이 성장한 후 사회문제로 고착될 개연성이 크다.

다문화와 다문화가정은 우리 사회에 중요한 위치에 있으며, 이웃이자 공동체 구성원으로서 역할과 기능이 점점 확대되고 있는 새로운 사회현상으로 등장하고 있다. 자신이 그동안 살아왔던 삶의 환경과는 완전히 다른 새롭고 낯선 환경에서 다른 언어를 배워가며 살아간다는 것은 쉬운 일이 아니다. 그러므로 다문화가정과 일반가정이 함께 부딪히고 있는 다문화사회는 서로 다른 문화를 가진 사람들이 한 사회에 공존하는 사회라는 의미에서 사회통합의 문제로 이슈화되기도 한다(김영숙, 우정한, 2012).

최근 교육부에서는 다문화가정의 자녀들을 위한 교육지원대책을 발표하였다. 발표된 교육지원대책은 크게 두 가지 방향에 기초하여 구성되어 있다. 첫째, 경제 · 사회적 기반이 취약한 다문화가정 자녀가 정규교육으로부터 소외되지 않고 혜택을 받을 수 있도록 지원하는 것과 둘째, 다문화주의, 즉 한 사회 내에 존재하는 서로 다른 문화의 존재를 인정하고 독자성을 인정하는 방향을 전파할 수 있는 환경을 조성하는 것이다(김수영 외, 2008).

이처럼 다문화사회로 진입함에 따라 다문화교육의 필요성이 주목받고 있다. 다문화사회로의 사회통합의 문제는 결국 다양성의 충돌이 아니라, 다양한 문화, 민족, 성 그리고 사회적 배경을 가진 사람들에게 동등하고 정당한 교육기회를 부여함으로써 조화로운 다양성에 근거한 다문화교육으로 해결될 수 있을 것이다. 무엇보다도 우리는 다문화가정과 함께 더불어 살아가는 공동체라는 인식을 가지고 배려와 수용적인 태도로 삶의 질을 함께 충족시켜 나가려는 상호적 지원 역할의 노력이 필요하다. 그리고 이러한 내용을 담는 영유아 프로그램의 개발이 시급한 시점이다.

(4) 생태적 환경 위기

생태계 위기의 주범은 산업사회가 이룩한 산업문명이다. 산업사회가 이룩한 산업문명은 인간을 우주만물의 중심에 두고 인간의 이성 · 지능을 최대한 활용하여 과학과 기술을 개발하고, 그것을 이용하여 기계와 도구를 만들며, 그 기계와 도구로 제품을 생산하여 경제가치를 창출 · 확대 · 재창출하는 기제이다. 이러한 산업문명이야말로 인간의 고통인 가난과 질병을 몰아내고 영원토록 풍요와 행복을 보장해 줄 인류 문명사의 일대 전환점으로 착각하고 있었다. 20세기에 와서야 인간은 산업문명이 자연생태계 파멸이라는 엄청난 재앙을 잉태하고 있었다는 사실을 깨닫기 시작했다(임재택, 2005).

우리나라의 자연생태계 파괴와 인간성 상실의 위기는 1960~1970년대 시작된 경제개발에서 초래되었다. 이 시기, 우리나라는 5천 년간 이어온 농경사회에서 산업사회로 이전되는 사회의 변혁과 농업문명에서 산업문명으로 이전되는 문명의 전환을 경험했다. 단기간에 이룩한 우리 경제의 고속 · 압축 성장은 우리 민족이 오천년간 이루었던 많은 것을 잃어야 했으며, 그 대표적인 것이 자연생태계의 파괴이다.

경제개발 과정에서 농촌 인구가 도시로 이동하고 공장 노동자로 전락하면서 농경사회가 붕괴되었다. 농경사회의 붕괴는 단순히 주곡, 야채, 과일, 가축 등 먹을거리 생산 체제의 왜곡만이 아니다. 사람들의 삶의 양식을 바꾸어 놓았을 뿐 아니라 자연생태계의 파괴로 이어졌다. 산, 들, 강, 바다 어느 곳 하나 오염되지 않은 곳이 없다. 그 많던 평야들은 공장과 아파트로 바뀌어 사라져 가고 있으며, 수없이 건설된 댐과 간척사업은 자연생태계를 파괴하고 삶의 터전과 고향의 향수마저 앗아갔다. 개구리는 물론 텃새와 제비들이 사라지고, 수컷 물고기가 암컷으로 변하는 등 생태계 파멸은 마침내 인간의 생존마저 위협하는 지경에 이르렀다(임재택, 2005).

산업화, 도시화로 인한 자연생태계 위기의 징후들은 영유아들의 생활의 변화도 초래했다. 영유아들은 산업화, 도시화로 인하여 물질적인 풍요로움을 얻었지만 어른들이 가지고 있던 이웃과 친척, 텃밭과 야산, 햇빛과 바람을 잃어버렸다. 자동차에게 빼앗긴 콘크리트와 아스팔트로 덮인 골목길, 가지런히 정리된 고층 아파트의 칸칸이 막힌 방, 안락함은 있으나 햇빛, 바람도 통하지 않는 것이 아이들이 자라나는 환경이 된 것이다(하정연 외, 2009).

그 결과, 지금 많은 아이들이 몸과 마음의 병을 앓고 있다. 생태 위기를 가져온 산업문명의 결과이자, 대부분 도시에서 '양계닭'처럼 갇혀서 지낸 아이들의 생활 탓이다. 산업문명은 아이들뿐만 아니라 가축, 물고기, 새, 곡식, 채소, 과일도 자연을 멀리한 채 우리나 비닐하우스에 가두어서 인위적으로 키운다. 이처럼 '양계닭'처럼 길러진 아이들이 신체적, 정신적 고통과 질병에 시달리는 것은 불을 보듯 뻔한 일이다(하정연 외, 2009).

따라서 유아교육현장에서는 영유아들이 자연을 이해하고 사랑하는 생명사상을 갖도록 하는 교육을 실천할 필요가 있다. 사람과 자연이 하나 되고, 사람과 사람이 하나 되며, 아이들의 몸 · 마음 · 영혼을 살리는 생태교육의 필요성이 절실한 시점이다.

영유아기의 생명교육이 중요한 이유는 영유아기에 획득한 생명에 대한 태도는 중요한 영향을 미치기 때문이다. 즉, 영유아기의 생명과의 교류 경험은 삶의 질을 높이고 영유아기뿐만 아니라 성인으로까지 연장되어 지속되며 인간으로서의 삶 전체에 영향을 미치게 된다. 또한 자연환경에 대한 긍정적 태도와 가치는 한 번 획득하면 오랫동안 지속되므로 이러한 교육은 영유아기에 시작되어야 하고 가능하면 이후에도 지속적이고 정기적으로 교육을 통하여 강화되어야 한다(곽은복, 2005).

Chapter

02

영유아 프로그램 개발

영유아 프로그램은 영유아를 대상으로 하는 크게는 국가 수준의 교육과정과 작게는 영유아의 발달을 돕는 특별한 단기 프로그램 등으로 다양하게 이루어지고 있다. 영유아 프로그램은 영유아에게 의미 있는 경험으로 조직되고, 영유아의 전인 발달에 도움을 주는 것이어야 한다.

영유아 프로그램은 영유아기 경험의 중요성, 사회변화 및 혁신의 관점에서 교육정책 및 새로운 이론과 연구를 통해 심화되어 왔고, 새로운 접근을 모색하며 다양화되어 왔다. 이는 영유아를 위해 무엇(What)을 어떻게(How)할 것인가를 중요한 핵심으로 본다. 즉, 영유아에게 가치 있는 교육목표를 설정하고 그 목표를 달성하도록 합리적인 교육내용과 방법을 선정하고 조직하여 의도한 목표가 달성되었는지 평가하여 다음 프로그램 운영에 반영하는 것이다.

01 ······ 영유아 프로그램 개발 개념

영유아 프로그램이란 영유아를 대상으로 하는 모든 학습활동으로 정의한다. 프로그램은 교육과정과 자주 혼동되는 용어이다. 프로그램은 제도권 외의 모든 학습활동까지를 포함하는 광범위한 의미로 사용되고 있으며, 반면 교육과정은 공교육

제도권 내의 학습활동을 위한 계획을 의미한다(김진규, 2015; 구병두, 김범준, 2010).

프로그램의 개발은 프로그램을 구성함에 있어서 그 과정 및 절차가 어떻게 진행되어야 하는가를 결정하는 과정과 관련된다. 누가 프로그램에 참여하는가? 프로그램의 설계와 방향은 어떠한가? 프로그램 구성에 어떤 절차가 사용될 것인가? 이러한 질문들은 프로그램 개발 과정에 초점을 맞추고 있다고 할 수 있다(김진규, 윤길근, 2014).

프로그램 개발을 좀 더 엄격한 의미에서 본다면, 프로그램의 목적과 프로그램의 내용 체계 그리고 효과적으로 전달하기 위한 방법, 평가, 운영 등에 대한 종합적인 계획이 담긴 문서를 만드는 활동을 가리킨다(김진규, 2015; 구병두, 김범준, 2010). 그러므로 영유아를 위한 교육 프로그램 개발은 개발의 목적, 의미, 개발절차, 고려해야 할 점에 대해 이해하는 것이 중요하다.

영유아 프로그램의 개발에서 중요시해야 할 사항은 아래와 같다(신재한, 2010; 김진규, 2015).

첫째, 프로그램의 대상자가 영유아이므로 전인적 발달을 위해 교육대상자의 발달 특성에 적합한 프로그램 개발이 우선되어야 한다. 일반적으로 만 2세 미만, 만 2세, 만 3~5세로 구분하여 연령에 따른 프로그램의 특성이나 내용을 제시하고 있다. 즉, 교육대상의 발달수준, 개별적 특성 등을 파악하여 프로그램에 반영하는 것이 중요하다.

둘째, 프로그램 대상자의 환경 및 요구에 적합한 프로그램이 개발되어야 한다. 참여 대상자들에게 효과적인 프로그램을 운영하기 위해 프로그램 효과를 예측해 보고, 영유아의 문화와 인적 환경을 파악해야 한다. 부모의 인식, 요구, 학력, 직업, 관심도 등은 프로그램 개발에 중요한 요인이 된다. 또한 이러한 정보는 프로그램의 전체적인 운영 형태, 시간, 내용 등에 많은 영향을 미친다.

셋째, 프로그램의 목적을 분명하게 한다. 레지오 에밀리아 프로그램, 몬테소리 프로그램 등은 각 프로그램의 특성과 목적을 성취하기 위하여 각 프로그램의 독특성을 확보하고 신장시켜 나가는 것이 중요하다. 프로그램의 목적이 구체적으로 평가 가능할수록 프로그램 운영이 효율적이다. 예를 들어, 유아인성신장프로그램은 그 목적이 분명하다. 유아의 인성을 신장하기 위한 목적을 갖고 프로그램을 운영하며 그 결과를 산출하기 때문이다.

넷째, 프로그램 개발은 계획–실행–평가에 관련되는 모든 요소를 체계적으로 분석하고 통합 · 수렴하는 종합적인 과정이어야 한다. 프로그램의 계획–실행–평가의 과정을 효율적이고 합리적으로 운영하기 위해 개발의 과정에서는 통합적으로 분석하고 조직하여야 한다. 프로그램 개발의 운영과정과 절차 또한 종합적이다. 그러므로 상호 간 유기적인 관련성을 가지고 프로그램 개발이 이루어져야 한다.

다섯째, 프로그램 개발은 현재 우리가 당면하고 있는 교육에 문제해결을 추구하여 미래의 보다 나은 교육을 위한 혁신의 과정이어야 한다. 프로그램 개발은 특수적이고 부분적인 경우가 많다. 예를 들어, '유아의 생태미술 프로그램 개발', '통합유아교육 프로그램 개발', '유아인성프로그램', '반편견 프로그램', '숲체험 프로그램' 등을 들 수 있다. 이러한 현재 프로그램에 대한 새로운 시도 및 관점은 교육 프로그램을 다양화 할 수 있다.

여섯째, 프로그램 개발은 참여하는 사람들 간의 합의 · 협의를 거쳐 이루어져야 한다. 프로그램 개발은 전문가, 교사, 유아, 학부모 등 여러 분야의 전문가와 이해관계자들의 협동적인 의사결정이 필요하다. 예를 들어 학부모의 요구도 조사, 유아의 현재 발달 상태 및 개별적 특수성, 교사의 요구도 조사, 전문가의 프로그램 개발을 위한 자문 등의 다양한 합의 및 협의가 이루어진다.

일곱째, 지역사회의 특성을 반영해야 한다. 지역사회의 특성(도시, 비도시, 경제적 수준 등)에 따라 활동의 내용과 방법이 달라진다. 영유아는 주변의 환경에 민감하게 영향을 받는다. 영유아 프로그램은 지역사회의 문화와 환경에 영향을 받는다. 예를 들면 지역사회의 특성으로 바닷가에 사는 유아는 '바다', '모래', '생선' 등 특수한 학습내용들도 일상생활에 관련되어 학습활동을 전개할 수 있다.

여덟째, 프로그램 운영을 위한 시설 및 환경을 고려해야 한다. 구비되어 있는 실내 · 외 환경구성, 설비, 교수매체 등은 질 높은 프로그램 운영에 기반한다. 영유아는 환경과의 상호작용 속에서 성장하고 발달한다. 프로그램 운영에 있어 환경으로부터 독립적일 수 없다. 물리적 환경의 준비는 프로그램의 효과를 높이며, 영유아에게 학습의 장이 된다.

마지막으로 영유아 프로그램 운영의 시간을 고려해야 한다. 일반적으로 반일제, 종일제, 연장제, 24시 프로그램, 방과 후 프로그램 등 현재 다양한 시간을 운영하여 양육을 지원하고 있다. 특히 1일 1시간 이상의 바깥놀이를 기관에서 운영하고 있다.

02 영유아 프로그램의 개발절차

영유아 프로그램의 개발절차에서 먼저 철학적 · 심리적 · 사회적 기초를 바탕으로 한 교육관과 아동관을 근거로 구성되어야 하며, 이론적 기초를 바탕으로 프로그램의 기본 요소와 과정이 갖추어져야 한다. 이에 따라 프로그램의 목표, 내용, 교수-학습과정, 평가가 이루어진다.

1) 영유아 프로그램 개발의 구성체계

(1) 프로그램 목표

프로그램의 목표는 프로그램 개발의 전체적인 방향을 제시한다. 또한 프로그램 목표는 프로그램을 통하여 달성하고자 하는 행동의 변화를 말하는 것으로서 지식의 이해, 응용, 사고, 창의성, 흥미, 태도, 가치관, 지능 등의 일반적 특수적인 행동의 변화를 포함하는 개념이다(정범모, 1956).

영유아 프로그램의 목적과 목표는 서로 연관성을 갖고 있어야 하며, 목표는 교육의 결과로서 영유아가 변화해야 할 행동으로 분명하게 규정하고, 구체적이고 명료해야 한다. 또한 교수-학습과정, 교육내용 및 방법 등을 효율적으로 평가할 수 있어야 한다.

이러한 프로그램의 목표의 기능은 첫째, 교사의 입장에서는 교육목표 달성을 위해서 어떤 학습경험이 계획되어야 하는지를 명확하게 안내해 준다. 명확한 목표는 교수자의 교수계획을 합리적이고 논리적으로 이끌어 준다. 둘째, 영유아의 입장에서는 프로그램에서 달성하고자 하는 학습 촉진제의 기능을 지닌다. 교육목표 달성을 위해 학습자인 영유아는 그에 대해 노력하고 학습목표를 위해 교육경험을 다양하게 쌓아가게 된다. 셋째, 프로그램이 끝났을 때 평가지표로서의 기능을 한다(구병두, 김범준, 2010). 프로그램의 목표는 교육평가의 성공과 실패를 알려주는 지표인 것이다.

이러한 프로그램 목표 설정의 일반적 절차는 첫째, 프로그램 참여 집단을 구성한다. 둘째, 프로그램 목표의 내용들을 확보한다. 셋째, 프로그램 목표를 추출해 낸다. 넷째, 추출된 프로그램 목표를 종합, 분석, 정리, 검증한다. 마지막으로 프로그램의 목표를 진술한다. 프로그램 목표 진술의 원리는 다음과 같다.

① 행동적 용어로 진술

프로그램 활동의 내용 선정에 필요한 목표로서 구체적이고 명료하게 진술하여야 한다. 또한 관찰 가능하도록 가시적이며 행동적으로 진술하여 평가가 용이하도록 진술한다. 즉, 쉽게 확인할 수 있는 행위동사를 사용한다. 행동적 용어로의 진술은 프로그램 목표를 분명하게 하며, 실행 가능하도록 한다.

② 가능한 포괄적으로 진술

교육의 목표가 영유아기의 전인적 발달을 중시하고 있기에 지식, 기능, 태도의 어느 하나에 집중되는 것이 아니라 목표 진술에서 지식, 기능, 태도 등의 내용들을 포함한다. 지식-기능-태도의 내용을 포함하는 것은 유기체인 인간의 전인발달을 돕는 것으로 중요한 원리라고 본다.

③ 철학적 일관성

프로그램의 개발과정에서 우선되는 것은 선행 연구물을 기초로 프로그램의 철학이 우선 정립되어야 한다. 바람직한 교육철학을 바탕으로 설정하며, 목표 간의 모순 없이 진술한다. 목표의 내용은 상호 관련되고 계속성과 상호 일관성 있게 진술한다. 예를 들어, 유아의 창의성 프로그램의 목표를 진술할 때 '도형을 보고, 다양하게 이야기할 수 있다', '도형을 이용하여 움직이는 모형을 만들 수 있다' 등은 상호 일관성이 있으며, 계속성을 갖추고 있다.

④ 실현 가능성

진술된 목표는 실현 가능한 행동적 특성을 갖고 있어야 한다. 여러 가지 물리적 환경과 상황에 따라 실제 실현할 수 있는 상황의 목표를 진술한다. '스스로 이닦기를 할 수 있다'라는 목표는 어느 연령이 실현 가능한가를 생각해 보면, 만 3세 유아에게는 실현해야 할 과제이다. 목표의 실현 가능성은 프로그램 평가로 이어질 수 있다.

⑤ 교육상황 속에서 내면화(진행)

진술된 목표는 전체성을 갖고, 교육상황 속에 진행되어야 한다. 프로그램 목표의 진술이 '자기 물건을 정리할 줄 안다'라고 한다면, 교육상황 속에 등원부터 하원하는 일과 속에서 프로그램의 목표가 진행되고 내면화되어야 한다. 즉, 교육목표가 유아의 하루 생활 속에서 진행되고 실천되어야 한다.

⑥ 비판되고 필요에 따라 언제나 변경 가능하게 진술

목표는 보다 나은 교육실천을 위해 계속적인 평가와 변화가 필요하다. 필요에 따라 변경될 수 있다는 것은 유아의 요구, 흥미, 문제상황 등을 고려할 때 쉽게 이해할 수 있는 부분이다. 예를 들어 반편견 교육 프로그램에서 '남녀의 다양한 패션을 경험한다'라고 목표를 진술하였다. 활동으로 패션쇼를 진행하게 되었는데, 여아들이 남자 옷이라고 입지 않거나, 남아들이 거부하는 문제 등이 발생할 수 있다. 이때 교사는 활동의 내용을 수정하고, 교육목표도 바뀔 수 있다.

(2) 프로그램 내용

프로그램의 목표를 달성할 수 있게 하는 교육내용을 선택하고 조직하는 일이다.

목표를 효율적이고 실제적으로 달성할 수 있게 하는 내용을 구성해야 한다. 즉, 강력하고 효율적인 수단을 프로그램의 내용이라고 할 수 있다.

프로그램 내용의 조직을 효율적으로 운영하기 위해서는 계속성, 계열성, 통합성의 원리를 고려해야 한다. 첫째, 계속성은 교육내용의 조직이 반복적 · 연속적으로 경험되도록 조직하는 것으로 영유아의 개인 차를 인식하고 반복적으로 다루어 주어야 한다. 둘째, 계열성은 시간적 순서를 의미하는 것으로 계속성과 의미가 비슷하며, 이때 반복의 과정은 단순한 반복의 의미가 아니라 깊이와 폭을 심화시켜 조직하는 것을 의미한다. 셋째, 통합성은 영유아가 경험하는 활동들이 다양하게 통합된 의미를 갖도록 조직하는 것을 의미한다.

영유아 프로그램에서 프로그램 내용의 선정원리를 살펴보면 다음과 같다.

① 기회의 원리

프로그램의 목표가 문제해결력을 기르는 데 있다면, 영유아는 이러한 문제해결을 할 수 있는 기회를 경험해야 한다. 즉, 프로그램의 목표가 지향하는 행동을 영유아가 실제로 해 볼 수 있는 기회를 보장해야 한다. 인성교육 프로그램에서 '어머니, 아버지에게 감사하는 마음을 갖는다'라고 한다면, 교육의 내용으로 카네이션 만들기, 편지 쓰기 등을 통해 실제로 경험하는 기회를 전개할 수 있다.

② 만족의 원리

영유아가 학습활동을 통해 만족감을 느낄 수 있도록 하는 것으로 문제해결이 영유아에게 만족감을 준다는 것은 학습효과가 크다는 것이다. 프로그램의 내용이 부모, 교사, 영유아 모두에게 만족감을 줄 수 있는 내용의 선정이 요구된다. 즉, 프로그램의 내용은 유아 개인의 발달과 부모의 요구에 적합해야 한다.

③ 가능성의 원리

프로그램의 내용을 선정할 때 영유아의 수준과 학습능력을 고려해야 한다. 발달에 적합한 내용은 현재의 발달수준을 향상시켜 줄 것이며, 이를 발달 가능성의 원리로 본다. 각 개별 유아들은 발달의 수준이 다양하다. 개별적 특성을 고려하여 내용을 선정할 때 가능성은 증대된다.

④ 동목표 다경험의 원리

한 가지 목표를 달성하는 데 다양한 여러 가지의 방법으로 학습경험을 충분히 제공하는 것은 효과적인 학습을 보장하는 원리이다. 같은 교육목표를 갖고 있더라도 교수자는 다양한 활동을 경험하도록 교수계획하고 프로그램을 운영한다. 같은 목표이지만 다양한 경험적 활동의 내용 구성은 유아에게는 다양한 경험을 제공하고, 교수자에게는 목표 달성을 위하여 적극적인 교수계획이 이루어질 수 있다. 또한 목표를 위해 획일적인 학습내용은 지양해야 할 것이다.

⑤ 동경험 다성과의 원리

한 가지 교육활동 경험이 다양한 교육성과를 가져오는 원리로 매우 경제적이고 합리적인 원칙이라고 할 수 있다. 긍정적인 측면으로는 한 가지의 교육내용으로 여러 가지 학습 성과를 동시에 볼 수 있다는 점이고, 부정적인 측면은 한 가지의 교육내용이 좋지 않은 성과나 부산물을 만들어 낸다는 점이다. 프로그램 운영자는 부정적인 측면을 주의해야 한다.

(3) 교수-학습 과정

프로그램의 실제 운영으로서 교수-학습이 이루어진다. 학습경험을 쌓아가는 활동과정으로서 학습활동을 거쳐 유아는 실제로 전개되는 학습과 기존에 경험한 학습을 통합하고 종합적인 사고체계를 경험하게 된다. 또한 효과적인 교수-학습 과정을 진행하기 위해 적용해야 할 원리로 교수자의 원칙적인 기준은 다음과 같다.

① 자발성의 원리

교수자의 주입식 교육 과정이 아니라 유아가 스스로 학습에 참여하는 자발성의 원리는 학습자 중심의 잠재적인 능력을 개발 · 신장시킬 것을 강조하는 원리이다.

또한 학습활동에서 학습자 자신이 갖고 있는 본래의 특성을 발견하여 그 특성이 최대한으로 발달할 수 있도록 지도해 나가야 하며, 자발성의 원리는 학습활동에 높은 동기를 가지고 적극적으로 참여하게 하는 원리이다(김회용 외, 2014).

② 개별화의 원리

학습은 학습자의 발달과 이해의 정도에 따라서 이루어진다(김회용 외, 2014). 영유아의 특성상 발달의 단계와 상황이 다양하다. 영유아의 개성과 능력을 최대로 살린다는 본래의 목적으로 개인차의 진단이 필요하며 계속적인 평가를 통해 합리적으로 운영되어야 한다.

교육이 개별화되어야 한다는 원리는 목적적인 원리로 민주주의적인 인간관에서 나온 것이며, 집단적인 교육체제를 갖추고 있는 학교에서도 소중한 것은 집단이 아니고 집단을 형성하고 있는 개개인이므로 개인을 존중하는 교육이어야 한다(김회용 외, 2014).

③ 직관의 원리

직접경험의 원리라고 하며 영유아가 직접 만지고, 느끼고, 사물을 관찰하여 자신이 직접 사물에 대한 개념을 인식하고, 경험시킴으로써 효과를 볼 수 있다는 원리이다. 지필식이나 강의식의 교수방법을 지양하며, 사진, 모형, 표본, 슬라이드 등 다양한 시청각 교구로 대리경험을 주고, 체험활동 등이 직관의 원리를 대표한다고 볼 수 있다. 코메니우스(Comenius) 이후 페스탈로찌(Pestalozzi)에 의해서 직관의 개념은 강조되었으며, 확대되었다.

④ 통합의 원리

현대교육에 있어 지식이나 기능보다도, 전체적인 전인으로서 내재되어 있는 능력을 조화적으로 발달시킬 것을 요구하고 있다. 활동 간의 통합, 연령 간의 통합, 교과 간의 통합, 발달 간의 통합을 유아교육에서는 강조하고 있다. 현대의 교육은 학습자가 경험한 사실을 구체화하고 적절하게 재구성함으로써 자기가 속하는 사회에 참여하여 사회적 활동을 할 수 있게 지도할 것을 요구한다(김희용 외, 2014). 따라서 통합의 원리에서 교수자에게 필요한 자질로써 사회문제에 민감해야 되며, 통찰력, 사회문제에 대한 올바른 방향을 갖고 있어야 한다.

⑤ 목적의 원리

모든 교육에는 목적이 있다. 교육은 일정한 목적을 달성하기 위해 의도적인 활동을 하며, 분명한 목적은 교육을 효과적으로 이끈다. 목적이 있기에 교육활동이 민첩하고, 교육계획이 수립되며, 학습활동이 이루어진다. 교수-학습의 과정에서 목적의 원리는 프로그램의 성패와 관련된다. 교육목표가 분명할 때 학습자는 적극적인 활동을 할 수 있으며, 교수자는 목표를 달성하기 위해 교수활동을 전개해 나갈 수 있다.

⑥ 사회화의 원리

인간은 사회를 떠나서는 존재하지 못하며, 자기가 살고 있는 사회에 의하여 크게 영향을 받는다. 또한 프로그램의 과정은 관계의 과정이다. 유아-유아, 유아-교사, 유아-여러 인적자원과의 관계가 다양하게 이루어진다. 토의법, 공동학습을 통해 유아는 사회적 행동을 원만하게 하는 경험을 쌓게 된다. 교수-학습의 과정에서 사회화는 교수자에게는 다양한 교수방법과 다양한 매체 및 인적자원의 활용도를 높이며, 영유아에게는 주변세계를 탐색할 수 있는 기회가 된다. 즉, 사회화의 원리는 실천적인 능력을 얻게 하는 데 목적이 있다.

(4) 평가

프로그램의 평가는 교수자, 유아, 학부모, 교육전문가 등 다양한 교육공동체들이 평가대상이 되기도 하고, 평가자가 되기도 한다. 평가시기에 따라 진단평가, 형성평가, 총괄평가로 나누어지며, 프로그램 전-실행-후로 프로그램 전반에 걸쳐 평가가 이루어진다. 또한 프로그램, 환경, 교육공동체 등 프로그램을 운영하는 모든 요소가 평가대상이 된다. 평가방법은 양적 · 질적으로 이루어지며, 결과보다는 전반적인 과정을 평가해야 한다. 프로그램 평가의 기능은 다음과 같다.

① 프로그램 목적 달성 진단

프로그램 평가는 프로그램 목표의 달성도에 관한 증거와 정보를 수집하는 데 관심이 있다. 프로그램이 추구하는 교육이 이루어지고 있는지에 대한 평가를 위해 유아 상태 및 발달의 과정뿐 아니라 프로그램 운영자인 교수자의 평가도 이루어져야 한다. 목적 달성을 진단함으로써 다음 프로그램의 운영 방향을 제시하고, 활동내용 및 교수방법 등을 보완할 수 있다.

② 학습의 진단과 치료

프로그램을 진행하기 전 유아의 현재 상황을 진단하고, 프로그램 운영을 위해 신체적 · 정신적 성숙 등 제반 준비가 갖추어졌을 때 가능하다. 유아의 제반 문제점 등을 적시에 발견하여 그에 따른 조치를 빠른 시일 내에 마련해 줌으로써 전인적 성장을 위해 시간과 노력을 줄일 수 있다.

③ 유아의 발달을 위한 자료수집

개별 유아의 정서, 능력, 흥미, 성격 등 유아가 갖고 있는 개인적 특성은 물론이거니와 유아를 둘러싸고 있는 가정, 부모와의 관계, 환경 등에 대한 광범위한 이해가 필수적이다. 유아기는 발달과정에서 급변하는 시기이므로 유아기의 발달 자료는 다양하게 수집이 이루어진다. 프로그램 운영과정에서 유아의 작품, 사진, 동영상 등과 다양한 검사 등은 유아가 지닌 능력, 소질, 성격, 체력 등을 충분히 파악하고 그들의 개성을 존중하여 목표 달성에 최선을 다하는 자료가 된다.

④ 학습촉진의 기능

프로그램 평가는 학습을 촉진하고 동기를 유발한다. 프로그램 운영에 대한 평가를 통해 유아의 흥미나 상황을 파악하고 그에 대해 피드백을 줌으로써 학습의 동기를 유발한다.

⑤ 행동변화의 평가

프로그램 평가는 유아의 행동변화에 대한 자료 수집에 민감해야 한다. 프로그램이 목표로 하는 행동의 변화는 유아가 얼마만큼 어떻게 변화했느냐를 잘 파악함으로써 프로그램이 추구하는 방향으로 추진할 수 있다. 행동변화를 수집하고 분석하는 과정에서 프로그램 운영이 역동적으로 운영될 수 있다.

⑥ 교수-학습 과정 평가

프로그램 평가의 궁극적 목적은 교수-학습을 개선하는 데 있다. 교수-학습이 진행되고 있는 각 단계에서 그 과정이 효율적으로 이루어지고 있는지를 판단하고 비효율적인 부분이 발생한다면 개선의 조치로 교수-학습의 여러 요인을 보완할 수 있다.

⑦ 프로그램 효과 검증

프로그램의 효과를 검증하기 위해 평가가 이루어진다. 프로그램이 원래 의도하였던 교육적 효과는 프로그램 전 · 후의 변화를 통해 검증할 수 있다. 교육의 향상을 위해 그리고 교사의 자질, 환경, 시설 및 설비, 교육행정 등 전반의 관리를 위해서 프로그램 평가에서 효과의 검증은 중요한 기능이다.

2) 영유아 프로그램 개발을 위한 타일러(Tyler) 모형

(1) 타일러(Tyler)의 교육과정 개발모형

타일러(Tyler)의 저서『교육과정과 수업의 기본원리』는 프로그램의 개발과정 및 절차, 교육현장에 어떻게 적용되어야 하는가에 대하여 처음으로 종합적인 이론적 모형을 제시하였다. 타일러(Tyler)의 개발 모형은 다음의 네 가지 기본적 질문을 다루어야 한다고 제안하고 있다(신재한, 2010). 특히, 학습자의 학습경험을 중요하게 생각한 것은 듀이(Dewey)의 아동중심 교육관의 영향을 받았으며, 학습경험을 선정-조직-평가하는 일련의 과정은 실용주의적 관점으로 해석된다.

첫째, 성취해야 할 교육목적은 무엇인가?

둘째, 이러한 목적을 달성하는 데 유용한 학습경험을 어떻게 선정할 수 있는가?

셋째, 효과적인 교수를 위해 학습경험은 어떻게 조직할 수 있는가?

넷째, 학습경험의 효과성은 어떻게 평가할 수 있는가?

타일러(Tyler)가 학습자의 학습경험을 중요하게 생각한 것은 듀이(Dewey)의 아동중심 교육관의 영향이 크게 작용한 것으로 볼 수 있으며 학습경험을 선정하고 조직, 평가하는 일련의 원리는 당시 과학화와 실용주의를 주장하는 시대적 흐름이 교육과정 이론에 반영되었다고 볼 수 있다(강지영, 2007; 김성림, 1995; 김진규, 2015).

타일러(Tyler)의 교육과정 개발모형이 '종합적 교육과정이론'으로 불리면서 교육과정 개발모형으로 제시될 수 있었던 것은 그가 교육과정이론을 체계화, 종합화하는 데 원동력을 제공하였다고 볼 수 있다(강지영, 2007; 김성림, 1995; 김진규, 2015).

타일러(Tyler)는 교육목표를 달성하기 위해서 교육목표를 체계화시켜 제시하고자 노력하였으며 또한 학생들의 흥미, 필요를 아는 것이 무엇보다도 중요하다고 보았다. 학습자 중심의 경험중심 교육과정을 따랐으며 목표를 추출, 선별하는 데 있어서 기존의 철학과 심리학이라는 타 학문을 도입하여 교육프로그램을 설계 · 적용하였음을 알 수 있다. 자세한 내용은 다음 그림과 같다.

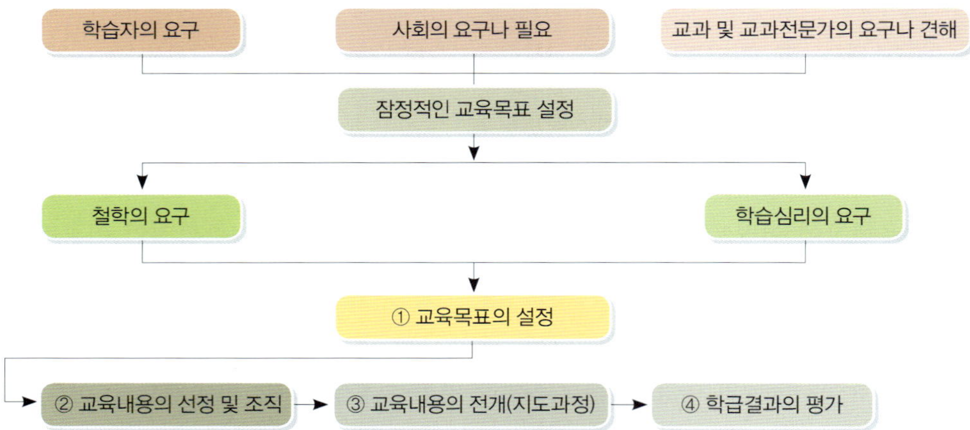

타일러(Tyler)의 교육과정 개발모형

위 그림을 보면, 타일러(Tyler)는 학습자의 요구, 사회의 요구, 교과 및 교과 전문가의 요구나 견해에 따라 교육목표를 설정하고, 철학 및 학습심리적 요구에 의해 교육목표 설정 → 교육내용의 선정 및 조직 → 교육내용의 전개 → 학습결과의 평가로 프로그램을 운영한다.

(2) 타일러(Tyler)의 평가모형

타일러(Tyler)의 평가모형은 목표달성모형의 효시로 원래 학업 성취도를 평가하기 위해 제안된 평가모형이다. 평가의 절차는 다음과 같다(권순달, 오성삼, 2016).

표 2-1 타일러(Tyler)의 평가모형

단계	평가절차	세부내용
1단계	목표 선정	일반적 교육목표를 설정
2단계	목표 상세화	일반 교육목표를 행동목표로 명세화
3단계	도구 제작	평가방법과 평가도구를 선정 또는 개발
4단계	자료 수집	평가도구를 사용하여 데이터를 수집
5단계	가치판단	수집한 데이터를 기준으로 목표의 도달도를 결정

타일러(Tyler)의 평가모형에서 보는 바와 같이 목표가 핵심적인 위치를 차지하고 있다. 평가모형은 체계적이고 단순하다는 장점을 갖고 있다(권순달, 오성삼, 2016).

타일러(Tyler) 모형에 대한 비판은 다음 세 가지로 요약된다(소경희, 2005).

첫째, 타일러(Tyler) 모형은 교육과정 개발과정이 네 가지 요소의 순차적인 혹은 단계적인 과정으로 이루어진다고 가정하고 있으나, 실제 교육과정 개발과정은 상당히 복잡하고 다양하며, 이 과정에서 네 가지 구성요소는 서로 영향을 주고받는 관계에 있다.

둘째, 타일러(Tyler) 모형은 교육과정 개발기준, 절차 혹은 방법에만 관심을 둠으로써 교육목표나 교육내용에 대해서는 직접적인 답을 제공하지 못하고 있다.

셋째, 타일러(Tyler) 모형은 교육목표의 효율적인 달성에만 초점을 둠으로써 개발 과정에 개입될 수 있는 눈에 보이지 않는 정치적 측면이나 그 결과로 나타나게 될 잠재적 측면에 관심이 없다.

03 …… 영유아 프로그램의 유형

영유아 프로그램의 유형은 연령에 따라 대상별, 시간별, 장소별, 운영주체별 유형에 따라 구분한다.

1) 대상에 따른 분류

(1) 영아 프로그램

출생에서 2세까지의 영아를 대상으로 하는 영아 프로그램은 과정중심적이고 반복적인 활동을 강조하며 개방적인 목표와 교육경험을 제공해 주어야 한다. 또한 영아의 자유로운 움직임, 식사와 휴식, 개인차와 자율성 등을 모두 고려하여 프로그램을 운영하여야 한다.

이기숙(2008)은 영아 프로그램 운영 시 고려해야 할 원칙으로 반응적인 상호작용, 존중과 신뢰감 형성, 생활경험 제공, 성공적인 경험, 개별적 요구 반영, 안정감을 주는 반복적인 일과, 충분한 활동시간, 독립적 행동 강화, 욕구조절과 제한 설정, 명료하고 지원적인 의사소통, 부모 존중 등의 원칙을 제안하고 있다.

이 시기는 걸음마 이전과 이후의 단계로 영아가 온정적이고 정서적 안정을 느끼도록 편안한 분위기의 안전한 환경을 조성해야 한다. 교사와 부모는 영아의 활동 상황을 세밀하게 관찰하고, 영아의 흥미와 반응성을 파악하여 활동에 변화를 주거나 놀이활동을 확장하는 등 융통성이 요구된다.

(2) 유아 프로그램

3세 이후 취학 전 유아를 대상으로 운영되는 프로그램이다. 유아의 전인적 발달을 위한 포괄적인 교육프로그램을 제공하며 '교육과 보육'의 기능을 통합하고 있다. 또한 생활영역을 중심으로 통합적 접근을 실시하고 있다. 영아 프로그램보다는 구조적이며, 대 · 소집단 활동의 형태로 일과를 구성할 수 있다.

유아기는 독립적인 존재로서 자기 감각을 갖고자 활발히 움직이는 시기로서 유아의 운동능력 발달과 자조기술 습득을 돕고 자율성을 증진시키는 환경을 제공해 주어야 한다. 또한, 다양한 놀이학습의 중요성을 인식하고 주변을 관찰하고 탐색하도록 준비해 주며, 유아 주도적이고 자율적인 놀이환경이 필요하다.

(3) 통합 프로그램

바람직한 장애아 프로그램은 장애의 종류나 정도에 지나치게 집착하지 않고 '특별한 교육적 요구를 가진 모든 아동(special need children)'에게 교육과 보호, 의료적 서비스를 제공하는 것을 목적으로 한다(이기숙, 강숙현, 2015). 즉, 일반유아와 장애유아가 같은 공간에서 생활하고 교육을 받는 체제를 의미한다. 장애유아를 분리시키지 않음으로써 일반유아에게는 반편견 교육이 생활 속에서 자연스럽게 운영된다. 장애유아는 일반유아의 모델링을 보며 개인적인 발달에 효과적이라고 판단된다.

장애아 통합프로그램은 특수유아를 완전히 분리 · 수용하는 것이 아니라 사회적응능력과 기량을 익힐 수 있도록 하는 교육적 배려이며, 일반아동으로 하여금 장애아동을 이해하고 지원적 역할을 할 수 있도록 돕는다. 통합교육에서 중시해야 할 부분은 개인차를 충분히 고려한 프로그램 운영이며, 장애의 정도에 따라서 교육환경이 고려되어야 한다. 특히, 통합프로그램은 교사 자신이 통합프로그램에 대한 이해와 철학을 갖고 있어야 하며, 장애아동과 가족에 대한 이해와 수용 자세가 우선되어야 한다.

(4) 방과 전 · 후 프로그램

방과 전 · 후 프로그램은 초등학교의 아동을 대상으로 하며 학기 중의 방과 전 · 후뿐 아니라 방학 중 혹은 주말에 제공되는 장시간의 보호와 교육활동 프로그램을 의미한다. 초등학생 시기는 학령기에 해당하는 시기로 인지적 발달과 학습능력의 결정적인 변화가 나타나며 대부분 11세 이후에는 2차 성징의 출현 등 급격한 신체적 변화도 나타난다. 방과 전 · 후 프로그램은 초등학생의 안전한 보호와 요구에 따라 생활지도, 숙제지도, 자율학습지도, 특활지도, 놀이지도 등으로 이루어진다. 방과 후 아동보육은 어린이가 보호 받아야 한다는 복지적 입장과 청소년 범죄 예방 차원에서 중요하다.

방과 전 · 후 프로그램은 대상 아동의 부모들이 맞벌이거나 편부모가 많고 저소득층인 경우가 대부분이며, 공부방이나 어린이집, 초등학교에 설치된 '특기 · 적성 교육활동' 프로그램, 종합사회복지관에서 직영 또는 부설로 운영하는 학습지도, 보육 프로그램이 대부분이다.

2) 운영시간에 따른 분류

(1) 반일제

하루에 3시간 이상 5시간 미만의 교육과정을 포함하고 있는 형태를 지칭하며, 유아교육기관에서는 "반일제"를 기본으로 하고 있다. 일반적으로 오전 9시부터 오후 1시까지이며, 헤드 스타트 프로그램에서 많이 운영되었던 프로그램이다.

(2) 연장제

일반적인 활동시간은 오전 8시에서 오후 6시까지이지만 부모나 아동의 요구에 따라 연장하거나 알맞은 시간대를 선택할 수 있다. 반일제 프로그램에 비해서 3시간 이상의 교육활동과 서비스가 제공되는 프로그램이다. 장점으로 반일제 프로그램과 비교하여 어린이들에게 균형 있고 편안하게 학습경험을 제공해 주며, 아동의 욕구와 흥미를 진단, 평가하고 발달시킬 수 있는 데 더 많은 시간을 제공한다. 과학, 음식 만들기, 미술, 음악, 체육, 드라마, 견학과 같은 영역에서의 창의적이며 심화된 경험을 할 시간을 아동에게 더 많이 제공한다.

단점으로는 장시간 가정과 분리되어 있어서 정서적으로 부정적인 영향을 줄 수 있다. 또한 오후 학습시간의 질이 오전에 비해 많은 피로로 저하될 수 있다. 오후 교육의 내용이 반일제 프로그램의 반복이 될 수 있다는 한계가 있다.

(3) 종일제

"유아교육법"에 근거하여 1일 8시간 이상의 교육과정을 말한다. 오후의 활동을 위한 점심, 휴식 및 낮잠시간과 함께 오후 활동이 다양하게 제공되는 프로그램이다. 취업모의 증가로 보육기능과 질적으로 우수한 교육의 기능을 동시에 수행함으로써 유아의 전인적 발달을 도모함과 동시에 일상적인 보호와 기본생활습관의 형성 등에 관련된 통합적인 프로그램이다. 또한 산업화로 인한 사회 · 경제구조의 변화, 기혼 여성의 취업률 증가에 의한 가족의 기능 약화로 인해 현대 사회의 요구에 필요한 프로그램으로 가정을 지원한다. 연령 구성에 따라 단일연령집단과 혼합연령집단으로 구분하기도 하며 운영형태에 따라 독립된 종일제와 오후 재편성 종일제로 구분하기도 한다.

(4) 24시간제

24시간제는 특별한 도움을 필요로 하는 가정을 위한 프로그램으로서 자녀를 보육하기 위해서 기관이나 가정에서 24시간 개방하는 프로그램이다. 숙박보육이라고도 하며, 24시간 동안 교사가 교대로 근무를 한다.

(5) 일시/시간제

하루의 일부분 또는 필요한 때는 언제나 아동을 돌보아 주는 형태로 부모의 요구에 따라 필요한 시간만큼 보육 서비스를 제공하게 된다. 일시적으로 보육하게 되는 아동과의 정서적 교류를 위한 계획과 연령별로 다양한 놀이활동들을 계획하여 운영한다.

3) 장소에 따른 분류

(1) 기관중심

일정한 시설과 설비를 갖추고 영유아 교육기관을 허가받아 전문가가 운영하는 것이 특징이다. 일상적 경험과 교육적인 경험을 균형 있게 계획하도록 해야 한다. 질 높은 교육을 위해 기관평가를 시행하고 있다. 학급 편성은 동일연령집단과 혼합연령집단으로 구성되어 있다.

(2) 가정중심

일반 가정집을 교육기관으로 운영하는 것으로 가정보육이라고 불리고 있다. 운영시간은 부모의 요구에 따라 유동적이며, 가정과 같은 친밀감이 잘 이루어질 수는 있으나, 대개의 경우 시설 및 교육적 배려가 부족하기 쉽다. 종류로는 자기집 보육과 보육자 가정보육이 있다.

(3) 직장중심

회사나 공장에서 고용주가 피고용인의 자녀양육을 지원하기 위해 직장이나 직장 가까운 곳에 보육시설을 마련해 주는 것이다. 유형으로는 첫째, 단일형 직장보육시설로 사업체가 직접 관리하는 방법과 영리 또는 비영리 보육전문기관에 위탁 운영하는 방법이다. 둘째로는 공동형 직장보육으로 2개 이상의 사업체가 연합하여 공동의 보육시설을 운영관리하는 형태이다.

4) 운영 주체에 따른 분류

(1) 유치원

유치원은 국 · 공립유치원, 법인유치원, 사립유치원으로 나뉜다. 국립유치원은 국립대학의 병설로 전국에 몇 개 없고, 공립유치원은 시 · 도에서 운영하는 유치원으로 병설과 단설로 나눈다. 병설유치원은 초등학교 부속으로 학교 안에 위치해 있고 초등학교 시스템과 동일하게 운영된다. 단설은 5학급 이상의 독립된 건물에서 운영된다. 유치원은 설립인가제와 시 · 도교육청별 장학지도 및 유치원평가를 통해 일정 수준의 질 관리 및 유지가 이루어지고 있으며, 유아교육법, 사립학교법, 재무회계규칙 등의 법적 규정이 적용된다. 유치원 교육과정은 3~5세 연령별 누리과정인 국가 수준의 교육과정을 운영하고 있다.

(2) 어린이집

어린이집은 설립주체에 따라 크게 6가지로 나눌 수 있다. 첫째, 국가나 지방자치단체가 운영하는 국·공립어린이집, 둘째, 사회복지법인이나 학교법인 등의 법인운영 어린이집, 셋째, 학부모들이 조합을 결성해 운영하는 부모협동조합 어린이집, 넷째, 개인이 가정에 준하는 곳에서 운영하는 가정보육 어린이집, 다섯째, 사업주가 근로자를 위해 운영하는 직장보육, 마지막으로 그 외의 민간 어린이집으로 구성된다.

Chapter

03

현대 영유아 프로그램 개발의 동향

1960년대 이후 오늘날까지 영유아 프로그램은 양적으로 급속하게 개발되어 왔다. 일부의 프로그램은 유행처럼 개발되었다가 쉽게 사라지기도 하고 현대에 이르기까지 꾸준히 이어지는 프로그램들도 있다. 그동안 개발되어 온 다양한 영유아 프로그램은 시대의 사회·문화가 요구하는 인간상과 철학에 따라 변화를 나타내 왔다. 따라서 현대 사회의 영유아 프로그램 또한 영유아를 바라보는 아동관과 복지 향상, 국가수준의 인재육성 방향, 영유아의 교육과 보육제도의 변화, 여성의 사회참여 확대와 맞벌이 가정 증가, 가족의 구조와 기능의 변화, 세계화와 정보화 등 사회적 요구를 수용하면서 영유아의 발달 특성과 요구를 반영하여 개발·운영되어야 할 것이다. 이 장에서는 최근 논의되고 있는 현대 사회의 요구와 변화에 따른 영유아 프로그램의 동향에 대해 살펴보고자 한다.

01 영유아 인성교육 프로그램

우리나라는 1960년대 후반을 기점으로 경제 산업의 방식이 농업에서 공업으로 변화하면서 산업화 시대로 접어들게 되었다. 산업화에 따라 사람들의 생활방식과 직업군이 달라지고 있으며 이에 따라 가족의 구조와 유형도 다양화 되고 있다. 그러나 가족의 구조 변화는 전통적으로 가정에서 이루어지던 사회화의 기능과 사람으로서의 됨됨이를 가르치던 밥상머리교육을 소홀하게 만드는 배경이 되면서 점차 인성에 대한 문제로 불거지고 있다. 2010년 교육과학기술부는 사회문제를 초래하는 인성을 교육의 중요한 과제로 공표하고 모든 학교와 가정에서 인성교육을 강화하도록 하고 있다.

인성이란 인간이 갖추어야 할 됨됨이로 인성에 대한 지식, 기술, 태도가 모두 갖추어졌을 때 발휘될 수 있는 복합적인 성향이며, 판단의 준거는 사회 · 문화에 의해 형성되지만 개인의 독특한 특성을 바탕으로 길러지는 매우 주관적인 성향이다. 이러한 인성은 어느 시대의 교육에서나 강조되어 왔으나 최근 인성과 관련한 사회의 부정적인 사건들은 인성교육의 중요성과 책임에 대한 논의를 두드러지게 하고 있다. 또한 교육부는 미래사회를 이끌어갈 글로벌 인재의 핵심역량을 창의성과 인성에 둠으로써 인성교육에 대한 필요성을 강조하게 되었다.

인성교육이란 좋은 인성을 발달시키기 위한 의도적이고 행동지향적인 노력이다. 즉, 사회에서 요구하는 건강하고 바람직한 인간으로서 성장할 수 있는 교육적 경험을 제공하는 것이다. 또한 인성은 일회성이나 단기간에 온전한 인성을 형성할 수 있는 일이 아니므로 반복적이고 지속적인 경험을 통해 기본을 형성하는 것이 매우 중요하다. 특히 '세 살 버릇이 여든까지 간다'는 옛말과 같이 영유아기의 인성교육 및 인성의 기초 형성은 소홀히 할 수 없는 교육적 과제라 할 수 있다.

리코나(Lickona, 1988)는 영유아의 인성교육에 대해 인성적 경험은 유아가 어렸을 때는 어떠한 경험을 하든 큰 차이가 없지만 이런 경험들이 습관화되었을 때는 성장 후 큰 차이를 보이게 된다고 설명하고 있다.

영유아기 인성교육에서 다루어져야 할 인성적 덕목은 나에 대한 올바른 이해와 다른 사람에 대한 배려, 더불어 살아가기 위한 능력을 배양하는 것이라고 할 수 있다. 다시 말해 자신에 대한 긍정적인 이해와 자아존중감을 형성하고 다른 사람을 공감하고 배려하면서 서로가 다름을 인정할 수 있는 소양기초를 형성하는 것이 중요하다.

그러나 인지적으로 편중되어 있던 우리의 교육적 상황에서는 인성교육의 중요성이 소홀하게 다루어져 왔었다. 유아교육에서도 인성이 두드러지기 시작한 것은 유치원 6차 교육과정(1998)에서 청결, 정리정돈, 질서, 올바른 식습관, 절제, 예절 등의 기본생활과 자아개념, 자기조절능력, 감정과 욕구조절, 협력, 타인에 대한 배려와 존중, 바른 태도로 듣고 말하기 등의 사회 · 정서적 덕목을 강조한 것을 비롯해 2012년 이후 시작된 누리과정에서는 유아인성교육의 덕목으로 배려, 존중, 협력, 나눔, 질서, 효 6가지를 선정하고 토의, 협동학습, 현장학습, 역할놀이, 스토리텔링, 도서 활동을 통해 유아 스스로 자발적인 동기를 가질 수 있도록 실천중심의 활동으로 운영하도록 강조하고 있다. 누리과정에서 제시한 유아인성교육의 덕목과 내용은 〈표 3-1〉과 같다.

표 3-1 유아인성교육의 덕목과 내용

덕목	정의	하위내용
배려	타인의 필요와 요구에 민감하게 반응하고 공감하는 것	친구, 가족, 이웃과 동식물에 대한 배려
존중	사람이나 사물은 그 존재만으로 존중할 가치가 있음을 이해하고 그 가치에 대해 소중히 여기는 것	자신과 전통문화에 대한 존중, 다른 사람과 다른 문화에 대한 존중, 생명과 환경에 대한 존중
협력	두 명 이상의 구성원이 공동의 목표를 설정하고, 이를 달성하기 위해 개인의 책임을 다하고 서로 조언 및 조력을 주고받는 것	긍정적인 상호의존성, 개인적 책임감, 집단협력
나눔	자기 스스로 우러난 마음에서 남을 돕기 위해서 하는 일로 대가를 바라지 않고 지속적으로 도와주는 것	나눔의 의미를 알고 실천하기, 나눔에 참여하기
질서	민주주의 사회에서 책임감 있는 민주시민으로서 살아가기 위해 필요한 사회규범을 지키는 것	기초질서, 법질서, 사회질서
효	자식으로서 인간된 도리를 충실히 하는 것	부모, 조부모, 지역사회 어른에 대한 효

출처: 교육과학기술부 인성교육 프로그램, p.26.

사람의 됨됨이를 만드는 인성교육은 영유아기 때부터 지속적이고 일관적으로 진행되어야 하며 지식 전달에 그치는 것이 아니라 생활 속 모든 시간과 공간 속에서 실천적으로 이루어져야 한다. 그러나 우리나라의 유아교사들과 부모들은 유아기 인성교육의 중요성은 높게 인식하고 있는 반면 실제적인 운영 및 지도는 미흡하다고 평가하고 있다. 영유아 인성교육이 효과적으로 이루어지지 못하는 부분에 대해 형식적이고 주입식의 인성교육, 현장교사들의 인성교육에 대한 신념과 교수전략 부족, 유아인성교육에 대한 충분한 인식과 훈련 부재 등이 원인이 되고 있다고 지적하고 있다(김경신, 2011; 계영애, 강정원, 2001; 전재선, 2011).

영유아기에 적합한 실천적 인성교육 프로그램 개발과 효과를 위해서는 첫째, 영유아의 감정과 행동에 대해 민감하고 적절하게 반응하고 안정감과 소속감이 바탕이 되도록 한다. 인성은 인지적으로 가르친다고 이해하고 받아들여지는 것이 아니다. 직접적인 경험 속에서 긍정적인 느낌과 올바름을 스스로 수용하고 실천하도록 해야 한다. 따라서 올바른 인성을 기를 수 있는 토대가 되는 정서적 안정감을 갖도록 하며 또한 성인의 민감하고 적절한 반응을 통해 다른 사람과의 관계 형성의 기초를 이룰 수 있도록 해야 한다. 둘째, 유아의 발달적 특성을 고려한 인성적 덕목을 선정하고 스스로 실천해 나갈 수 있는 기회가 제공되는 긍정적이고 온정적인 환경을 구성한다. 인성은 이해하고 수용한 것을 실천으로 보였을 때 완성되는 것이기에 작은 것이라도 실천할 수 있는 환경구성이 필요하다. 또한 영유아기의 발달적 특성을 고려하여 인성적 덕목을 작은 단위와 요소로 구분하여 활동을 구성하고 반복적으로 행할 수 있는 프로그램 개발이 필요하다. 셋째, 교사는 영유아의 인성을 형성하는 데 좋은 모델링으로서 인성적 행동의 본보기가 되어야 하며 가정과 연계하여 지속적이고 일관적인 연계교육이 되도록 해야 한다. 영유아기의 발달특성상 모방은 매우 중요한 배움의 기술이다. 부모와 교사의 행동과 언어는 살아 있는 배움의 도구이며 가장 영향력을 미칠 수 있는 값진 교재가 된다. 따라서 영유아가 모방할 수 있는 올바른 인성을 지니고 보여줄 수 있는 교사와 부모의 모습은 중요한 인성교육의 교수방법이다. 따라서 유아교사 양성기관의 직전 및 현직교육에서 교사의 인성함양교육 및 유아인성교육에 대한 이해와 유아교육기관에서의 부모교육이 함께 이루어져야 할 부분이다.

02 영유아 창의성교육 프로그램

현대 사회는 정보통신의 발달과 활발한 경제·문화의 교류로 인해 늘어나는 정보의 홍수 속에서 핵심적인 정보의 효율적인 처리와 활용이 중요해지는 정보화 사회라고 볼 수 있다. 정보화 사회에서 요구되는 인간상은 정보를 잘 활용하고 실생활에서 잘 적용하려는 정보화 마인드와 기계가 할 수 없는 창의력이나 지력을 갖춘 인간을 길러내는 것이다(김수영 외, 2013). 이러한 흐름에 따라 유아교육에서도 창의적이고 자율적인 인간을 길러내기 위한 창의성 계발에 대한 교육이 강조되고 있다.

'창의성'이라는 단어는 더 이상 낯설게 들리지 않을 만큼 생활 속에 자연스럽게 스며들었으며 창의성은 특별한 사람에게 주어진 재능으로 보던 과거와는 달리 21세기 현대 사회에서는 누구나 지니고 있는 능력이 되었다. 또한 인간에게 가장 필요한 능력으로 손꼽히기도 한 창의성은 교육 분야뿐 아니라 사회 전반에서 그 중요성이 크게 부각되고 있다.

창의성은 길포드(Guilford)가 미국 심리학회 회장 취임 연설에서 언급한 것을 계기로 1950년대부터 주목받기 시작하였다. 그후 다양한 분야의 많은 학자들에 의해 연구되어 왔음에도 불구하고 너무나 다면적인 특성을 지니고 있어 지금까지도 '창의성이란 무엇이다'라는 합의된 정의를 내리지 못하고 있다. 학자들에 따라 뛰어난 인지능력 또는 문제해결력으로 보거나 개인의 성향이나 정의적 특성으로 보기도 하는데 이들 연구에서 공통적으로 제시되는 것이 '새로움'과 '유용성'이다.

여기서 '새로움'이란 독창적인, 독특한, 신선한, 예기치 못한 등과 연결되며 '유용성'은 적절한, 구체화된, 가치 있는, 의미 있는 등과 연결되는 개념으로 개인 또는 집단의 창의적 특성이 창의적 과정을 거쳐 사회적 맥락에 의해 새롭고 유용하다고 인정받을 수 있는 산출물을 생성하는 능력을 의미한다(조연순 외, 2008). 즉, 창의성의 정의에는 기존에 없던 참신하고 새로운 것이면서 효율적이고 거리감 없이 사용할 수 있는 유용성이 반드시 포함되어야 한다는 것이다. 또 다른 의미에서 새로움과 유용성에는 새롭고 독창적이면서 사회적으로 적절하며 가치롭다고 인정되는 것을 말하는데 여기서 '가치롭다'의 여부는 사회와 시대에 따라 달라질 수 있다 (Eysenck, 1994).

창의성을 어떻게 바라보는가에 따라 창의성의 개념과 구성요소는 다양하게 제시될 수 있는데 길포드(Guilford)는 확산적 사고와 관련지어 인지적 요소로는 문제에 대한 민감성, 사고의 유창성, 융통성, 독창성, 정교성 등을 하위요인으로 보았으며, 자발성과 개방성, 독자성, 집착성과 호기심 등과 같은 정의적인 요소가 뒷받침될 때 성공적인 창의성을 발현할 수 있다고 설명한다.

표 3-2 창의성의 구성요소

요소	내용
인지적 요소	• 민감성 : 주변 환경에 관심을 가지고 적극적으로 탐색하고 반응하는 능력 • 유창성 : 특정한 문제 상황에 대해 가능한 많은 양의 아이디어를 산출하는 능력 • 융통성 : 고정적인 사고와 시각에서 벗어나 다양한 관점에서 해결책을 찾는 능력 • 독창성 : 기존의 것에서 벗어나 참신하고 독특한 아이디어를 산출하는 능력 • 정교성 : 아이디어를 보다 구체화하고 세련되게 발전시키는 능력
정의적 요소	• 자발성 : 문제 상황에서 아이디어를 자발적으로 산출하려는 성향 • 개방성 : 기존의 경험에 구애받지 않고 모든 가능성을 수용하려는 성향 • 독자성 : 문제상황에 대해 독립적으로 생각하고 행동하려는 성향 • 집착성 : 문제가 해결될 때까지 끝까지 포기하지 않고 끈기 있게 노력하는 성향 • 호기심 : 주변 환경에 대해 관심을 갖고 끊임없이 질문하고 탐구하려는 성향

이러한 창의성의 요소들은 영유아들의 행동에서 쉽게 볼 수 있다. 즉, 창의성은 이 시기 영유아들의 보편적인 행동특성이며 자신의 독특한 사고를 가장 자유롭게 표현하고 환경과의 상호작용을 통해 잠재적인 능력을 개발해 나갈 수 있는 가장 유연한 시기이기 때문에 창의성에 대한 교육이 가장 바람직한 시기이다.

토랜스(Torrance, 1963)는 영유아기는 성인들이 가지고 있는 관념이나 전형적인 사고의 틀에 얽매이지 않고 유연하게 사고할 수 있는 시기이므로 창의적 상상력이 가장 고조되는 4세에서 5세 반 사이가 창의성 교육의 적기라 할 수 있다고 하였다. 또한 창의성은 소수의 특별한 사람에게만 나타나는 것이 아닌 보편적인 능력이므로 교육을 통해 개발될 수 있다고 강조하면서 창의성 검사도구(Torrance Tests of Creative Thinking: TTCT)를 개발하여 영유아의 창의적 잠재력을 연구하고 창의성 교육을 위한 기초를 제공하였다.

영유아기의 창의성 교육은 어떤 내용을 가르칠 것인가보다 이미 유아들이 가지고 있는 잠재능력을 어떻게 이끌어 내는가 하는 것이 더 중요한 과제이다. 주변환경을 여과 없이 받아들이는 영유아기의 사회·문화적 환경 구성은 창의성 교육의 중요한 요인이지만 무엇보다 영유아의 새로운 발상이나 호기심이 수용되는 심리적 환경구성은 영유아들의 창의성을 열어주는 결정적인 요소가 된다. 토랜스(Torrance)는 성인이 영유아의 이야기를 들어주고 인정해 주는 것만으로도 창의적인 사고를 촉진할 수 있다고 지적하면서 창의성을 발휘하기 위해서는 창의적 성향을 기르는 것이 중요함을 강조하였다. 그러므로 '창의성'이라는 이름으로 상업화되고 교육적인 목적에 치우친 교육방식이나 프로그램이 아닌 유아들이 일상생활이나 주변세계에 호기심을 가지고 탐색하며 다양하고 독특하게 생각해 볼 수 있는 기회를 자연스럽게 제공하고 창의적 성향을 기를 수 있는 개방적인 분위기 조성과 영유아가 지닌 창의성을 발휘할 수 있는 프로그램 개발이 필요하다(김수영 외, 2013).

03 지속가능발전교육

1987년 세계 환경발전위원회에서 '우리들의 공동의 미래'를 통해 지속가능한 발전(sustainable development)을 추구해야 한다고 보고한 이래 지속가능발전이라는 용어는 다양한 분야에서 미래를 위한 키워드가 되고 있다. 국제연합(UN, United Nations)은 2005년부터 2014년까지를 '유엔 지속가능발전교육 10개년'으로 선포하고, 유네스코를 실행기관으로 지정했다.

유네스코(UNESCO)가 제시한 지속가능발전교육(Education for Sustainable Development)의 의미는 '모든 사람이 질 높은 교육의 혜택을 받을 수 있으며 이를 통해 지속가능한 미래와 사회 변혁을 위해 필요한 가치, 행동, 삶의 방식을 배울 수 있는 사회를 지향하는 교육'으로 정의하고 있다. 지속가능발전교육은 환경 파괴의 심각성을 인식하고 회복하자는 취지에서 출발하였지만 보다 다양한 가치와 관점을 고려한다는 점에서 단순한 환경교육이 아닌 '지구'와 '인간' 그리고 '공생'을 주요 개념으로 하는 평화교육, 다문화교육, 인권교육을 포함하는 포괄적인 의미를 갖는다.

지속가능발전교육의 내용은 사회, 경제, 환경이라는 세 기둥을 주축으로 세 기둥 간의 상호의존적인 관계들이 서로 연결되어 수많은 관계를 만들어 내는 삶의 모든 주제를 담고 있다.

지속가능발전교육은 순간이 아닌 지속적인 태도와 가치를 형성해야 하는 교육이므로 영유아기에서부터 시작되어야 하며 영유아에게 자신이 살아가는 세계에 대한 감각을 형성하도록 도움이 되어야 한다. 여기에서는 영유아들과 함께 할 수 있는 지속가능발전교육 프로그램으로 유아 녹색성장교육 프로그램, 경제 · 소비자교육 프로그램, 다문화교육 프로그램에 대해 소개하고자 한다.

1) 유아 녹색성장교육 프로그램

현대 사회의 발전은 인간 생활에 많은 문명의 이기를 가지고 왔지만 인공적인 힘으로 자연생태계가 파괴되고 환경이 극심하게 오염되는 등 자연환경에 대한 사회적인 문제의 심각성은 특정 국가나 지역의 문제가 아닌 우리 모두의 문제이며 후대를 위한 중요한 과제가 되고 있다.

녹색성장교육이란 녹색성장과 교육이 합성된 용어로 녹색성장(green growth)이란 환경(green)과 성장(growth)의 두 의미의 가치를 포함한다. 에너지와 자원을 절약하고 효율적으로 사용하며 기후 변화와 환경 훼손을 줄이는 자연에너지와 녹색기술 개발을 통하여 새로운 성장 동력을 확보하고 일자리를 창출하는 경제와 환경이 함께 이루는 성장을 의미한다. 즉, 녹색성장은 기존의 환경과 경제가 상충되는 환경보호 또는 환경보전교육을 포함하면서 인간생활에서 빼놓을 수 없는 경제를 포함하는 포괄적인 의미를 갖는다.

녹색성장이 대두된 것은 2005년 유엔 아시아 · 태평양 경제 · 사회위원회에서 경제 성장 단계에서부터 환경과 조화를 이루도록 하기 위한 '환경적으로 지속가능한 성장'이라는 목적으로 시작하여 전 세계는 저탄소, 재생에너지, 녹색성장, 생태교육, 생태정원, 신생에너지 등에 많은 관심을 가지게 되었다.

미국은 영유아들의 녹색성장교육을 생태환경 체험활동과 어린이 생태정원 가꾸기(MSU, 2014; BBG, 2014) 등을 프로그램화하여 운영하고 있으며, 일본은 '후지에코파크 빌리지'라는 생태교육 프로그램을 운영하고 있다. 이 프로그램에서는 환경오염과 환경 호르몬, 자연에너지 이용과 음식 재활용, 신생에너지 등을 주제로 하고 있다.

우리나라는 2008년 '저탄소 녹색성장'이라는 국가정책을 선포하고 2009년 8월 녹색성장위원회와 교육과학기술부, 행정안전부가 공동으로 '녹색성장활성화 방안'을 발표하였다. 녹색성장 정책 발표 이후 교육과학기술부는 '체험하고 실천하는' 녹색성장교육을 확산하고 유아교육을 비롯한 초 · 중등교육에서 녹색성장 실천활동이 일관적이고 체계적으로 이루어질 수 있도록 교육과정 및 교재 · 교구 개발, 교사 연수 등 전 과정에 걸쳐 지원을 강화하였다. 또한 유 · 초등 수준에서 녹색생활이 습관화될 수 있도록 학교생활 전반뿐 아니라 가정과 연계하여 이루어질 것을 제시하였다.

이에 영유아교육에서는 2011년 만 5세 누리과정에서 녹색성장교육을 처음으로 제시하고 기후 변화, 에너지 절약, 녹색생활의 세 가지에 중점을 두고 지속가능발전을 지향하는 녹색성장이 모든 생활주제에서 다루어지도록 하고 있다. 이를 통해 기본생활습관이 형성되는 시기인 영유아기부터 녹색생활실천이 어릴 때부터 자연스럽게 이루어질 수 있도록 녹색생활의 가치를 인식하고 실천할 수 있게 함으로써 국가와 지역사회의 환경과 경제의 조화로운 성장을 위해 기여할 수 있는 글로벌 녹색시민으로서 기본 소양을 갖추는 것을 목적으로 한다.

5세 누리과정에서는 녹색성장교육의 추진방향을 다음과 같이 제시하고 있다(교육과학기술부, 2012).

첫째, 녹색생활실천이 어릴 때부터 자연스럽게 이루어지도록 유아교육에서는 녹색성장의 교육기반을 강화하고 녹색성장을 선도할 미래인재 육성의 기반 조성에 중점을 두어야 한다.

둘째, 환경문제를 최소화하고 녹색기술 · 산업의 성장 동력 등과 관련된 교내외 체험 프로그램 및 사례교육을 활성화하여 유아기부터 녹색생활의 체화를 유도한다.

셋째, 유아교육기관에서는 녹색환경교육을 중심으로 하고 고학년으로 갈수록 녹색성장교육을 강화하는 방향으로 접근한다.

지옥정(2012)은 지속가능발전을 지향하는 녹색성장교육에 대해 영유아는 더 이상 성인의 보호를 받아야 하는 존재가 아니라 가정, 유아교육기관, 더 나아가 지역사회가 가지고 있는 문제에 대해 영유아의 수준에서 원인이 무엇인지, 문제를 어떻게 해결할 수 있는지 생각하고 문제 해결에 주체적으로 참여하도록 하여 주인의식을 길러야 하며 녹색성장교육이 모든 생활주제에서 다룰 수 있어야 한다고 강조한다. 그러므로 영유아를 위한 녹색성장교육을 계획할 때는 첫째, 지속가능발전을 지향하며 환경교육뿐 아니라 경제, 사회문제를 함께 다루는 포괄적이고 미래지향적인 교육이 되도록 한다. 둘째, 자연환경에 대한 이해와 감수성을 바탕으로 생활 속에서 작은 것부터 실천해 나가도록 하는 '실천중심의 녹색성장교육'이 되어야 한다. 셋째, 교육기관, 가정, 지역사회가 연계하여 활동할 수 있는 '모두가 함께 하는 교육'이 되도록 한다.

2) 경제 · 소비자교육 프로그램

최근의 소비문화는 영유아들에 의해 결정되는 경우가 많아지고 있다. 특히 현대사회 부모들은 자녀의 건강이나 안전 또는 효율적인 육아를 위한 상품을 구매하는 데 많은 소비를 하고 있으며 캐릭터나 브랜드화된 유아상품들은 유아들의 구매에 영향을 주고 있다.

우리의 일상생활에서 경제와 소비는 분리하여 생각할 수 없는 불가분의 관계에 있다. 경제란 인간이 살아가는 데 매일매일 필요한 물질적인 상품이나 노동을 생산, 분배, 소비하는 모든 활동을 의미하는데 유아들의 경제적 역할의 대부분은 소비자로서의 생활과 밀접하게 연결된다. 따라서 유아기의 경제 · 소비자교육은 생산자보다 소비자 지향의 교육 입장에서 유아들의 주변에서 일어나는 기초적인 경제현상에 대한 이해를 바탕으로 건전하고 성숙한 소비문화를 위한 지식, 기술, 태도와 합리적인 소비를 위한 의사결정능력을 형성하도록 하는 지속적인 생활교육이다(교육과학기술부, 2011). 반면 영유아기의 경제와 소비에 대한 교육이 발달에 적합한 것인가에 대해 논의가 되고 있으나 영유아기의 경제 · 소비교육은 경제의 어렵고 복잡한 현상이나 이론을 가르치는 것이 아니라 현명하고 합리적인 경제생활을 위한 준비과정으로서의 교육으로 이해해야 할 것이다(윤주현, 2009).

유아 경제 · 소비자교육의 내용은 첫째, 상품과 서비스가 정말 필요한 것인지 충족적으로 원하는 것인지를 아는 것, 둘째, 실행하기에 앞서 생각하는 것, 셋째, 실제 구매기회를 통해 소비자로서의 태도와 기술을 경험하는 것, 넷째, 상품과 서비스를 제공하는 다양한 일을 하는 사람들의 수고에 대해 알고 감사하는 것으로 기본적인 경제개념에 대해 이해, 태도, 기술 그리고 사고과정에 대한 지도 등이 포함된다(조순옥 외, 2002). 이은화와 김영옥(1994)은 경제와 소비는 사회교육의 한 분야로 사람들은 살아가는 방식이 모두 다르고 각각 가치 있고 다양한 일을 하며 산다는 것, 일의 필요와 즐거움을 아는 것, 자원의 풍부함과 부족함, 생산과 소비의 개념, 돈의 쓰임새와 가치를 아는 것, 욕구와 필요 그리고 실제 가질 수 있는 것 사이에는 차이가 있음을 아는 것을 제시하고 있다.

교육과학기술부(2011)는 유아기의 경제 · 소비자교육 프로그램의 개념 요소를 기회비용, 희소성, 의사결정, 화폐가치, 생산, 분배, 소비, 절제, 재활용으로 선정하였다. 각 요소들의 개념을 살펴보면 〈표 3-3〉과 같다.

〈표 3-3〉에 제시된 유아 경제 · 소비자교육 프로그램의 개념요소들은 현재 유아교육현장에서 이루어지고 있는 주제중심 또는 프로젝트 접근법의 방식 등으로 맞추어 융통성 있게 운영할 수 있으며, 누리과정의 각 영역 및 다양한 교수-학습 방법을 활용하여 경제 개념을 쉽고 재미있게 이해할 수 있도록 생활 속에서 경험할 수 있는 프로그램 개발이 필요하다. 또한 경제와 소비의 개념은 교실로 제한하여 활동이 이루어지기보다는 은행과 시장, 기부기관 등 지역사회와 연계하여 직접 관찰과 체험 등을 통해 구체적이고 풍부한 경험이 이루어지도록 하며 가정과 연계하여 일관성 있는 경제 개념과 소비활동이 이루어질 수 있어야 한다.

표 3-3 경제 · 소비자교육 프로그램의 개념 요소 및 교육적 의미

개념요소	교육적 의미
기회비용	• 기회비용이란 어떤 것을 얻기 위해 포기한 대가로 실제로 지출하지는 않았다고 해도 비용의 성격을 가지고 있으면 모두 비용에 포함됨 • 선택을 해야 하는 상황에서 되도록 포기한 것에 대한 기회비용이 작은 것을 선택하는, 즉 합리적인 선택을 할 수 있어야 함
희소성	• 희소성이란 사람들의 무한한 욕망에 비해 그 욕망을 충족시켜 주는 재화나 서비스가 부족한 현상임 • 사람마다 욕구가 다르고 필요로 하는 것이 다르기 때문에 희소성도 사람마다 다르게 작용하며 사람들은 선택의 문제에 직면하게 됨을 이해해야 함
의사결정	• 희소한 것일수록 가격이 비싸기 때문에 자신에게 가장 필요한 것이 무엇인지를 심사숙고하여 구매하는 합리적인 의사결정을 통해 효용극대화를 경험할 수 있어야 함
화폐가치	• 화폐로 살 수 있는 재화와 용역의 양을 말하며, 모든 경제활동의 기본이 됨 • 화폐의 종류와 기능에 대한 기본적 이해가 선행되어야 함
생산	• 다양한 상품이 나에게 오기까지의 과정을 이해하고 우리는 누구나 생산자인 동시에 소비자임을 이해해야 함
분배	• 생산된 재화와 용역이 그 사회구성원 개개인 또는 집단에 귀속되는 일을 말함 • 분배의 의미와 가치를 경험하고 이해해야 함
소비	• 계획적이고 합리적인 소비행위를 경험하고 소비자의 권리와 책임을 이해하고 실천해야 함
절제	• 계획적인 소비생활을 위해 기초가 되는 절제의 필요성을 인식하고 절약과 저축하는 습관을 형성해야 함
재활용	• 제품을 다시 자원으로 만들어 새로운 제품의 원료로 이용하는 일로 자원이 한정되어 있기 때문에 재활용은 필수적임 • 재활용(recycling), 쓰레기 줄이기(reduce), 재사용하기(reuse)의 3R을 실천할 수 있어야 함

출처: 교육과학기술부 경제 · 소비자교육 프로그램, p.11.

3) 다문화교육 프로그램

현대 사회의 특징은 세계화와 정보화로 설명될 만큼 다양성이 공존하는 다원화의 시대이며 지리적 · 물리적 공간을 넘어선 지구촌 사회로의 변화를 가져왔다. 유아들은 생활 속에서 쉽게 다른 나라에서 생산된 물건이나 콘텐츠를 구입하고 사용하고 있으며, 외국인 노동자 또는 국제결혼으로 인한 외국문화와의 교류에 대한 사례를 직접 경험할 수 있는 시대에 살아가고 있다. 이런 다문화의 시대의 시민으로서 유아들이 살아가기 위해서는 자신에 대한 올바른 정체성을 확립하고 다른 사람과 다른 문화에 대한 이해와 수용은 필수적인 과제이다.

다문화교육에 대한 관심은 1960년대 미국에서 일방적인 문화억압정책에 대한 비판이 시작되면서 편견과 차별을 없애려는 다문화주의가 교육과정에 투입된 것에서 비롯된 이후 최근 사회 내에서 소외되고 무시되었던 계층의 문제, 인종문제, 장애문제 등까지 시선을 확대하여 사회의 모순과 편견에서 벗어나려는 노력을 하고 있다(이기숙, 2008).

우리나라의 다문화는 1990년대 후반 이후 국제결혼 증가, 탈북자 증가, 외국인 근로자의 급속한 유입 등에 의해 단일민족이라는 문화에서 변화를 맞이하게 되었다. 이제 다문화는 자연스러운 사회문화가 되었으며 다원화 시대의 시민으로 자라나야 하는 영유아들이 자신과 다른 문화에 대한 적극적인 인식과 세계이해에 대한 태도를 가져야 한다는 점을 고려한다면 다문화교육은 영유아기에 시작해야 하는 충분한 필요성을 지닌다.

일반적으로 '다문화교육'이라 하면 대부분 다문화가정이나 외국인에 대한 것으로만 국한하여 그 의미를 축소하여 받아들이는 경향이 있는데 다문화에 포함되는 주제는 인간이 편견을 가질 수 있는 모든 영역을 포함한다.

특히 영유아기의 다문화교육은 각기 다른 인종과 성, 언어, 계층 등을 이해하고 존중하도록 유도하여 영유아와 그 가족의 삶을 긍정적으로 변화시킴으로써 다양한 문화의 세계에서 영유아들이 공동의 목표를 향해 생활하고 의사소통하는 지식, 태도, 기술을 가질 수 있도록 교육되어야 한다. 다문화교육에서 다루어져야 할 교육내용의 범주는 능력, 연령, 외모, 신념, 계층, 문화, 가족구성, 성, 인종, 성애의

10가지가 제시되고 있다(김영옥, 2002). 또 채정란(1999)은 영유아기 다문화교육의 범주를 문화, 협력, 편견, 정체성 형성, 평등성, 다양성을 내용으로 제시하였으며 5세 누리과정 관련활동에서도 문화 이해, 수용, 관계 형성, 정체성 형성, 평등성, 다양성을 그 주제로 하고 있다.

표 3-4 다문화교육 내용

영역	내용
능력(ability)	신체적, 정신적, 정서적 능력
연령(age)	늙거나 젊어 보이는 것 또는 실제 나이에 관한 것
외모(appearance)	키, 몸매, 인상, 손상된 상태
신념(belief)	다양한 종교적 믿음, 자연에 의존하는 믿음 등
계층(class)	개인의 생활양식을 반영하는 사회경제적 지위 계층을 결정하는 요인
문화(culture)	같은 집단의 구성원들이 공유하는 생활방식
가족구성(family)	가족 및 가족구성원의 역할
성(gender)	성에 의한 구별, 성차별
인종(race)	피부색, 머리카락 형태, 얼굴 및 신체 모습 등과 같은 유전적 특징으로 연결된 집단
성애(sexuality)	성적인 선호, 성적인 관심

그러나 우리 사회에서 다문화는 유아기의 다문화교육에 대한 필요성에도 불구하고 교사들은 다문화교육에 대해 바람직한 사고와 태도를 지니고 있으나 다문화교육에 대한 준비와 활동이 체계화되어 있지 않으며 막연하게 필요성만 느낄 뿐 실제 그 중요성을 절감하지 못하고 있다. 이러한 교육현장의 문제는 교사가 다문화사회를 제대로 인식할 수 있는 교육활동이 아닌 추상적인 개념으로 이해하고 있으며 어떤 방향으로 이루어져야 한다는 구체적인 교육적 방향 제시가 미흡한 교육

여건에 있다고 지적하고 있다(김아영, 2006; 진덕수, 2008; 정선희, 1997; 최윤영, 2008).

영유아기의 효과적인 다문화교육을 위해서는 무조건적으로 수용하는 자세를 갖도록 하거나 특별행사 같이 일정 기간 동안 다른 나라의 문화를 소개하는 단편적인 지식전달의 관광주의식 학습이 아니라 편견 없이 있는 그대로를 수용하는 진정한 의미에서의 타 문화 존중의 태도를 갖도록 하는 교육이 되어야 한다. 이는 교육과정에서 단발성으로 이루어지기보다 지속적으로 생활 속에서 태도를 형성하도록 활동을 구성해야 한다. 또 영유아들이 유아교육기관 입학 후 친구와 나의 다름을 이해하고 더불어 생활하는 방법을 익히는 순간부터 나는 다른 사람과 다른 고유의 존재이며 다른 사람 역시 고유의 존재로서 나와 다를 수 있음을 인식하고 이해할 수 있도록 자연스러운 교육환경을 만들어 가는 것이 다문화교육의 기본이 될 것이다.

PART 2

현대 영유아 프로그램 모델

Chapter 04 몬테소리 프로그램 | Chapter 05 레지오 에밀리아 접근법 | Chapter 06 프로젝트 접근법 | Chapter 07 발도르프 프로그램 | Chapter 08 생태유아교육 프로그램

Chapter

04

몬테소리 프로그램

01 몬테소리 프로그램의 배경

몬테소리(Montessori, 1949년)

마리아 몬테소리(Maria Montessori, 1870~1952)는 이탈리아에서 출생한 최초의 여의사였다. 그 당시의 시대적 상황에 맞지 않게 여자인 몬테소리(Montessori)는 특이하게 수학이나 공학을 좋아하여 기술학교로 진학하고, 대학도 물리학, 수학, 그리고 자연과학으로 입학한다. 이후 남자들만의 영역이었던 의대에 최초로 도전하였으나 아버지의 반대와 대학의 수많은 거절을 당한 후에도 끈질긴 도전과 교황의 도움으로 결국은 의대에 진학하여 학위를 받게 된다. 의대생활에서도 동료들의 멸시와 적대감으로 혼자서 해부를 해야만 하는 상황에서 의대를 포기하려고 했던 일화를 보면 여성으로서 새로운 세상을 개척하는 데 많은 어려움이 있었던 것을 알 수 있다. 졸업 후 의사생활을 할 때도 몬테소리(Montessori)는 환자를 지극히 돌보며 치료와 간호를 함께 하는 따뜻한 사랑과 열정으로 보살피는 의사였다고 한다.

몬테소리(Montessori)는 정신병동에서 근무하던 중 지체아들을 만나게 되었고 아이들을 관찰하면서, 의학적인 치료보다는 교육의 욕구가 더욱더 아이들에게 필요한 것을 느끼게 되었다. 그리하여 특수교육에 대한 관심을 갖게 되었고, 당시 특수교육으로 유명한 이타드(Itard)와 세강(Seguin)의 교육을 받기 위해 프랑스로 가서 공부를 한 후 다시 고국으로 돌아와 장애아동을 교육하였다. 로마에서 정신지체가 있는 아동들을 교육하게 되고 특수학교 교장이 되었다. 지체아라고 불리던 아이들의 교육의 결과로, 정상아들이 학교에 들어가기 위해 치르는 시험에 장애아들이 합격하는 것을 보면서 자신의 교육방법을 정상아에게 적용하면 어떤 결과가 나타날지 궁금해졌다. 정상아들을 가르치기 위하여 그녀는 열정적인 학구열로 다시 일반 교육학을 공부하러 로마대학으로 진학하였고, 이후 로마대학의 인류학과에 교수직을 의뢰받고 교수가 되었다.

그러던 중 산로렌조 지역의 은행가가 몬테소리(Montessori)에게 새로 만든 아파트를 부모가 일하러 나간 사이에 망가뜨리고 다니는 노동자 가정의 어린이들을 맡아서 교육해 줄 것을 의뢰하게 된다. 몬테소리(Montessori)는 정상아들을 대상으로 교육을 실천해 보고자 하는 의지가 있던 차에 이를 허락하여 1907년 1월 6일 '어린이집(Casa dei Bambini)'을 개원하게 된다.

어린이집은 2세에서 6세 사이의 유아 50~60명을 대상으로 적절한 교육 설비나 환경이 마련되지 않은 상태에서 전문 교사가 아닌 보조 직원과 함께 시작하게 된다. 유아를 관찰하면서 매일의 관찰을 토대로 필요한 것을 준비해 주고 영양을 개선하고 교구를 제작하면서 발견한 그녀의 교육방법이 하나씩 만들어져 갔다.

어린이집 개원 몇 주 후부터 코흘리던 어린이들에게 변화가 나타나기 시작하였다. 교구에 흥미를 보이고, 집중, 반복, 침묵하는 모습을 보이기 시작하고, 예의바른 행동을 보이기 시작하였다. 이런 변화된 모습은 그 당시의 불우한 환경과 겁먹은 듯한 모습을 하고 있던 어린이들에게는 상상하기 어려운 것이었다. 산로렌조의 성공적인 어린이집 교육의 결과들은 점차 소문이 나기 시작하였다.

첫 번째로 개원한 어린이집 유아들의 성공적인 결과는 두 번째, 세 번째 어린이집의 확산을 가져오고, 참관을 통하여 이를 목격하는 사람들이 늘어나면서 세계 각국에서는 그녀의 교육방법에 주목을 끌기 시작하였다. 어린이집은 네 군데로 증가하고 중류층 어린이들을 대상으로 하는 교육에서도 일관된 성과를 가져오자,

그녀의 교육에 대한 긍정적인 효과를 증명하게 되었다. 어린이집에서 그녀가 이루어 낸 교육은 유아의 능동적인 성장과 요구에 따라 유아 스스로 학습한다는 자동교육(auto education)으로 성인중심이던 당시의 교육관과는 매우 다른 입장이었다.

이후에 세계 각국의 교사들이 몬테소리(Montessori) 교사교육을 원하고, 스페인을 비롯한 여러 나라에서 교사훈련과정이 생기고 책들이 집필되기 시작하였다. 1909년 『어린이집 유아를 위한 과학적 교육방법』이라는 책을 시작으로 『아이들의 비밀』, 『흡수정신』 등 많은 저서가 집필되었다.

1912년 미국으로 초청이 되어 몬테소리 교육에 대한 강연을 시작으로 미국에 몬테소리 유치원이 만들어지고 붐이 일어났으나, 한때 그녀의 교육이론에 반대하는 학자들에 의하여 쇠퇴하기도 하였다. 자신의 나라인 이탈리아에서도 이념이 다른 이유로 쫓겨나 다른 나라에서 망명생활을 하기도 하였으나 현재까지도 AMI(국제몬테소리협회)나 AMS(미국몬테소리협회)와 같은 교사교육기관들이 여러 나라에서 만들어지고 교사교육을 통하여 그녀의 교육은 이어져오고 있다.

몬테소리(Montessori)의 교육은 먼저 어린이를 관찰하고 어린이가 무엇을 원하는지, 무엇을 교사가 해주어야 올바르게 성장할 수 있는지를 먼저 생각한 것이 특이한 점이다. 그리고 이 관찰을 기반으로 유아들에게서 발견해 낸 원리들을 적용하고 직접 만든 교구들을 제시하여 그녀의 교육원리와 방법이 만들어진 교육이라 할 수 있다.

02 ······ 몬테소리 프로그램의 개념

몬테소리(Montessori)는 처음 어린이집을 개원한 후 유아들을 관찰하고 발견한 것들을 이론으로 정립하였는데 그녀의 교육원리와 교구활동의 기본이 되었다. 유아는 민감성, 흡수정신, 자율성 등을 가지고 태어나며 창조적인 힘을 가지고 자신을 독립적인 인간으로 성장하게 하는 능력이 있음을 강조하였다. 이러한 교육사상은 유아를 존중하는 교사의 역할이 기본이 된다.

몬테소리(Montessori) 교육의 중요한 교육원리가 되고 있는 개념들을 살펴보면 교육방법과 교구 사용에 대한 이해가 쉽다.

1) 흡수정신

흡수정신(absorbent mind)은 유아기에 나타나는 유아의 특수한 내재적 능력으로, 자신을 둘러싸고 있는 주위 환경을 흡수하듯이 빨아들이는 능동적인 정신능력이다. 이 정신은 유아들이 모국어를 받아들이고 배우는 예처럼 외부의 훈련이나 자극에 의한다기보다 유아 스스로 자연스럽게 발휘하는 능력이다. 흡수정신은 어른과 달리 비교할 수 없을 정도로 강한 힘을 가지고 있으며 생애 초기에는 선택이나 구분 없이 있는 그대로 흡수하는 정신이므로 유아가 흡수하게 되는 주변 환경이 어떠한가가 중요하다.

흡수정신은 크게 2단계로 나누어지는데, 유아 초기와 후기로 구분된다. 유아 초기에는 '무의식적인 흡수 단계'로 0세에서 3세까지에 해당된다. 이 시기의 영유아는 주변의 모든 인상을 거의 무의식적으로 흡수한다. 보고 듣고 맛보는 등 감각을 이용하여 주변 환경, 문화, 행동을 그대로 흡수한다. 환경에 대한 지식을 흡수한 것을 바탕으로 정신세계로 통합하게 된다. 두 번째 단계는 '의식적인 흡수 단계'로 3세에서 6세가 해당된다. 환경으로부터 감각적 인상을 의식적으로 선별하여 흡수하는 단계이다(Montessori, 1964). 자신이 좋아하는 것을 경험하고자 하는 의지가 능동적으로 작용한다. 이때는 사회예절이나 그 나라의 문화를 흡수하는 시기이기도 하다.

2) 민감기

민감기(sensitive period)는 영유아에게 성장에 필요한 어떤 특정한 것에 특히 민감하게 강한 욕구가 생기고 쉽게 받아들이는 특별한 시기를 말한다. 이 민감성은 그 필요한 특성이 획득되고 나면 소멸된다. 이것을 몬테소리(Montessori)는 민감기라고 하였다. 민감기란 용어는 네덜란드의 휴고 드브리스(Hugo de Vries)와 같은 생물학자들이 사용한 용어로 곤충의 발달에 필요한 어떤 기능을 위해 특정한 요소에 예민한 감수성이 일정한 기간 동안 나타났다 사라지는 것을 말한다. 예를 들어, 나비의 애벌레는 빛에 민감한 시기에 빛을 쫓아 아주 어린잎을 먹고 성장한다. 로렌쯔(Lorenz)가 발견한 각인처럼 오리가 특정 시기에 자신을 돌보는 사람을 보게 되면 어미인 줄 알고 따라다니는 것과 같이 결정적 시기의 중요성을 말한다.

몬테소리(Montessori)는 영유아도 민감기를 통해서 특정한 지식이나 기술을 다른 시기보다 민감하게 반응하고 흥미를 가지고 쉽게 받아들이고 강렬한 에너지를 가진다고 한다. 민감한 특성에는 유아가 같은 것을 반복하여 완전히 습득할 때까지 행동하는 특징을 볼 수 있다.

민감기가 나타나는 시기는 유아기에 해당되는데, 다양한 민감기가 존재하며 나타나는 각 시기는 조금씩 다르다. 감각, 질서, 손, 걷기, 언어 등의 민감기가 있는데, 예를 들어 감각의 민감기는 출생에서 4세까지에 해당되며 촉각, 미각, 후각, 시각, 청각의 오감각을 사용하여 유아의 주위에 모든 사물을 경험하고 학습해 나간다.

성인은 영유아의 민감기와 그 종류를 이해하고 영유아가 어떤 것에 민감하게 반응하는지를 관찰하여 특정한 민감기에 흥미를 가지고 충족할 수 있게 하는 환경을 준비해 주는 것이 중요하다. 몬테소리 교사는 민감기에 적합한 교실의 환경을 준비하고 적절한 시기에 적합한 발달이 이루어지도록 도와주어야 할 것이다.

3) 작업

몬테소리(Montessori)의 '작업(work)'은 유아들이 준비된 환경 속에서 활동을 하는 것을 일컫는데, 흔히 성인이 생각하는 작업을 하는 것과는 다른 것이다. 성인의 작업은 어떤 외부적인 목적(예: 돈)을 달성하기 위한 일이라면 유아들의 작업은 그 과정 자체가 자신의 성장에 도움을 주는 것으로 작업을 통하여 정신과 몸, 가슴을 충만하게 하는 것이다. 작업을 함으로써 그 자체로 만족감을 갖고 긍정적인 경험을 하는 것이다. 준비된 환경은 유아를 강요하여 작업하도록 하는 것이 아니라 유아 스스로 흥미로운 활동을 선택하는 자유가 있다. 원하는 시간만큼 오랫동안 집중할 수 있고, 작업을 원하는 만큼 반복하고 지속적으로 행하며, 독립적으로 하는 것이다. 자신이 할 수 있는 최선의 노력으로 작업을 완성하고 만족감을 느끼게 된다. '단추

열고 닫기'의 교구활동을 예를 들면 단추를 열고 닫게 되는 목적보다도 손으로 단추를 만지고 소근육을 이용하여 교구를 조작하는 그 움직임 자체를 즐겁게 행하고 잘할 수 있을 때까지 반복함으로써 이 과정 자체가 즐거우며 스스로 단추를 열고 닫게 되는 작업으로 신체적, 정서적, 지적인 통합적 발달을 유아 자신이 이루게 된다.

4) 집중

몬테소리(Montessori)가 어린이집에서 관찰을 통하여 발견한 유아들의 비밀 중 하나는 유아들이 좋아하는 일을 하기 시작하면 아주 오랫동안 반복하며 집중(concentration)한다는 것이다. 몬테소리(Montessori)가 자라던 시대에는 유아들은 집중할 수 없다고 생각했고, 그녀도 어린이집에서 집중은 기대하지도 않았던 것이었다. 유아들은 짧은 시간만 집중할 수 있다는 어른의 생각과 달리 주위의 환경에도 아랑곳하지 않고 흥미로운 활동에 집중하는 유아를 볼 수 있었다. 꼭지원기둥을 수십 번 반복하면서 주위의 방해가 있는 줄도 모르고 깊게 집중하고 있는 유아를 발견하면서 이 순간의 광경이 유아들의 집중을 발견하기 시작하는 기점이 되었다.

몬테소리(Montessori)는 유아의 발달에 가장 기초적인 것이 집중이라고 한다. 유아의 성격과 사회적 행동의 전체적 기본이 되고, 집중할 만한 것이 필요하며 이것을 통해 집중하는 방법을 배워야 한다고 한다. 이것은 유아를 둘러싼 환경의 중요성을 보여주며, 아무도 유아를 바깥으로부터 집중하도록 요구할 수 없다. 유아 스스로 자신의 정신적 삶을 조직화 할 수 있는 유일한 존재라고 본다(The Absorbent Mind, p.202).

집중은 자연스러운 발달의 열쇠이며 스스로가 독립적으로 작업하게 되고 마음과 정신과 신체가 균형을 이루게 되는 '정상화'로 연결되는 것이다. 시간이 지나자 집중을 경험한 유아들이 점점 늘어났으며 집중을 통하여 유아는 변화된 모습을 보였다. 자기 자신을 위하여 작업을 하며 질서를 사랑하는 유아들이 되었다(The Child, Sociey, and the World, p.12). 유아의 집중하는 순간을 교사는 관찰을 통하여 발견하고 이를 지지하기 위하여 방해하지 않도록 해야 한다.

5) 독립

교사의 임무는 유아가 스스로 행동을 할 수 있도록 도와주는 것이다. 밥을 먹을 때도 숟가락으로 먹여주는 것이 아니라 숟가락 사용법을 알려주어 유아가 스스로 먹을 수 있도록 돕는 것이다. 유아가 무엇인가를 혼자 해내는 것에는 오랜 시간이 걸리고 성인의 인내심이 요구되지만 이것이 교육자가 해야 할 일이다. 그리고 이것이 유아가 독립적이고 자유로운 사람이 될 수 있도록 도와주는 것이다.

어떤 교육적인 활동도 그것이 유아에게 효과적이기 위해서라면 독립적이 되도록 도와주어야 한다. 유아가 성인의 불필요한 도움 없이 혼자서 걷고, 달리고, 계단을 오르내리고, 떨어진 물체를 집어 올리고, 스스로 옷을 입고 벗고, 목욕하고, 또렷하게 말하고, 자신의 요구를 분명하게 표현하는 것을 배우도록 도와주어야만 한다. 교사나 부모는 유아가 개개인의 목적과 욕구의 만족을 성취 가능하도록 그러한 도움을 제공해야만 한다. 이러한 모든 것은 독립(independence)을 위한 교육의 한 부분이다.

몬테소리 교실에서는 유아에게 적합한 다양한 난이도의 교구활동을 준비하고 유아 스스로 선택하여 활동을 한다. 물을 쏟은 유아도 스스로 걸레가 있는 곳으로 가서 혼자서 정리하는 모습을 볼 수 있다. 유아가 도와달라고 하지 않는 이상 교사가 나서서 도와주거나 먼저 해주지 않는다. 몬테소리 교실에서는 "제가 스스로 할 수 있도록 해주세요!"라고 유아가 보내는 메시지를 기억한다.

6) 정상화

몬테소리(Montessori)는 우리가 알고 있던 기존의 유아 안에는 새로운 유아가 있다고 하면서 이런 새로운 면을 찾아내는 것이 어른의 역할이라고 하였다. 새로운 유아란 유아 안에 있는 독특하고 좋은 자질이 나타나는 현상으로 정상화(normalization)라고 하였다.

정상화된 유아는 자기 자신이 좋아하는 작업을 선택할 줄 알고, 선택한 작업은 집중하여 즐겁게 행한다. 집중한 작업은 자신이 완전히 잘 할 수 있다고 느낄 때까지 반복하여 한 다음 만족감을 느끼는 상태에 이른다. 자기 자신이 원하는 작업을 할 수 있도록 유아 스스로 통제할 수 있고, 다른 사람과의 조화와 방해가 되지 않도록 내적 조절을 할 수 있고 평화롭게 성장한다. 이러한 상태에 이르는 유아의 모습을 '정상화'된 유아라고 할 수 있다.

정상화된 유아는 다른 사람을 이해하고 필요할 때 도울 수 있는 자세를 가진다. 이런 유아는 긍정적이며 자신감 있고 독립적인 인간으로 나타난다. 교사는 정상화의 특성이 나타날 수 있도록 준비된 환경을 마련해 주는 것이 중요하다.

정상화된 유아의 특성을 정리하면 다음과 같다(Standing, 1962).

① 모든 환경을 사랑하는 감각을 가지며, 이 감각은 환경의 질서를 유지하는 데 사용한다.
② 작업을 사랑하는 특성을 갖고 작업을 수행했을 때 기쁨을 갖는다.
③ 유아는 외부 세계와의 접촉을 통해 자발적인 집중을 함으로써 인지능력을 구성해 나간다.
④ 현실에 애착을 갖는다.
⑤ 작업에 집중함으로써 스스로 작업에 열중하며 침묵을 사랑한다.
⑥ 유아는 소유 본능을 승화시키는 특성을 가진다. 정상화된 유아는 자신의 흥미를 끌었던 교구에 집중하지만, 작업한 후에는 그 교구를 소유하려 하지 않는다.
⑦ 정상화된 유아의 활동은 호기심에 의해서가 아니라 진정한 선택을 함으로써 이루어진다.
⑧ 정상화된 유아는 복종을 하는데 복종의 정도가 단순한 복종에서 의지를 담은 복종, 즉 자기표현을 하는 순종으로 발전하게 된다.
⑨ 독립성과 주도성을 갖는다.
⑩ 자발적인 자기훈육이 가능하고 만족감과 기쁨을 갖는다.

03 준비된 환경

몬테소리(Montessori)는 영유아들의 성장에 최대한의 발달이 이루어지기 위하여 도와주는 환경을 마련해 주어야 한다고 했다. 그녀는 "어린이가 자신의 스스로의 성장을 위한 욕구가 충족되고 개성과 성장 패턴이 발현될 수 있는 구조로 만들어진 장소"를 준비된 환경이라고 묘사하였다. 특히 흡수정신과 같은 민감기의 특성을 고려하여 영유아의 발달을 촉진하고 정상화를 위한 환경이 필요한데, 이를 준비된 환경(prepared environment)라고 하였다. 영유아는 주변환경을 흡수하면서 세상을 배워 나가고 필요한 것을 하나씩 연습하게 된다. 그러나 영유아가 접하는 세상은 성인 중심의 구조와 크기로 이루어져 있는 경우가 대부분이다. 영유아가 편하고 욕구를 충족할 수 있도록 적절한 자극과 조건을 갖춘 환경은 영양, 건강, 위생 면에서도 필요하며 정신적, 지적, 사회적인 발달을 도모하는 것이다.

준비된 환경의 요소는 자유와 규율, 구조와 질서, 현실과 자연, 아름다움과 안정된 분위기, 교구, 공동체생활로 이루어진다(Lillard, 1972).

1) 자유와 규율

영유아가 자신이 하고 싶은 흥미로운 작업을 자유롭게 선택하는 자유가 있다. 따라서 환경은 유아가 자신이 원하는 것을 하기 위해 움직이고 작업을 할 수 있는 자유를 허락하는 환경이어야 한다. 자유로운 환경은 절제를 통하여 나타나는 것으로 유아가 질서를 존중하고 질서 있고 자신의 성장을 위한 방향으로 내적 안내를 받을 수 있는 자기규율이 있는 환경이다.

2) 구조와 질서

교실의 교구들은 분류가 되고 질서가 있으며 유아의 발달 단계에 맞도록 순서화 되어 있다. 흥미를 가지거나 특별한 기술을 습득할 수 있는 교구들이 준비되어 있다. 유아의 내적인 질서에 맞는 환경의 구조는 유아들에게 안전감을 준다.

3) 현실과 자연

교실의 모든 것은 유아가 현실세계를 직접 경험할 수 있는 것으로 고안된다. 일상생활영역 교구들은 실제 그릇들이고 실제로 사용하는 방법들로 되어 있으며 유아들에게 적합한 크기와 무게로 되어 있다. 실제적인 음식이 제공되고 조리를 하는 도구들을 사용한다.

몬테소리(Montessori)는 유아들이 원래부터 자연에 속하는 것으로 자연도 환경의 일부가 되어야 한다고 했다. 유아들이 식물이나 동물들을 돌보고 정원 가꾸기처럼 자연을 경험하도록 준비하며 교실 내부도 자연적인 것으로 구성한다.

4) 아름다움과 안정된 분위기

아름다움도 교실의 구성 요소이며 깨끗하고 매력적이며 밝은 색상으로 유아들이 흥미를 갖도록 꾸며야 한다. 교구들도 정리정돈되고 항상 깨끗하게 관리하며 복잡하지 않고 단순함을 가지며 전체적인 조화를 이루어야 한다. 교사도 환경의 일부로서 아름답고 단정한 옷차림을 하고 부드러운 미소를 지닌 미를 가지고 있어야 한다.

5) 교구

교구는 영유아들의 신체적, 정신적, 지적, 사회적 발달을 돕는 목적을 가지고 고안되어 있다. 교구는 영유아의 상상력을 자극하고 집중할 수 있도록 도와준다. 영유아 스스로 작업을 선택할 수 있도록 흥미롭게 고안되고 질서 있게 교실에 정리한다. 영유아의 적절한 욕구를 충족할 수 있는 교구는 집중하고 자유롭게 반복할 수 있게 하며 유아 스스로 한 일에 만족하여 성취감을 갖도록 하는 역할을 한다.

6) 공동체생활

영유아들은 교실의 질서와 준비된 환경을 느끼고 자신이 깨끗하게 관리하고 유지해야 하는 책임감을 느끼게 된다. 이는 자신의 행동에 책임감을 가지게 되고 다른 사람들과의 품위와 예의를 나누는 활동들을 통해서 나이가 많은 유아에게서 배우게 되고 정상화된 친구나 교사들을 본받게 된다. 혼합 연령을 이루고 있는 몬테소리 교실에서는 특히 동생을 도와주고 이끌어주며 나이가 위인 형과 누나를 보고 배우는 환경을 통해서 사회적이고 공동체적인 삶을 경험하게 된다.

04 몬테소리 프로그램 교육 내용

"아주 어린 아이들이 자기 실체를 사용하여 무엇인가 하는 것을 배우는 것보다 더 자연스러운 흥미는 없다. 우리는 거실보다 부엌이 우리의 조그만 어린이들에게 얼마나 더 매혹적인 장소로 생각되는지 잘 알고 있다. … 어린이집에서 하루 오전을 지내고 난 후, 나는 그 진정한 이유를 알게 되었다. … 거실은 물건들이 가득한 박물관으로 '건드리지 마'라는 명령으로 자물쇠를 잠긴 유리상자에 보관되어 있는 곳인데, 부엌은 몬테소리 교구의 진짜 보물창고이다."(Maria Montessori, 2001).

몬테소리 교육 내용은 어린이들이 얼마나 스스로 작업을 원하고 실제적 생활에서 흥미로운 활동들을 원하고 있는지를 실천해 보는 것들이다.

1) 5개 교육영역과 내용

몬테소리 교육 프로그램은 주로 5개 영역으로 나누어진다. 일상생활영역, 감각영역, 수영역, 언어영역, 문화영역으로 나뉜다.

(1) 일상생활영역

일상생활영역은 유아가 주변 환경을 습득하고 스스로 조절해 나갈 수 있도록 생활에 필요한 능력을 가지는 것들로 이루어진다. 자신을 돌보는 내용에는 옷 입기, 머리 빗기, 신발 신고 벗기, 손 씻기, 거울 보기 등으로 이루어진다. 자조기술을 위한 소근육운동에는 손가락으로 물건 옮기기, 숟가락 사용하기, 젓가락 사용하기, 집게 사용하기, 가위 사용하기 등으로 일상생활에서 볼 수 있는 물건이나 도구를 사용하는 기술을 습득하기 위한 영역이다. 주변 환경 돌보기 내용에는 책상 닦기, 빗자루 사용하기, 옷 개기, 인형 목욕시키기 등이 있다. 마지막의 예의범절 내용에는 인사하기, 도움 요청하기, 문 열고 닫기, 양해 구하기 등이 있다.

일상생활영역 교구장

유아는 일상생활영역 활동을 통하여 자신의 생활에서 겪는 일상의 활동을 스스로 할 수 있게 됨으로써 자율감과 성취감을 갖게 된다.

표 4-1 일상생활영역 교육 내용과 교구

내용 범주	일상생활 활동 내용
① 동작의 조절 및 분석	• 일상의 도구를 조작하기 위한 기본 준비활동들 • 기본 준비활동 : 매트 펴고 말기, 교구 나르기, 의자에 앉고 서기, 의자 옮기기, 책상 옮기기, 물 떠오기, 물 버리기 등 • 소근육활동 : 옮기기, 붓기, 짜기, 손목 사용하기 • 대근육활동 : 선 따라 걷기
② 자신에 대한 배려	• 자기 자신을 돌보고 조절하고 배려하기 위한 활동들 • 손 씻기, 옷 입고 벗기, 거울 보기, 머리 빗기, 신발 신고 벗기, 구두 닦기, 옷틀, 코풀기 등
③ 환경에 대한 배려	• 주변 환경을 돌보는 활동들 • 청소하기 : 책상 위 쓸기, 책상 닦기, 그릇 정리하기, 교구장 닦기 등 • 광내기 : 거울 닦기, 금속 닦기, 은그릇 광내기 등 • 동식물 가꾸기 : 동물 밥 주기, 물고기 밥 주기, 화분 잎 닦기, 화분에 물주기 등 • 음식 준비하기 : 계란껍질 까기, 바나나 썰기, 당근 썰기, 오이 껍질 까기, 쿠키 갈아먹기 등
④ 예의범절 · 사회적 적응	• 사회적 관계를 위하고 예의를 지키기 위해 필요한 활동들 • 문 열고 닫기, 인사하기, 도움 청하기, 타인에게 양해를 구하기, 위험한 물건 건네주기, 식사예절 등

일상생활 교구활동의 예

- **교구명 :** 세 손가락으로 집어서 옮기기
- **교구 :** 그릇 2개, 내용물(마카로니), 쟁반 1개

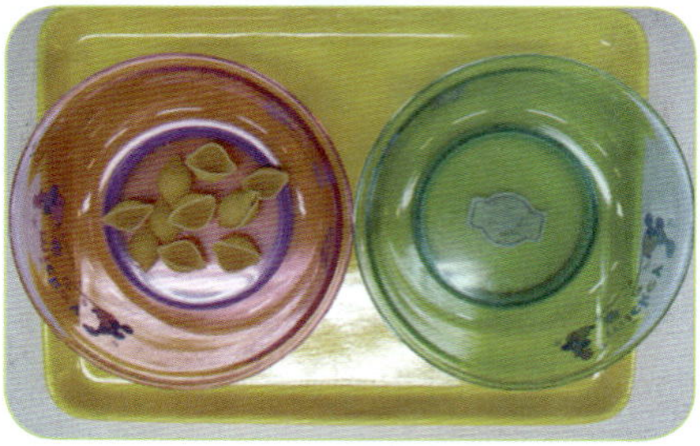

세 손가락으로 집어서 옮기기

- **준비작업**
  - 교사 : 〈세 손가락으로 집어서 옮기기〉 시범을 연습하여 완벽하게 준비되어 있어야 한다.
  - 유아 : 한 손으로 쥐어서 옮기기 교구를 마친 유아를 초대한다.
  - 환경 : 교구가 준비되어 있고 시범 보일 공간이 충분한지 확인한다.

- **시범**

① 유아를 초대하여 활동명을 알려준다.
"지금부터 〈세 손가락으로 집어서 옮기기〉를 해보자."

② 교구를 가져와서 책상에 소리 나지 않게 내려놓고 의자에 앉는다.

③ 책상 위의 교구를 살펴본다.

④ 오른손을 들어 그릇 위에서 엄지, 검지, 중지 세 손가락을 펴서 오므렸다 폈다 3~4회 한다. 사용하지 않는 왼손은 무릎에 자연스럽게 얹고 시선은 그릇을 주시한다.

⑤ 오른손의 세 손가락을 움직여서 왼쪽 그릇에 넣어 마카로니 1개를 집는다.

⑥ 마카로니를 집은 손을 위로 올려 오른쪽 그릇으로 수평으로 이동하여 오른쪽 그릇에 손을 넣어 살며시 내려놓는다.

⑦ 마카로니를 내려놓은 후 오른손 세 손가락을 오므린 채 수직으로 올라와 잠시 살핀 후 왼쪽 그릇으로 다시 수평 이동한다.

⑧ 왼쪽 그릇 위에서 세 손가락을 오므리고 들어 오른쪽 그릇 위로 옮긴다.

⑨ 위와 같은 방법으로 마카로니를 왼쪽에서 오른쪽 그릇으로 다 옮기고 나면 다 옮겨졌는지 교구를 살펴본다.

⑩ 다시 오른쪽에서 왼쪽 그릇으로 같은 방법을 사용하여 옮겨 놓는다.

⑪ 다 옮기고 나면 양손은 무릎에 올려놓고 다 옮겨졌는지 교구를 살펴본다.

⑫ 유아에게 한 번 해보겠느냐고 권유한다.
⑬ 유아가 다 한 후에 양손으로 의자의 엉덩이 아랫부분을 잡고 조용히 뒤로 뺀다.
⑭ 일어나 의자 뒤로 돌아가서 책상 안으로 의자를 소리 나지 않게 밀어 넣는다.
⑮ 쟁반을 들고 교구장으로 가서 교구를 제자리에 놓는다.

잘못의 정정

- 마카로니를 한 번에 여러 개를 집었을 때 떨어지는 마카로니는 다시 제대로 잡는다.
- 그릇 바깥에 마카로니가 떨어진 것을 보고 다시 떨어지지 않게 그릇 안으로 옮긴다.

흥미점

- 마카로니가 그릇에 떨어지는 소리를 듣는 것
- 세 손가락으로 마카로니가 쥐어지는 것의 촉감을 느끼는 것
- 세 손가락으로 들고 떨어뜨리지 않고 옮기는 것을 보는 것
- 마카로니를 잡을 때의 감촉을 느끼는 것
- 마카로니가 담긴 그릇의 모양과 색깔을 느끼는 것
- 마카로니의 모양을 보는 것
- 그릇이 비워지고 채워지는 것을 보는 것

교구의 목적

- 직접목표 : 세 손가락을 사용하여 물건을 옮길 수 있다.
- 간접목표 : 질서감, 집중력, 눈과 손의 협응력, 독립심을 기른다.

연령 : 24개월 이상

언어 : 그릇, 마카로니, 두 개, 하나씩, 집다, 세 손가락, 엄지, 검지, 중지, 무륲, 왼손, 오른손, 옮긴다, 오므린다, 편다

변형 및 응용

- 다른 재료를 사용해서 세 손가락으로 쥐어서 옮기기
- 그릇을 크기별로 준비하여 옮기기
- 그릇을 색깔별로 준비하여 내용물을 하나씩 분류하여 옮기기

(2) 감각영역

감각영역 교구장

영유아는 세상을 알아가는 방법으로 자신의 감각을 사용하여 세상과 연결하고, 감각적으로 경험한 것을 바탕으로 지식을 발전시켜 나간다. 몬테소리(Montessori)는 영유아가 태어날 때부터 자신의 감각을 통하여 느끼고 정보를 저장하여 지식을 분류하고 인지하여 정교하게 만드는 방법은 감각을 예민하게 발달시키는 것이라 하였다.

감각교육은 감각 기능을 정교화시켜서 주변 세상을 정확하게 인식하게 하는 것이다. 몬테소리(Montessori)는 영유아가 우주의 모든 사물을 관찰하여 세상을 인식하게 되고 그 인식은 유아의 감각을 통하여 이루어진다고 본다. 자연이 가지는 모양이나 색을 발견하고 비교하고 특성을 알게 되는 것이다. 자연 속에서 영유아가 마음껏 보고 듣고 냄새맡는 활동을 하는 것이 필요하다고 하였다. 감각의 정교화를 위해 시각, 청각, 후각, 미각, 촉각의 오감각을 각각 분리하여 교육하는 것이 효과적이라고 한다. 감각은 특히 민감기에 발달하므로 생애 초기에 시작되는 것이 좋다.

감각 교구에는 시각을 변별하기 위한 교구인 꼭지원기둥, 분홍탑, 갈색계단, 빨간막대, 색원기둥, 색판, 기하입체 등이 있다. 청각 교구에는 소리상자, 음감벨 등이 있다. 촉각 교구에는 촉각판, 촉각상자, 무게구별판, 온도감각병 등이 있다. 미각 교구에는 미각병 등이 있다. 후각 교구에는 각각 다른 냄새를 변별하여 맡을 수 있는 후각병이 있다.

표 4-2 감각영역의 교육 내용

내용 범주	감각 활동 내용
① 시각	• 시각을 변별하기 위한 교구활동 • 꼭지원기둥, 분홍탑, 갈색계단, 빨간막대, 색원기둥, 색판, 기하도형 서랍장과 카드, 기하학적 입방체, 구성삼각형, 1항식 상자, 2항식 상자, 3항식 상자, 10항식(피타고라스 판) 등
② 촉각	• 촉각을 변별하기 위한 활동으로 촉각을 활용하는 교구활동 • 촉각판, 촉각판 짝 맞추기, 중량판, 온도병, 온도판, 비밀주머니 교구 등
③ 청각	• 청각을 변별하기 위한 활동으로 청각으로 사물의 소리를 구별하는 교구활동 • 소리상자, 음감벨
④ 후각	• 후각으로 냄새를 구별하는 교구활동 • 후각병
⑤ 미각	• 미각으로 맛을 구별하는 교구활동 • 미각병

감각영역 교구활동의 예

- **교구명 :** 분홍탑
- **교구 :** 분홍색으로 통일된 10개의 나무로 된 정육면체, 매트
  분홍탑 각 정육면체 변의 길이는 가장 작은 것이 1cm(1cm^3)에서 10cm(10cmx10cm x10cm)로 1cm씩 증가함

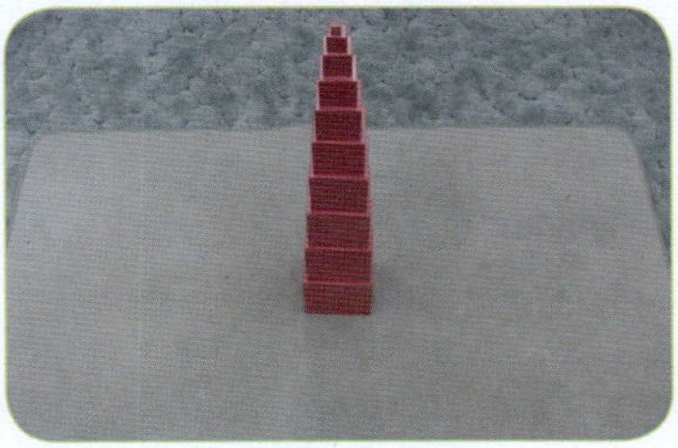

분홍탑

● **준비작업**

- 교사 : 〈분홍탑〉 시범을 연습하여 완벽하게 준비되어 있어야 한다.
- 유아 : 꼭지원기둥 교구를 마친 유아
- 환경 : 교구가 준비되어 있고 시범 보일 공간이 충분한지 확인한다.

● **시범 1**

① 유아를 초대하여 활동명을 알려준다.
"지금부터 〈분홍탑〉을 연습해 봅시다. 먼저 선생님이 시범을 보일게요."
② 매트를 가져와서 충분한 공간을 확보하고 자리에 편다.
③ 교구는 제일 위에 있는 가장 작은 것부터 잡고 옮겨서 매트에 조용히 내려놓고 제일 아래에 있는 큰 것까지 나머지 9개의 분홍탑을 매트 위에 순서 없이 흩어서 옮겨 놓는다.
④ 가져온 교구를 살펴본다.
⑤ 가장 큰 정육면체의 옆면을 양손으로 잡고, 비슷한 크기의 정육면체 근처로 가져가 크기를 비교해 보고 가장 큰 것임을 확인한 후 매트의 중앙에 놓는다.
⑥ 나머지는 같은 방법으로 그 다음으로 큰 정육면체를 찾아 비슷한 것끼리 비교한 후 큰 것임을 확인하여 처음 놓아둔 정육면체의 위 중앙에 올려놓는다. 제일 작은 것까지 반복하여 탑을 완성한다.
⑦ 다 쌓은 후 일어나 완성된 탑을 살펴보고 양손으로 아래에서 위로 탑 모양대로 쓸어 올려 크기의 변화를 느껴본다.
⑧ 다시 오른쪽으로 돌아가서 아래에서 위로 쓸어 올린 후 한 바퀴 돌면서 탑을 살펴본다.
⑨ 원래 자리로 돌아가서 교구를 살펴본 후 제일 위에 놓인 작은 정육면체부터 순서와 관계없이 매트에 조용히 내려놓는다.
⑩ 유아에게 해보도록 권유해서 원하면 한 번 다시 해보도록 한다.
⑪ 다 한 후 매트에서 일어나 제일 큰 정육면체부터 양손으로 들어서 교구장에 제자리로 옮겨 놓는다.
⑫ 그 다음 큰 정육면체부터 제일 작은 정육면체까지 순서대로 교구장에 쌓아 옮겨놓는다.
⑬ 매트를 정리한다.

● **시범 2** (두 변을 기준으로 모서리에 맞추어 쌓기 – 분홍탑 시범 1을 마친 유아)

① 시범 1의 ①~⑤번을 같이한다.
② 그 다음으로 큰 분홍탑을 찾아 비슷한 것끼리 비교한 후 큰 것임을 확인하여 처음 놓아둔 정육면체의 왼쪽 위 한 모서리와 변에 맞게 올려놓는다.
③ 제일 작은 것까지 같은 방법으로 반복하여 탑을 완성한다.
④ 완성된 탑의 모양을 살펴본다.
⑤ 오른쪽 엄지와 검지로 제일 작은 정육면체를 잡고 한 칸을 내려서 그 다음으로 큰 정육면체의 비어 있는 공간에 내려놓고 우에서 좌로 틀을 따라 움직여 본다.
⑥ 제일 작은 분홍탑을 그 다음으로 큰 분홍탑 옆에 내려놓고 ⑤번 동작을 반복한다. 맨 아래 분홍탑까지 한 후, 다시 제일 작은 분홍탑은 제일 위쪽의 제자리에 올려놓는다.

⑦ 다시 한 번 분홍탑 전체 모양을 살펴본다.
⑧ 제일 위에 놓인 작은 정육면체부터 순서와 관계없이 매트에 조용히 내려놓는다.
⑨ 유아에게 한 번 해보도록 권유한다.
⑩ 가장 큰 분홍탑부터 제일 작은 정육면체까지 순서대로 하나씩 교구장에 옮겨 쌓아놓는다.
⑪ 매트를 정리한다.

잘못의 정정

- 분홍탑이 순서에 맞지 않게 쌓아 넘어진 것을 보고 다시 순서에 맞게 놓는다.
- 분홍탑이 조화롭지 못한 것을 보고 순서대로 다시 놓는다.

흥미점

- 분홍탑의 색깔을 보는 것
- 분홍탑의 감촉을 만져보는 것
- 정육면체의 크기가 다르다는 것
- 정육면체의 크기에 따른 무게가 다른 것
- 크기 순서대로 하나씩 떨어뜨리지 않고 옮기는 것
- 탑이 완성된 모습을 보는 것
- 보는 위치에 따라 다른 모양으로 보이는 것
- 제일 작은 정육면체의 크기만큼 일정하게 차이가 나는 것을 보는 것

교구의 목적

- 직접목표 : 시각에 의한 크기의 변별력을 기른다.
- 간접목표 : 질서감, 집중력, 눈과 손의 협응력, 독립심을 기른다.
  논리 · 수학적 사고력(비교, 서열화, 십진법)을 기른다.
  쓰기를 위한 준비(글씨 쓰기를 위한 손과 팔의 근육 조정 능력)

연령 : 30개월 이상

언어 : 분홍탑, 정육면체, 크다, 더 크다, 가장 크다, 작다, 더 작다, 가장 작다.
중앙, 모서리, 쓰다듬어 올리다, 돌아간다.

변형 및 응용

- 다양한 모양으로 서열화시키기
  (계단 모양, 달팽이 모양, 사선으로 서열화 하기, 지그재그로 놓기, 2개의 탑 모양으로 쌓기 등)
- 분홍색 정사각형이 그려 있는 카드 위에 정육면체 찾아 올려놓기(입체에서 평면으로 가는 작업)
- 분홍색 종이에 대고 정육면체 밑면을 그리고 오리기
- 주위에서 정육면체 찾아보기
- 빠진 부분 찾기 놀이

(3) 수영역

수영역 교구장

몬테소리 수영역 교육활동은 유아가 매일 경험하는 일상의 생활환경에서 양과 수의 기초적인 지식을 습득하고 수학적인 정신을 발달시키며 논리적 사고력 발달을 증진하는 것을 목적으로 한다. 유아의 주변 생활을 둘러보면 많은 경우 사물의 측정이나 계산처럼 수와 관련되어 있다. 유아가 나이를 세거나 친구들과 간식을 나누어 먹을 때도 수를 세어야 하는 것과 같은 것이다. 그러나 숫자라는 것이 아주 추상적인 기호를 사용한 것이기 때문에 이해하기가 어렵다. 몬테소리(Montessori)는 자연 속에는 이미 수학적인 모양, 형태와 선의 크기, 수량, 패턴으로 나타나 있고 유아는 이것들을 구분하고 변별할 수 있는 수학적 정신을 가지고 태어난다고 본다. 수학적 정신을 위해 정확하고 명확한 추상적인 사고가 필요하다.

몬테소리 감각영역 교구는 모양, 패턴, 무게 등에 의해 감각적으로 느끼면서 수학의 준비가 된다. 감각교구 활동을 통하여 일대일 대응, 서열, 분류하여 수학의 준비가 된다. 10개씩으로 된 교구의 구성은 십진법을 이해하는 데 도움을 준다.

몬테소리(Montessori)는 수 교육을 하는 데 있어 수와 양과 숫자의 관계를 중요시하여 수 교구는 양을 먼저 소개하고 수를 셈으로써 먼저 개념을 이해할 수 있도록 고안되어 있다.

수영역 교육의 주요 특징과 제시하는 방법은 다음과 같다.

- 감각 교구가 수 교육의 기초가 된다.
- 구체적인 것에서 추상적인 것으로 소개한다.
- 수량이 먼저 소개되고 숫자가 소개된다.
- 3단계 명칭 연습을 한다.

• 숫자는 아라비아 숫자를 쓴다.
• '0'의 개념, 십진법, 연산을 중요시한다.
• 수의 자리수마다 색이 정해져 있다.

표 4-3 **수영역의 교육내용**

내용 범주	수 활동 내용
① 1~10까지 양과 수	• 1에서 10의 양과 수를 세고 개념을 이해하는 활동들 • 수막대, 모래숫자판, 수막대와 숫자카드, 셈막대 상자, 숫자와 바둑알, 색비즈, 기억놀이, 작은 수막대
② 십진법 소개	• 십진법의 체계를 이해할 수 있는 활동들 • 1111의 소개, 9나열, 45나열, 교환게임, 은행놀이
③ 연속수 소개	• 수의 연속성을 이해할 수 있는 활동들 • 세강판 Ⅰ, 세강판 Ⅱ, 100판, 100 구슬세기, 1000 구슬 세기
④ 사칙연산	• 더하기, 빼기, 곱하기 나누기의 계산 이해를 위한 활동들 • 덧셈과 뺄셈의 뱀놀이, 사칙연산의 계산판과 정정판
⑤ 암산에 의한 사칙연산	• 암산에 의한 사칙연산을 위한 활동들 • 덧셈판, 곱셈판, 뺄셈판, 나눗셈판
⑥ 분수	• 분수의 개념을 위한 활동들 • 분수봉, 분수 철판도형

수영역 교구활동의 예

• **교구명 :** 모래숫자카드

• **교구 :** 모래숫자카드, 매트

모래숫자카드

준비작업

- 교사 : 교구가 준비되었는지 확인한다.
- 유아 : 수막대를 해본 유아를 초대한다.
- 환경 : 공간, 모래 숫자카드, 매트를 준비한다.

시범 1

① 유아를 초대하여 교구명 '모래숫자카드'를 알려준다.
② 유아와 함께 매트를 펴고 교구를 가져온다.
③ 모래판 숫자 1을 꺼내 왼손으로 판의 아래 왼쪽을 누르고 오른손 검지와 중지로 모래판 숫자 '1'을 위에서 아래로 천천히 쓸어본 후 "일"이라고 말한다.
④ 유아에게 따라 손가락으로 쓸어보고 숫자를 말해 볼 기회를 준다.
⑤ 교사가 다시 받아 시범한 숫자판 '1'을 매트 왼쪽 위에 놓는다.
⑥ 모래판 숫자 2, 3도 위와 같은 방법으로 한다.
⑦ 모래판 숫자 1, 2, 3을 중앙으로 가져와 3단계 교수법을 한다.
⑧ 숫자 1~3까지 잘 이해하면 나머지 모래판 숫자카드도 위와 같은 방법으로 한다.
⑨ 유아가 혼자 해보도록 권유한다.
⑩ 마친 후 교구와 매트를 정리한다.

잘못의 정정

- 시각적인 부조화를 보고
- 교사에 의해서

흥미점

- 1~9까지의 수의 모양과 이름을 알게 되는 것
- 손가락으로 모래 숫자의 촉감을 느껴보는 것
- 모래판 숫자와 작은 숫자를 연합시키는 것

교구의 목적

- 직접목표 : 1~9까지의 숫자를 쓸 수 있다.
  1~9까지의 숫자를 알 수 있다.
- 간접목표 : 숫자를 쓰기 위한 준비를 한다.
  십진법을 준비한다.

연령 : 2.5세 이상

변형 및 응용, 확장

- 벽면 모래판 숫자와 숫자카드 연합하기
- 색 쌀을 그릇에 담아 손가락으로 숫자 써보기
- 기름종이에 베껴 쓰기

(4) 언어영역

언어영역 교구장

몬테소리 언어영역은 일상생활에서 구어와 문어를 자연스럽게 사용할 수 있는 능력을 기르는 것이다. 몬테소리(Montessori)는 유아가 언어의 민감기를 지나면서 주변 환경의 언어를 무의식적으로 폭발적인 힘을 가지고 배우게 된다고 본다. 이 시기의 언어는 유아가 스스로 언어를 구성하며 복잡한 언어 구조를 쉽게 파악할 수 있게 된다.

몬테소리(Montessori)는 일상 속에서 말로 하는 대화의 중요성을 강조하였다. 어린이집의 일과 중에도 아침에 등원하면 교사와 유아가 일상적인 대화를 나누는 시간을 정해 놓았다. 교사는 매일 유아와 집에서 있었던 일상에서 일어난 일이나 부모와 있었던 행동에 대한 이야기를 듣고 말하게 하면서 일어나는 의사소통의 중요함을 강조하였다(몬테소리 교육법, 1964).

어린이집 초기에 유아들을 위한 쓰기와 읽기 교육은 몬테소리(Montessori)가 먼저 계획한 것이 아니었다. 대부분이 문맹인 원아의 어머니들이 자기 이름을 써달라고 오거나 편지를 읽어달라고 오곤 하였는데, 어느 날 두세 명의 어머니들이 자신의 자녀들에게 쓰기와 읽기를 가르쳐달라고 부탁하였다. 처음에는 거절하였으나 지속된 요청으로 4~5세 아이에게 두꺼운 종이를 잘라서 만든 알파벳 글자 몇 개를 가르쳤는데 이것이 놀라운 결과를 가져왔다. 일부는 모래종이에 글자 모양을 만들어 유아가 손가락으로 따라 써보고 모양을 느낄 수 있게 하는 것이었다. 그러자 자신의 이름에 있는 철자를 반복하여 말하고 다니는 아이도 있었고, 마룻바닥에 아이들이 글자를 써놓고는 흥분을 하면서 "내가 썼어요", "내가 썼어요"라고 소리치는 아이들이 생겼다. 문이고, 벽이고, 심지어 집에서는 빵 위에도 글자를 쓰는 아이들이 생기면서 폭발적인 반응이 나타나게 되었다. 유아들의 글자에 대한 흥미와 함께 나타난 쓰기에 대한 대단한 반응에 따라 쓰기를 위한 철판도형이나 모래글자, 움직이는 글자 등의 언어 교구들을 하나씩 만들게 되었다(Montessori, 1929).

언어영역의 교육내용은 듣기, 말하기, 쓰기, 읽기, 문법이 있다. 자신의 주변 환경에 있는 이름들을 자연스럽게 알고 쓰기와 읽기로 연결된다. 모래종이 글자, 움직이는 글자, 철판도형, 사물과 언어카드 등이 있다.

표 4-4 언어영역의 교육내용

내용 범주	언어영역 활동 내용
① 언어활동을 위한 준비	• 언어의 시각과 청각적인 변별력과 이야기의 연결이 되는 순서 등을 인지하는 능력을 위한 활동 • 물체와 물체 짝맞추기, 그림 짝맞추기, 다양한 패턴활동, 손뼉음 따라하기, 분류하기, 관계짓기, 순서카드 등의 교구활동
② 듣기	• 언어의 음을 구별하고 소리의 변별을 통하여 청각적 변별력을 발달하기 위한 활동 • 주의 깊게 듣기, 글자 소리의 구별을 위한 활동, 말로 하는 명령게임, 음악 듣기, 동화 듣기, 동운어 듣기 등의 활동
③ 말하기	• 다양한 말하기 활동을 통한 말하기 활동 • 물체의 이름 익히기, 주변의 사물 명칭 말하기, 발표하기, 질문에 답하기, 순서카드 보고 말하기 등의 활동
④ 쓰기	• 촉감적 감각을 활용하여 쓰기를 위한 소근육 훈련, 글자와 사물의 관계를 이해하는 쓰기 활동 • 철판도형, 선 그리기, 쓰기
⑤ 읽기	• 자음과 모음의 소리를 알고 조합하여 단어나 문장을 만들어 보는 활동 • 모래글자, 움직이는 글자, 움직이는 글자상자, 글자 만들기, 단어 만들기, 문장 읽기, 그림과 단어 짝맞추기
⑥ 문법	• 문장의 구성을 이루는 품사의 의미를 이해하여 분류하고 조합해 보는 활동 • 품사 소개, 품사놀이, 문자의 구성, 문장의 분석

언어영역 교구활동의 예

- **교구명 :** 움직이는 글자

- **교구 :** 파란색 자음 모양으로 잘라진 각각의 스펀지 재질의 자음들, 빨간색 모음 모양으로 잘라진 각각의 스펀지 재질의 모음 글자들, 자음과 모음이 각각 칸으로 분류되어 들어 있는 상자, 매트

움직이는 글자

- **준비작업**
  - 교사 : 교구의 완벽한 시범을 마친다.
  - 유아 : 모래글자판 작업을 마치고 자 · 모음의 모양과 이름, 소리를 어느 정도 알고 있는 유아를 초대한다.
  - 환경 : 교구와 매트를 준비한다.

- **시범**

① 유아를 초대하여 교구명 '움직이는 글자'를 소개한다.
② 교구가 있는 곳으로 간다.
③ 교구를 가지고 매트 위로 가져온다.
④ 교구상자를 매트의 왼쪽 위에 놓는다.
⑤ 상자에 있는 자음과 모음의 소리를 아는지 자음 하나 'ㄱ', '그'를 소리 내어 그 자음을 찾아볼 수 있는지 물어보고 상자에서 'ㄱ'을 꺼낸다.
⑥ 생각나는 단어나 만들어 보고 싶은 단어가 무엇인지 물어보고 그 단어를 상자에서 찾아본다. 예를 들어, '아기'는 'ㅇ', 'ㅏ', '기'는 'ㄱ', 'ㅣ'를 찾아서 자 · 모음을 소리 내며 매트 위에 글자순서대로 놓아본다.
⑦ 다시 매트 위에 놓인 단어의 자음과 모음을 하나씩 소리 내어 읽어본다.
⑧ 유아가 만들어 보고 싶은 단어가 더 있으면 위와 같은 방법으로 해본다.
⑨ 다 한 후 교구를 정리하여 제자리에 갖다 놓는다.

● **잘못의 정정**
- 교사나 유아의 정정에 의해서
- 정정판 단어 카드

● **흥미점**
- 자 · 모음의 소리를 듣고 찾아보는 것
- 만들어진 단어의 글자를 보는 것
- 색이 다른 자음과 모음의 조합을 보는 것

● **교구의 목적**
- 직접목표 : 자음과 모음의 소리와 글자를 아는 것
- 간접목표 : 시각적 변별력
어휘력 발달
읽기에 대한 준비

● **연령 :** 3.5세 이상

● **변형 및 응용, 확장**
- 단어 그림 카드나 글자 카드를 놓고 만들어 보기
- 모래글자와 연합하여 글자 만들어 보기

(5) 문화영역

문화영역의 교육은 유아가 자신이 살고 있는 세계 속에서 적응하고 그 속에서 자신의 존재를 파악하기 위해 주변 환경을 이해하는 것이다. 유아들의 환경은 우주를 포함하는 광범위한 것으로 인간, 사물, 자연과 우주 간의 질서를 받아들여야 한다. 이 우주적 질서가 유지되는 것이 생태학적 교육의 필요성이다. 모든 생명체가 우주의 다른 존재와 밀접한 관련을 가지면서 서로 조화로운 환경은 질서가 유지되기 때문이다. 살아 있는 생명체에 대한 사랑, 상상력을 현실화 할 수 있는 자연, 인간의 역사와 인간 문화가 유아가 필요한 환경이다. 다른 나라의 문화를 자연스럽게 탐구하고 다른 모습들을 알게 되는 것은 편견을 없애고 서로가 이해하는 방법이다. 서로의 인격을 존중하고 더불어 평화롭게 살아갈 수 있는 세상을 만들어 줄 필요가 있으며 이를 위한 방법은 몬테소리가 말한 '어린이의 교육'에 있다.

몬테소리(Montessori)의 이러한 우주적인 교육관은 현대의 다문화 시대에 적합하

다. 한 교실에서 여러 나라의 문화를 공부하고 소개하고 그 문화를 배우며 나누게 된다. 문화영역에서는 지구를 배우고, 아시아를 배우고, 한 나라를 배운다. 예를 들어, '중국'의 지도, 도시, 국기, 음식, 옷, 언어를 배우면서 서로의 공통점과 다른 점을 배우고 흥미로운 이해를 하게 된다.

문화영역 교구장

몬테소리(Montessori)는 망명생활을 하던 인도에 머물면서 우주적 세계관에 관심을 가지고 이론으로 정립하였는데 유아에게 우주의 미래상을 보여주도록 하라고 하였다. 우주 속에 있는 자신의 존재를 느끼게 하고 어린이들은 자신을 둘러싼 세상을 적극적으로 경험하고자 하는 욕구를 가지고 있다. 자신의 실제적인 손에 직접 경험하는 목적만이 아니라 지식을 습득하기 위해서도 이것은 필요하다(Montessori, 1949).

문화영역의 목적은 문화의 전반적인 영역에 대한 지식, 즉 지질, 역사, 생물학에 대한 지식을 습득하는 것이다. 간접적인 목적은 유아가 속한 사회에서 필요하고 독립적인 일원이 되기 위하여 자신의 문화에 적응하고 개인적인 인격을 발달시키는 것을 돕는다.

문화영역의 내용은 크게는 우리가 살고 있는 지구를 포함한 우주로부터 땅을 이루고 있는 국가들, 지형들, 그 안에서 이루어지고 있는 역사들, 그 위에 살고 있는 모든 생물에 관한 영역이다. 그리고 삶의 방식이나 예술을 포함하는 가치나 문화를 배우고 다음 세대에게 전수하는 것이 포함된다.

문화영역의 내용은 크게 다음의 세 가지로 나눌 수 있다.

표 4-5 문화영역의 교육내용

내용 범주	문화영역 활동 내용
① 지리	• 지구를 구성하고 있는 지리, 지도, 대륙, 사람, 환경에 대한 활동 • 땅, 물, 공기, 모래지구본, 색지구본, 수형, 지형, 세계지도 퍼즐, 대륙별 퍼즐지도, 세계 여러 나라의 국기, 풍물, 언어 등에 대한 소개, 우리나라에 대한 소개, 태양계 등
② 역사	• 지구상에 일어나는 다양한 시간의 흐름에 대한 이해를 돕는 활동 • 시간의 소개, 나의 역사, 가족의 역사, 인류의 역사, 우주의 역사 등
③ 동식물학	• 생물, 동식물학에 대한 활동 • 생물과 무생물, 동물과 식물, 척추동물의 분류, 동물의 부분, 동물의 생태, 식물의 부분, 식물의 생태 등

문화영역 교구활동의 예

- **교구명 :** 색 지구의

- **교구 :** 대륙들이 색으로 표시되어 있는 지구본, 매트

색 지구의

- **준비작업**
  - 교사 : 교구의 시범을 완벽하게 마친다.
  - 유아 : 모래 지구본 작업을 마친 유아를 초대한다.
  - 환경 : 교구와 매트를 준비한다.

- **시범**

① 유아를 초대해 활동명과 교구의 위치를 알려준다.

② 매트를 펴고 색 지구본을 가지고 온다.
③ 지구본을 살펴본 후 손끝으로 지구본을 만져본다.
④ 유아도 만져보게 한다.
⑤ "파란색으로 되어 있는 곳은 물로 되어 있어요.", "저번에 모래로 된 땅은 대륙이라고 했었죠? 색깔로 되어 있는 대륙은, 각각의 이름이 있대요."
⑥ 손으로 노란색 땅을 만져본다. "노란색 땅은 이름이 아시아주라고 합니다."
⑦ 유아가 "아시아주"를 따라 말해보며 땅을 만져본다.
⑧ 나머지 땅들도 같은 방법으로 반복한다.
⑨ 대륙의 이름을 3단계 교수방법으로 해본다.
⑩ 파란색 부분의 대양의 이름도 같은 방법으로 소개한다.
⑪ 다 한 후 교구를 제자리에 갖다 놓는다.

● 잘못의 정정
- 교구의 정정판

● 흥미점
- 대륙의 색깔을 보는 것
- 각 대륙의 모양이 다른 것을 보고 만지는 것
- 우리가 살고 있는 땅 이름을 알아보는 것

● 교구의 목적
- 직접목표 : 지구의 대륙과 대양에 대한 모양과 이름을 안다.
- 간접목표 : 자신이 살고 있는 땅에 대한 이해, 탐구력, 관찰력, 집중력, 상상력을 기른다.

● 연령 : 4.5세 이상

● 변형 및 응용, 확장
색 지구본과 정정판을 함께 짝지어 보는 것

몬테소리 교수법은 일대일 개별지도를 기본으로 하며 소그룹이나 대그룹으로 교구를 제시하기도 한다. 각 영역별 교육은 유아 개인의 발달단계에 맞추어 난이도가 다른 교구가 소개된다. 교구의 소개방법에는 다음에 소개하는 3단계 기본 교수법이 있다.

몬테소리 3단계 기본 교수법 (분홍탑을 통한 예시 : 크다-작다)

1단계 ① 분홍탑 중 가장 큰 것과 가장 작은 것을 꺼내 놓는다.
② 교사는 오른손 검지로 굵은 것을 가리키며 "**이것은 크다**"라고 말하고 유아도 손가락으로 가리키며 "이것은 크다"라고 따라 말하게 한다.
③ 교사는 오른손 검지로 굵은 것을 가리키며 "**이것은 작다**"라고 말하고 유아도 손가락으로 가리키며 "이것은 작다"라고 따라 말하게 한다.

2단계 ④ 교사는 "**큰 것이 어디 있나요? 선생님에게 줘보세요**"라고 말한다. 유아는 비교하여 큰 것을 교사에게 준다.
⑤ 교사는 "**작은 것이 어디 있나요? 선생님에게 줘보세요**"라고 말한다. 유아는 비교하여 작은 것을 교사에게 준다.

3단계 ⑥ 교사는 큰 것을 가리키며 "**이것은 무엇인가요**?"라고 묻는다. 유아는 "크다"라고 대답한다.
⑦ 교사는 작은 것을 가리키며 "**이것은 무엇인가요**?"라고 묻는다. 유아는 "작다"라고 대답한다.

2) 몬테소리 교사관

'몬테소리 교사는 영혼을 움직이는 교사가 되어야 한다.'

몬테소리(Montessori)가 교육받았고 교육을 실시하던 그 당시 일반 교사의 역할과는 전혀 다른 새로운 교사상을 주장했던 그녀는 교사중심이 아닌 유아가 중심인 유아를 위한 교육을 해야 한다고 하였다. 더구나 가르치는 역할의 교사가 아닌 유아를 안내한다는 의미로 '가르치는 사람'에서 '안내자'라는 용어로 바꾸어 사용하였다. 유아의 발달에 적합한 것이 무엇인지 파악하고 유아가 스스로의 발달을 돕도록 교사는 필요한 것을 도와주고 준비하는 사람이다. 교사관은 가치, 태도, 방법에 영향을 미치는 중요한 요소로 어떤 교사관을 가지고 있느냐에 따라 프로그램의 성격이 결정되고 학습의 과정과 결과는 완전히 달라질 수 있다. 몬테소리 교사의 특성, 자질, 그리고 역할을 살펴보면 다음과 같다.

(1) 몬테소리 교사의 특성

흔히 몬테소리 교실에 들어가서 담임교사를 찾아보려 하면 다른 일반 교실과 달리 잘 안보여서 찾는 데 시간이 걸릴 수 있다. 그 이유는 교사가 교실의 중심에서 대그룹의 유아들을 지도하기보다는 소그룹 유아들이나 개별 유아와 함께 앉아서 지도하는 경우가 많기 때문이다. 또 교실의 잘 보이지 않는 장소에서 유아를 조용히 관찰하는 시간이 많다. 이런 교사의 모습 때문에 금방 찾아보기가 어렵다. 이렇게 수동적으로 보이는 교사의 모습은 대표적인 몬테소리 교사 특성이라고 할 수 있다.

몬테소리(Montessori)는 교사의 역할에 대하여 주인을 존중하면서 필요한 것을 모두 준비해놓고 시중을 들기 위해 기다리고 있는 하인에 비유하여 설명하였다. 충직한 하인은 주인이 필요한 것들을 모두 준비해놓고 불편함이 없도록 하며 주인이 원하는 것이 있으면 알려주고 자신의 도움이 없을 때는 조용히 뒤로 물러나 있는 모습을 보인다. 이것은 교사가 준비된 환경을 마련하고 유아가 적극적으로 활동에 반응할 때를 기다려주며 유아를 지켜보고 관찰하고 필요한 때는 찾는 자세를 말한다. 특히 유아가 스스로 교구 작업을 하는 동안에는 그리고 필요로 하지 않을 때는 방해하지 않고 기다려주는 교사가 되도록 하였다. 이 기다림과 함께 하인이 주인에게 보여주는 것처럼 친절한 태도와 존중을 교사가 유아에게 보이는 것이다. 조용하고 평화로운 몬테소리 교실의 분위기는 이러한 배려에서 나타날 수 있다.

몬테소리 교사는 기본적으로 교사 위주의 어른중심의 수업 환경이 아니라 유아가 주도하는 학습을 강조하고 있다. 이를 위한 교사의 태도에는 교사의 겸손과 인내심이 필요하며 유아의 요구에 즉각 반응하고, 유아의 행동과 내면을 관찰하는 과학자의 자세가 필요하다. 몬테소리 그녀가 스스로 과학자였고 유아 행동의 관찰을 통한 결과의 반복적인 수집을 통해 방법과 원리를 파악하였다. 몬테소리 교사는 유아를 늘 관찰하여 개별 유아의 요구와 흥미를 파악하고, 이에 맞는 교구를 제공하며 발달의 과정을 기록하는 정확한 눈과 노력이 필요하다.

몬테소리 교사는 유아를 강요하거나 교사의 생각을 일방적으로 전달하는 것이 아닌 유아가 배우고 싶은 것과 배우고 싶을 때를 안내하고 촉진하는 사람이다. 그래서 교사라는 단어보다 '인도자' 또는 '안내자'라는 말을 사용하였다. 이 말의 구체적인 의미를 설명하자면 일반적으로 사용하는 '유아를 가르치는 교사'이기보다는 '안내자'처럼 교사의 언어, 태도, 몸가짐이나 행동이 유아가 원하는 방향으로 개인에 맞게 안내하자는 의미이다. 이러한 교사의 역할이 몬테소리의 교육원리를 반영하는 것이다. 이러한 관점은 '나 스스로 할 수 있도록 해주세요!'라는 유아의 외침을 생각할 필요가 있다.

또한 몬테소리 교사는 전문적인 지식을 적극적으로 배우려는 자세가 필요하다. '안내자'라고 하여 소극적이거나 방관적인 태도로 일관하는 것이 아니라 뒤로 물러나 관찰과 필요한 때를 알되 유아가 도움이 필요하거나 지도를 할 때에는 적극적으로 임해야 한다. 소극적이면서도 적극적인 태도를 일컫는다. 유아의 스스로 하는 작업을 방해하지 않으면서 도움을 기다리는 신호를 놓치지 않아야 한다. 지도를 할 때에도 권위적이지 않고 존중과 사랑을 보여주며 편안한 관계를 유지하는 것이 필요하다.

몬테소리 교사의 행동은 유아가 모방함에 있어 불필요함이 없도록 예의 바르고 우아한 자태를 갖추도록 하는 것이 좋다. 그리고 불필요한 행동을 자제하도록 한다.

몬테소리(Montessori)가 제시한 교사의 모습은 그 당시의 권위적인 학교분위기에서는 생각할 수 없는 혁신적인 것이었다. 교사가 유아의 흥미에 중점을 두고 내면적인 발달을 돕는다는 인식도 새로운 것이었다. 이러한 교사를 위한 구체적인 자질과 역할을 살펴보면 다음과 같다.

(2) 몬테소리 교사의 자질

몬테소리(Montessori)는 교사가 교수활동을 위한 역할만이 아니라 인간적인 면에서도 좋은 교사가 되기 위하여 갖추어야 할 자질을 강조한다. 개인적인 측면과 전문적인 측면에서 갖추어야 할 교사의 자질을 살펴보자.

① 몬테소리 교사의 개인적 자질

- 유아를 존중하는 사고

- 유아를 사랑하는 마음
- 겸손한 태도와 원만한 대인관계
- 교사 자신에 대한 긍정적인 개념
- 자유과 독립, 평화에 대한 의식
- 자기발전을 위한 노력하는 자세
- 유아에게서 배우려는 자세
- 육체적 · 정신적 건강을 통한 아름다움
- 책임감과 인내심

② 몬테소리 교사의 전문적 자질

- 몬테소리 유아교육철학과 교육방법에 관한 이해
- 준비된 환경의 이해와 구성능력
- 몬테소리 교육과정의 통합 적용 지식 및 기술
- 몬테소리 교구의 시범과 창의적 활용 능력
- 유아발달과 심리에 관한 지식과 적용 기술
- 부모교육에 관한 이해와 활용 기술
- 유아 지도와 관찰 기술
- 계속적인 교육에 대한 열정과 참여의식

몬테소리 유아교사가 지녀야 할 자질은 타고난 성향도 있고 피나는 노력으로 갖추어야 할 것도 있다. 이와 함께 기본적으로 중요한 자질은 유아를 사랑으로 대하는 태도와 유아의 성장발달을 도우려고 노력하는 자세라고 할 수 있겠다.

(3) 몬테소리 유아교사의 역할

① 관찰자(observer)

몬테소리(Montessori)가 교사는 관찰자의 역할을 잘할 수 있어야 한다고 했다. 유아가 스스로의 발달을 이루어가는 과정을 참을성 있게 기다리고 관찰하는 목격자의 역할을 해야 한다고 한다. 그리고 자연현상을 관찰하는 욕망과 과학적인 호기심을 가지고 수동적인 태도가 필요하며, 유아를 절대적으로 존중하면서 성실하게 관찰해 나가야 한다(Montessori, 1964).

교사가 단지 유아에게 설명하고 교구 사용법을 가르치는 것이 아니라 관찰을 통해 유아가 무엇을 하고 있는지, 알아내려 하는지, 관심이 있는지, 필요로 하는 것을 발견하여 유아의 정신 발달을 이끄는 것이다. 관찰을 할 때에는 과학적이고 합리적 기준을 가지고 기록하고 적용해야 하지만 기능적인 면만이 아니라 정신적인 면도 준비가 되어야 한다. 교사는 인간성에 대한 의미를 알고 유아와의 긴밀한 관계를 유지할 수 있어야 한다.

유아를 관찰할 때는 유아의 교구 작업을 관찰한다. 유아가 어떤 활동을 흥미롭게 작업하는지, 언제 작업하는지, 얼마동안 작업을 지속하는지, 어떤 종류의 교구 활동을 선택하는지 관찰해야 한다. 유아의 행동을 관찰하는 데, 유아의 행동이 변화되는 것을 관찰하고, 작업에 집중한 뒤 만족하며 기뻐하는 모습이 나타나는지, 교사와 유아의 관계가 존중하는지 신뢰하는지에 대한 관찰이 필요하다.

몬테소리 교실환경

② 환경준비자(provider)

유아의 자연스러운 성장 발달을 돕기 위해서는 교사는 유아에게 최적의 환경을 마련해 줄 필요가 있다. 유아는 환경을 흡수하는 민감기를 가지며 유아 주변의 모든 환경 그 자체를 흡수하여 세상을 알아나가기 때문이다. 교사는 유아를 위한 준비된 환경을 실내 · 외에 모두 구성해야 한다. 유아의 민감기적 특성을 지지하는 적절한 교구를 제공하고 질서 있는 교실의 구조를 만들어 유아의 질서를 형성하고 만족하도록 한다. 자연적이면서 매력적이고 아름다운 환경을 구성한다. 명화나 유아들의 작품을 전시하고 흥미로운 교구를 교구장에 정리한다. 항상 깨끗하고 정리정돈이 되도록 하며 교구의 빠진 부분이 없는지 확인하여 준비해 놓는다. 유아의 크기에 적합한 가구와 유아가 옮기기에 적당한 크기의 교구를 준비한다. 영역별 교구와 난이도에 따른 교구를 교구장에 배치한다. 교사도 중요한 환경의 일부분이므로 아름답고 단정한 몸가짐과 안정된 마음과 자세를 갖추어야 한다. 교사가 교구를 완벽하게 준비하고 연습을 통하여 시범을 완벽하게 제시하는 것도 교사의 준비된 환경이다.

③ 자극자(facilitator)

몬테소리 교사는 유아가 원할 때까지 관찰을 통하여 교사가 개입할 적절한 시기를 기다리거나 유아가 흥미를 끌 수 있는 방법을 찾아서 권유한다. 교사는 유아가 교구활동에 참여하지 않을 때에도 강제적으로 참여를 강요하지 않는다. 교구활동을 직접적으로 하기를 원하지 않은 유아는 다른 유아가 작업하는 모습을 구경할 수 있는 자유가 있다. 교사가 자극하거나 촉진한다는 말은 권유나 동기유발은 하지만 유아가 작업을 하도록 강요하라는 의미는 아니다.

교사는 유아가 필요로 할 때 알아챌 수 있도록 항상 곁에서 지켜보고 있어야 한다. 교사는 유아 발달의 개인차를 인정하여 적절한 때가 올 때까지 기다려 주어야 한다. 유아, 교구와 환경 간의 촉진을 위하여 교사는 매력적인 모습과 태도를 갖추어야 한다.

④ 교수자(teacher)

몬테소리 교사는 몬테소리 교육철학을 충분히 이해하고 있어야 한다. 몬테소리 교육 내용과 방법에 대한 전문가이어야 한다. 전문적인 지식을 유아에게 전달하는 교수자이다. 교육의 적용에 있어 융통성 있게 계획하고 유아를 수용할 줄 알아야 한다. 적극적이고 과학적인 사고를 하며 창의적 능력이 있어야 한다. 교구의 시범을 정확하고 구체적으로 간단명료한 동작으로 시행할 줄 알아야 한다. 유아의 발달을 이해하고, 개개인의 차이를 변별할 줄 알며 교육 계획과 교구의 시범에 있어 여유와 사랑을 가지고 유아를 대해야 한다. 이 모든 지식은 유아에게 최적의 교육을 제공하기 위한 교수자의 역할이다.

⑤ 생명을 이끌어주는 교사

몬테소리는 유아가 스스로 발달하도록 돕는 교사이다. 유아가 자신의 삶을 주인이 되어 독립적인 삶을 살 수 있도록 교사는 도와준다. 유아는 태어날 때부터 창조적인 능력을 가지고 왔듯이 그 능력을 충분히 발휘할 수 있게 하는 조력자가 되어야 한다. 자신의 삶에 주인이 된 유아는 밝고 힘차며 긍정적인 모습으로 적극적으로 활동에 임하고 행복하다. 이러한 삶의 주인이 되도록 유아의 생명을 이끌어주는 것이 교사의 중요한 역할이다.

Chapter

05

레지오 에밀리아 접근법

01 …… 레지오 에밀리아 접근법의 배경

1) 레지오 에밀리아 접근법의 역사적 배경

레지오 에밀리아 접근법은 1963년 이탈리아 북부 에밀리아 로마냐 주의 레지오 에밀리아 시에서 시작된 이래 다양한 상징적인 표상방법을 통해 유아들의 인지발달을 이끌어 내는 독특하고 고유한 교육모델로써 전세계에 관심을 받고 있다. 레지오 에밀리아의 교사들은 '지식은 사회적 구성 과정의 산물이다'라는 전제를 토대로 레지오 에밀리아 접근법을 이해하기 위해서는 사회 · 문화 · 역사적 맥락에 대한 이해가 앞서야 함을 거듭 강조한다.

역사적으로 1900년대의 이탈리아 유아교육은 교회와 국가 사이에서 복잡한 관계를 유지하고 있었다. 그러던 1945년, 20년 동안 지속되어 오던 이탈리아의 파시스트 독재정부와 제2차 세계대전이 종결되자 그동안의 사상개조에 치우쳐 있던 종교와 독재주의식 교육에서 벗어나기 위한 변화가 이어졌다. 레지오 빌라셀라(Villa Cella) 마을의 부모들 역시 새로운 교육에 대한 염원을 담은 공동조합 형태의 부모협동학교를 운영하게 되었다. 레지오 에밀리아 지역에서 공동조합 형태의 학교가 성공할 수 있었던 것은 농업과 공업을 중심으로 하는 풍부한 경제력을 바탕으로 매우 진보적이고 민주주의적 성향과 공동의 책임이 강한 문화를 형성하고 있는 레지오 에밀리아시의 사회 · 문화적 분위기가 뒷받침되었기 때문이었다.

유아들의 교육에 열정을 가지고 있던 부모들과 새로운 교육을 실천하기 위해 앞장섰던 교육자 로리스 말라구찌(Loris Malaguzzi)는 유아의 에너지와 능력을 마음껏 발산하게 하고 모든 영역의 의사소통을 통해 전인적인 유아로 발달할 수 있도록 하는 것이 진정한 교육이라는 믿음으로 레지오 에밀리아 유아교육을 발전시켜 나갔다. 그 후 1963년, 시의 재정적 지원과 더불어 지역사회 부모들과의 협력을 통해 3세에서 6세 영유아들이 다니는 최초의 시립유치원 '로빈슨(Robinson)'을 설립하였으며 1970년에는 3개월에서 3세 영아를 위한 시립 영유아센터를 설립하여 교육과 보호에 대한 양질의 서비스를 확대해 나갔다. 오늘날 레지오 에밀리아 시립 유아교육 체제는 0~3세 영아를 위한 13곳의 영유아센터와 3~6세 유아를 위한 22곳의 유아학교가 운영되고 있다.

2) 레지오 에밀리아 접근법의 이론적 배경

특정한 발달이론이나 교육철학을 기반으로 개발되는 다른 영유아 프로그램들과는 달리 레지오 에밀리아 접근법은 교사와 부모들이 교육현장에서 경험하고 구성한 지식을 기존의 다양한 철학적 · 심리학적 이론을 통해 확인하는 방식으로 발전되어 왔다(이기숙, 강숙현, 2014). 지난 40여 년간 축적된 많은 이론적 준거를 통해 계속적으로 보완하고 아직도 끊임없이 변화와 점진적인 발전을 추구하고 있는 레지오 교육자들은 자신들의 프로그램은 정해지고 정형화된 '모델'이 될 수 없으며 끊임없이 반성과 실천 속에서 재구성되어지는 교육경험으로 소개하고 있다. 레지오 에밀리아 접근법은 다양한 철학적 · 심리학적 이론에 기초하고 있으며 특히 듀이(Dewey), 피아제(Piaget), 비고츠키(Vygotsky), 가드너(Gardner)의 이론에 많은 영향을 받았다.

① 듀이(Dewey)의 진보주의 교육이론

가드너(Gardner)가 레지오 교실만큼 진보주의 철학이 실천되는 곳은 없다고 할 만큼 듀이(Dewey)의 진보주의 교육이론은 레지오 교실 어디에서나 볼 수 있다. 듀이

(Dewey)는 유아의 자유와 인권, 개성을 중시하고 유아 모두 자신의 소질을 최대한 계발할 수 있는 기회를 허용해야 한다는 학습자중심의 교육을 주장하였다. 또 교육의 목적은 생활 속 경험 그 자체이며 유아가 생활 속에서 끊임없이 경험을 재구성하면서 적응하는 것이라고 보았다(박찬옥 외, 2015). 이러한 그의 이론은 레지오 에밀리아 접근법에서 유아가 모든 학습활동의 중심이 될 수 있는 영감을 주었으며, 유아를 현재의 삶 속에서 계속적인 경험의 재구성을 통해 의미를 만들며 지속적으로 성장해 갈 수 있는 존재로 볼 수 있도록 하는 데 영향을 주었다.

② 피아제(Piaget)의 인지발달이론

피아제(Piaget)가 설명하는 인지발달이란 인간이 환경에 적응해 가는 능력을 의미한다. 적응이란 환경과의 직접적인 상호작용을 통해 도식을 변화해 가는 과정으로 유아는 새로운 환경에 적응하기 위해 자신의 도식을 바탕으로 끊임없이 사고하는 능동적인 존재로 보았다. 즉 피아제(Piaget)의 이론은 아동중심교육에서 유아의 인지발달에 대한 관점에 근본적인 변화를 주었으며 구성주의의 밑거름이 되었다. 그의 이론을 통해 레지오 교사들은 유아가 자신의 도식을 끊임없이 변화해가는 과정에서 성인과는 질적으로 다른 유아의 독특한 사고과정이 있음을 인정하고, 유아의 인지갈등을 유발시키는 유의미한 학습상황과 문제해결을 위한 상호작용과 협력, 몰입할 수 있는 환경구성의 중요성을 교육의 주요 개념으로 보았다.

③ 비고츠키(Vygotsky)의 사회문화적 구성주의

피아제(Piaget)의 인지발달이론과 함께 비고츠키(Vygotsky)의 이론 역시 레지오 에밀리아 접근법에 많은 영향을 미쳤다. 그러나 비고츠키(Vygotsky)는 피아제(Piaget)의 의견과 달리 지식 구성의 원천을 유아가 살아가는 사회 · 문화적 환경과 맥락의존적인 지식 습득과정에 두었으며 유아가 속한 집단의 사회 · 문화적 맥락 속에서 사회적 상호작용과 의사소통에 의해 발달과 학습이 이루어진다고 보았다. 그의 견해는 교육과 사회 · 문화 간의 유기적인 관계, 지식 구성을 위한 공동의 노력과 협의를 교육활동의 기본으로 하는 데 영향을 주었다.

④ 가드너(Gardner)의 다중지능이론

유아들 개인의 서로 다른 발달적 잠재력이 충분히 발산될 수 있는 교육적 환경을 구성하고 다양한 표상매체 활용의 중요성을 강조한 가드너(Gardner)의 다중지능 이론은 교육과 사회, 문화적 맥락에 대한 개념을 넓혀주었으며 인간 지능에 대한 새로운 관점으로 시사해 주었다. 가드너(Gardner)의 이론을 바탕으로 레지오 교사들은 프로젝트 활동을 통해 유아 개개인이 지닌 서로 다른 잠재능력을 충분히 발휘할 수 있도록 하였으며 심화된 학습을 위해 다양한 표상매체를 활용하는 교육방법을 활용하고 있다.

이러한 이론들을 통해 레지오 에밀리아 접근법은 '행복한 어린이', '유능하고 잠재력을 가진 어린이', '권리를 가진 강한 어린이', '다른 사람들과의 상호작용 속에서 성장 · 발달하는 어린이'의 아동관을 강조하며, 유아는 사회 · 문화적 환경의 개체로서 유아가 사회관계를 적극적으로 활용하여 문제를 해결할 수 있는 창의성과 잠재력을 계발하는 것을 목적으로 하고 있다(한성심 외, 2006).

02 ····· 레지오 에밀리아 접근법의 운영

1) 발현적 교육과정

레지오 에밀리아의 교육과정은 유아의 흥미를 중요한 교육적 가치로 두고 이미 계획된 교육과정에 따라 전개하는 것이 아니라 유아들이 주제를 탐구하는 진행과정에서 부딪치는 문제를 주제로 무엇을 배우고 학습하고 경험하게 될 것인지가 정해지는 발현적 교육과정(emergent curriculum)으로 운영된다. 따라서 레지오 에밀리아의 교사에게 계획을 세운다(planning)는 개념보다는 유아들을 '탐문해 본다(reconnaissance)'는 개념이 강하다(오문자, 김희진, 1999).

교사는 교육과정을 운영함에 있어 일반적인 교육 및 활동의 목표는 설정하되, 프로젝트나 활동의 구체적인 교수안을 미리 수립하지 않는다. 즉, 유아의 관심과 욕구에 따라 교사는 학습의 진전 상태를 지속적으로 관찰하고 동료교사와의 토의, 유아들과의 협상 및 조정에 의해 융통적으로 교육과정을 발전시켜 나간다.

2) 프로젝트 활동

레지오 에밀리아 접근법은 교육과정을 대신하는 프로제따지오네(progettazione)라는 이름으로 프로젝트 접근법과는 다른 독특한 방식으로 운영된다.

제6장에서 살펴볼 카츠(Karz)와 차드(Chard)가 제시한 프로젝트 접근법은 개별 유아의 흥미에 따라 활동이 변화되지만 교사의 체계적인 사전 준비과정이 포함되며 시작–전개–마무리의 직선적인 과정을 통해 이해의 폭을 넓히는 반면 레지오 에밀리아 접근법은 발현적 교육과정으로 사전에 계획된 교육과정 없이 상징화 주기를 통한 나선형적인 교육과정으로 이해의 깊이를 심화하도록 운영된다는 점에서 가장 두드러진 차이를 갖는다. 두 접근법의 비교 내용은 〈표 5–1〉과 같다.

표 5–1 레지오 에밀리아 접근법과 프로젝트 접근법의 비교

구분	레지오 에밀리아 접근법	프로젝트 접근법
전개과정	• 상징화 주기를 통한 나선형적 반복 • 재방문, 반성의 순환과정	• 프로젝트의 시작, 전개, 마무리의 직선적 과정
교육과정	• 발현적 교육과정 • 계획된 교육과정 없이 장 · 단기 프로젝트로 수행	• 주제망 구성, 환경구성, 자원목록표 구성의 체계적 준비작업이 이루어짐
사회적 상호작용	• 지역사회 중심의 운영과 교육지원 체제로서의 사회, 부모와의 연대	• 지역사회와 학부모의 부분적인 참여(견학, 전문가 초청, 전시회와 공연 등을 통한 공유)
공통점	• 교육철학과 이론적 접근에서 그 뿌리가 유사함 • 유아중심의 교육 • 전인적인 교육 지향 • 교사의 역할 강조 • 프로젝트 중심 활동으로 한 가지 주제에 대한 심도 깊은 연구를 수행함	

출처: 박찬옥 외, 유아교육과정, p.313~314.

레지오 에밀리아 접근법의 프로젝트는 진행되는 과정에서 교사는 유아에 대한 지속적인 관찰 · 기록을 바탕으로 유아들과 동료 교사와 추후활동을 위해 토론한다. 교사들은 그날 진행된 활동과 활동에 대한 토론을 생각해 보고 활동이 새로운 방향으로 전개될 수 있는 가능성이나 활동을 보다 풍부하게 만들 수 있는 적절한 지원이 무엇일까를 결정한다. 그러므로 교사의 전문적이고 교육적인 판단과 유아들이 참여하고 수행하는 학습과정의 연속적인 협상과정에 의해 교육과정이 발현되며 상호 역동성을 가지고 순차적인 변화발전을 이루는 형태로 전개된다.

프로젝트는 3~4명으로 구성된 소집단으로 구성되는데 소집단 활동은 강한 유대감 속에서 다양한 견해가 역학적으로 움직일 수 있으며 의사소통의 리듬을 강조하는 레지오 에밀리아 접근법의 고유한 방식이다. 프로젝트 활동의 주제는 교사가 유아들의 놀이과정을 관찰하면서 도출될 수도 있고, 부모와 교사가 중요하게 여기는 공동 관심사 또는 우연한 사건을 통해서도 도출될 수도 있다. 예를 들어, 환경과 관련한 '새들의 놀이공원'이나 축제에서 본 '군중'과 같은 일상적인 일들이 프로젝트의 주제가 될 수도 있고, 우주, 죽음, 빛과 같은 광범위한 주제에서 개미, 아이스크림 등과 같은 작은 주제 등 다양하게 도출될 수 있다. 프로젝트의 주제가 어떻게 도출되었든지 교육과정의 계획과 가설, 실행은 교사주도와 유아주도 형태의 활발한 상호작용을 통해 개방적으로 이루어지며 프로젝트가 진행되는 기간에 따라 짧은 미니스토리, 중기 프로젝트, 장기 프로젝트로 구분된다.

3) 표상활동을 통한 학습 및 상징화 주기

레지오 에밀리아 접근법에서는 학습의 도구로 다양한 상징적 매체를 사용한다. 주제를 선정하고 탐구하는 동안 교사는 유아들이 가설을 세우고 검증하는 과정에서 유아들에게 친숙한 그림, 몸짓, 점토조각, 콜라주, 조형물 만들기, 그림자놀이, 음악 등 '백 가지의 언어'라고 표현하는 다양한 형태의 상징으로 유아 자신의 생각과 이해한 것을 표상해 보도록 격려하고 적절한 활동을 제안한다. 표상(representation)이란 유아들이 자신들의 생각과 느낌을 외부로 드러내는 표현행위로 레지오 교육에서 표상활동의 목표는 표상 그 자체의 심미성을 넘어 학습과 사고를 위한 도구로써 유아가 탐구하는 주제 및 현상에 대한 이해를 깊게 하도록 돕는 것이라고 설명한다.

교사는 일단 유아들의 초기 가설이 어떤 방식으로든 가시적으로 표현되면 그것을 토대로 자신의 사고를 재고찰하도록 하는 과정을 거쳐서 사고가 발전해 나가도록 지원한다. 유아가 동일 현상에 대해 다양한 매체를 활용하여 표상과 재표상을 거듭하는 과정을 '상징화 주기(cycles of symbolization)'라고 하는데 유아의 반성적 사고를 도와 탐색하는 대상을 깊이 있게 이해할 수 있도록 지원하는 레지오 에밀리아 접근법의 독특한 교수전략이라 할 수 있다.

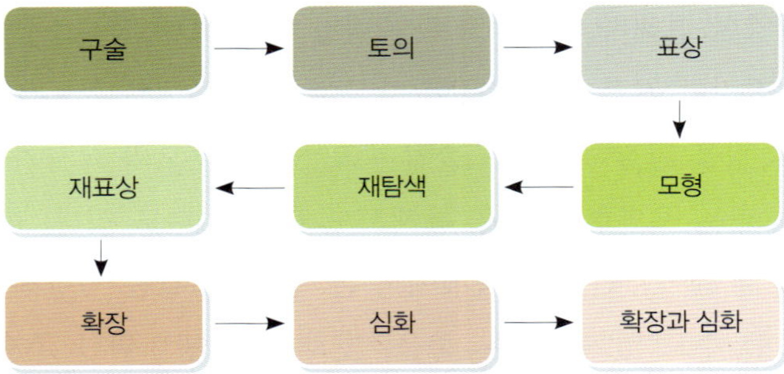

레지오 에밀리아 접근법의 상징화 주기 과정

상징화 주기의 첫 번째 활동은 교사가 유아들과 주제에 대해 자신의 경험이나 사전지식에 대해 이야기해 보게 한다. 다음 교사는 유아가 언어로 표현한 사전지식을 그림으로 표상해 보게 하여 새로운 아이디어나 인지적 불일치를 발견하고 문제해결을 시도해 보도록 한다. 그 다음 유아가 자신의 그림을 블록이나 점토 등을 이용해 3차원적인 표상활동을 해보면서 이전 표상에서 발견하지 못했던 새로운 지식을 습득할 수 있도록 돕는다. 또 유아들은 자신의 주장에 대한 증거나 의문점을 해결하기 위해 현장을 방문하고 현장방문을 통해 발견한 것을 다른 유아들과 토의하면서 자신이 가지고 있던 기존의 지식을 수정하거나 더 풍부하게 만들어 간다. 이 과정이 이루어지는 동안 교사들은 비시각적인 경험을 시각화함으로써 유아 스스로 사고를 수정해 가도록 이끌어 가는 안내자이자 촉진자의 역할을 하게 된다.

4) 기록과 전시작업

레지오 에밀리아 교육이 세계적으로 알려진 것은 '어린이들의 수많은 언어'라는 전시회를 통해서라고 할 수 있다. 이 전시회의 내용들은 레지오 에밀리아 접근법의 독특한 특징인 기록작업에 의해 이루어진 것이다.

어린이들의 수많은 언어
전시회 포스터

기록작업 안에는 유아들의 말을 전사한 내용, 그림과 조형물 등 유아들의 작업물, 활동과정의 사진과 비디오 영상, 활동에 대한 교사나 성인들의 해석 등이 포함된다(오문자, 2000).

레지오 에밀리아 교육에서 교사의 가장 중요한 역할은 관찰하는 관찰자이며 연구자라고 설명한다. 레지오 에밀리아 접근법에서 교사들의 관찰기록(documentation)은 교육과정을 운영하는 원동력이라 해도 과언이 아니다. 여기서 기록은 세 가지의 의미를 내포하는데 첫째, 기록은 '주의 깊게 듣는 행위'를 의미한다. 레지오 에밀리아 교육자들은 주의 깊게 듣는다는 것은 인간이 지녀야 할 기본태도라고 강조하고, 유아, 학교와 교사의 개념을 설명할 때 듣는 것의 중요성을 강조한다. 주의 깊게 듣는다는 것은 인간과 인간의 관계에서 상호 교류적이고, 능동적인 언어이며 교육에 대한 이해와 해석을 적는 것이다. 둘째, 기록은 다른 사람과 '공유하기 위한 방법'의 의미를 갖는다. 학교가 부모와 지역사회와 공유하는 행위는 민주주의를 실천하는 방법으로 교육에 대한 참여와 관심을 이끌어 내는 중요한 도구가 된다. 기록은 부모들에게 유아의 잠재력이 얼마나 풍요로운가에 대한 생생한 자료들을 볼 수 있게 하고 유아의 말과 행동 등을 이해하고 도움을 주기 위해 능동적으로 상호작용할 수 있도록 돕는다.

마지막으로 기록은 교사의 전문성을 향상하는 열쇠의 의미를 갖는다. 교사들은 유아들이 말하고 행한 것에 대해 구체적이고 가시적인 기억을 제공함으로써 다음 학습을 위한 출발점이 되게 한다. 또한 유아들이 아는 것, 할 수 있는 것, 할 수 없는 것 등에 대한 기록을 통해 유아들에게 필요한 것에 대해 확신할 수 있게 되며 교사 자신도 학습과정에서의 어려움과 복잡함, 도전 등에 대한 변화를 통해 전문성을 격려 받게 된다.

학교에 따라 기록화 방법은 다양하지만 일반적으로 교사와 아뜰리에스타는 프로젝트 작업과정에서 드러나는 유아들의 질문과정이나 토론내용, 대화 등을 녹음하여 전사하고 다양한 매체를 사용하여 활동하는 과정은 슬라이드, 사진기, 녹음기, 비디오 자료로 기록한다. 또 유아들이 만든 결과물과 구성물은 수집, 조직하는 기록을 남긴다(서영숙, 서지영, 2002).

5) 교육의 주체로서의 부모의 참여

레지오 에밀리아 접근법의 시작은 부모들의 교육에 대한 열정과 함께하고자 하는 관심으로 시작되었기에 레지오 에밀리아 접근법에서 부모는 유아와 학교를 연결하는 핵심적인 사람으로 생각하고 부모를 교육하기보다 부모와 함께 배우고 공유하며 협력하고자 한다. 따라서 레지오 에밀리아 교육자들은 부모들에게 학교를 항상 개방하고 활발한 상호작용을 바탕으로 다양한 방법과 목적으로 학교 운영에 참여할 수 있도록 지지함으로써 부모로 하여금 유아의 교육과 보호의 능동적 존재임을 인식하게 한다. 부모들에게 개인, 소집단의 형태로 학급수준 또는 학교단위 등 다양한 목적과 형식의 모임을 통해 연중 내내 수시로 참여할 수 있는 기회를 제공하고 프로젝트에 대한 전시물을 공유하여 학교에서 어떤 활동들이 어떻게 진행되어 가고 있는지를 공유하고 가정과 학교와의 경험이 연계될 수 있도록 한다.

6) 레지오 에밀리아 접근법을 위한 물리적 환경[1]

레지오 에밀리아 접근법에서 물리적 환경은 제3의 교사라고 표현한다. 즉, 레지

1) 사진자료는 박병희, 박선희(2002). 유아, 공간, 관계: 유아를 위한 포괄적 교육 환경 프로젝트에서 발췌함.

오 에밀리아 접근법에서 교육환경이 갖는 의미는 매우 핵심적이며 중요하다는 것을 강조하는 것이다. 영유아센터와 유아학교들은 바닥, 천장, 복도, 창에 이르기까지 미학적인 아름다움과 다양한 전시물을 통해 유아들에게 자극과 메시지를 제공하고자 한다. 게시되는 기록물을 위해 벽면과 바닥은 부드럽고 엷은 색으로 되어 있으며 상품화된 교구나 플라스틱보다는 유리와 자연물을 이용하여 따뜻한 분위기 속에서 유아들이 활동할 수 있도록 하고 있다. 또한 반짝이며 빛을 반사하는 모빌, 계절 곡식, 과일, 돌맹이와 조개껍데기와 같은 자연물 등이 담긴 바구니, 표상을 위한 점토, 다양하고 기발한 아이디어로 전시되어 있는 조각물들, 오목과 볼록 렌즈 거울과 구리판, 여러 가지 색깔의 방석과 쿠션 등 교실 전체가 유아들을 배려하고 존중하며, 유아의 결과물을 얼마나 소중히 여기고 있는지 보여준다.

유아학교의 교실 전경

레지오 에밀리아 접근법의 물리적 환경의 특징은 관계, 상호작용, 의사소통의 공간으로써 전체 유아들이 모일 수 있는 중앙 공용공간(piazza)을 중심으로 서로 유기적으로 연결되도록 하는 순환성과 투명성의 특징을 갖는다. 순환성이란 모든 공간이 연결되어 있어 막힘 없이 어느 곳으로나 통할 수 있다는 의미로 중앙 공용공간이 중심부에 자리잡고 있으며 4면을 따라 아뜰리에, 활동실, 화장실과 식당 등 부대시설이 배치되어 있는데 문을 통해 모두 연결되어 있다. 투명성은 같은 공간에 있지 않아도 서로의 존재를 보고 느낄 수 있도록 하는 것으로 모든 문과 창에 유리를 사용하여 서로 무엇을 하고 있는지 볼 수 있게 되어 있다. 빛을 중요한 요소로 생각하는 레지오 에밀리아 접근법은 빛을 이용한 투시물 환등기, 라이트테이블, 손전등, 슬라이드 프로젝트 등을 통해 투명성의 원리를 활동으로 이루어지도록 한다.

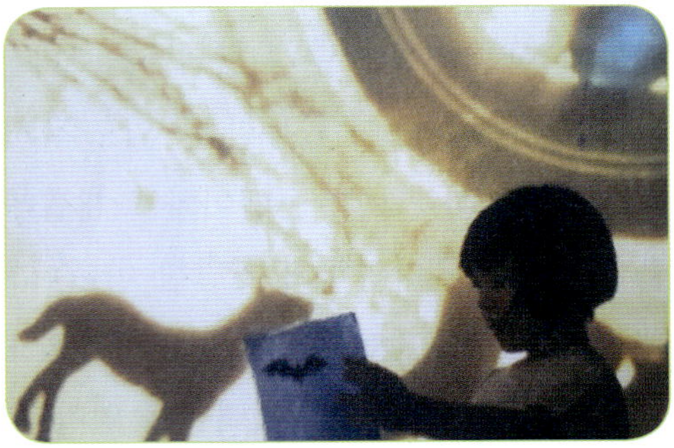

빛을 이용한 활동들

03 레지오 에밀리아 접근법의 교사

레지오 에밀리아 접근법을 운영하기 위해서는 교사 간의 협력체계가 중요한 역할을 하게 되는데 질 높은 교육과 보호를 위해 교사, 교육조정자(페다고지스타), 미술지원교사(아뜰리에스타)가 함께 한다.

1) 교사

레지오 에밀리아 학교에서는 2명의 교사가 한 팀이 되어 한 학급에서 3년간 근무하게 된다. 이를 통해 교사와 유아들은 오랜 시간 함께 지내면서 서로에 대해 좀 더 쉽게 이해하고 안정적으로 생활할 수 있게 된다. 그러나 3년간 유아들의 발달적 요구와 관심을 바르게 이해하고 이를 토대로 학급 환경은 매년 변화를 주면서 유아들과의 관계성은 지속적으로 유지하도록 한다(황해익 외, 2014).

한 학급의 교사들은 동료 교사로서의 동등한 역할과 책임을 갖고 유아를 위한 활동을 계획하고 진행한다. 레지오 교사들은 끊임없이 연구하고 변화할 수 있도록 노력해야 하며 유아 스스로 배우도록 이끌며 공동의 지식 구성자로서 발현적 교육과정을 계획한다. 교사들은 학습의 과정을 나선형 과정으로 보고 유아들이 경험을 발견하고 재방문하는 기회를 위해 다양한 상호작용을 통해 유아의 생각과 가설, 이론 등을 발전시키고자 노력한다. 또 진행되어 가는 과정 속에서 지속적으로 유아들을 관찰하고 경청한 것을 세심하게 기록하고, 기록한 정보에 대해 아틀리에스타, 페다고지스타와 공유하고 토의함으로써 유아를 올바르게 이해하고 지원하는 역할을 담당한다.

2) 교육조정자

교육전문가인 페다고지스타(pedagogista)는 교육학이나 심리학에 대한 학위를 소지한 사람으로 일정 기간의 훈련과정을 거쳐 1명이 3~4개의 학교를 담당하게 되며 유아학교와 영유아센터의 운영이 질적 수준을 유지할 수 있도록 관리하고 레지오 에밀리아의 교육을 외부에 알리고 상호 교환하는 일이 주요 업무이다. 이들은 학교 전반에 관련된 정책이나 문제에 대해 시 정부 관련 행정가와 장학관과 함께 토론하고, 담당하고 있는 학교에 소속된 교직원의 임무와 업무의 양과 시간, 교사교육, 교직원들의 지위 개선 등을 계획 · 실행하는 일을 맡아한다. 또 학교의 환경보수와 신설, 부모와 지역사회, 학교가 원활히 소통할 수 있도록 워크숍이나 공개토론회, 공청회 등 다양한 만남을 계획하여 실행하는 일을 한다. 현재 진행되고 있는 프로젝트에 참여하여 프로젝트 수행과 교수-학습에 대한 자문과 교사 관찰을 통해 프로젝트 실행능력과 가정과의 연계 등 교사의 능력 계발을 위해 다각적으로 지원하는 일을 담당한다.

3) 미술지원교사

레지오 교육의 모든 교실에는 영유아들의 표상활동을 전문적으로 촉진할 수 있는 예술분야를 전공한 미술지원교사인 아뜰리에스타(atelierista)와 함께 작업한다. 레지오 교육에서 아뜰리에스타를 두는 이유는 유아들의 언어 이외의 그림, 조형, 극놀이, 신체, 음악 등 다양한 언어를 통한 표현 및 탐색을 지원하고 정형화된 사고에서 벗어나 주변세계를 민감하게 지각하도록 하기 위해서이다. 시각예술과 훈련을 받은 아뜰리에스타는 '아뜰리에'라는 표상활동을 위해 특별하고 전문화된 공간에서 유아들이 심미감을 발견하고 빛을 표현하는 방법, 색을 섞는 방법, 부피감과 입체감을 표현하는 방법 등을 익혀가는 과정을 돕고 조언하는 역할을 하게 된다. 또 기록 및 전시작업뿐 아니라 교사들이 미처 인식하지 못한 주제나 다상징적인 가능성들을 볼 수 있도록 도우며 학교 구성원들과 학급의 담임교사들과 협력하여 교육과정을 개발하는 일에도 참여한다.

아뜰리에 활동실 전경

표 5-2 레지오 에밀리아 학교 구성원의 역할

구분	교사	페다고지스타	아뜰리에스타
역할	• 발현적 교육과정 계획 및 운영 • 유아들의 언어 탐색 • 프로젝트 활동 참여 • 부모와 가족참여 촉진 • 학교 및 학급 환경 구성	• 교육전문 상담 · 조정 • 현직교원 훈련 담당 • 지역의 모든 성인을 대상으로 워크숍, 공개토론회, 공청회 개최	• 표상에 대한 조언 • 기록 및 전시 작업에 대한 분석 • 시각적인 아이디어 제공 • 프로젝트 활동 참여

04 레지오 에밀리아 접근법의 실제 : 달팽이 프로젝트[2)]

달달이와 똥똥이 이야기

(1) 주제 정하기 : 안녕? 달팽아

비 그친 여름 오후, 산책길에서 유아들이 민달팽이를 발견하고 관심 있게 지켜보며 달팽이에 대한 이야기가 시작되었다.

#1 달팽아~ 어디에 있니?

비가 그친 여름 오후 어느 날.
산책 길에 들려 온 작은 외침 - "야! 달팽이다. 민달팽이야, 집 없는 달팽이"
으로 우리들의 달팽이 이야기가 시작되었다.

달팽이가 사는 곳 예측하기

유아: 달팽이는 어디가 집이지?
유아: 땅속, 땅속이 집이지

그 후 한 유아가 교실에 달팽이를 가지고 오면서 민달팽이에 대한 이야기가 프로젝트의 주제로 선정되었고 유아들은 달팽이에 대한 경험을 나누며 활동이 시작되었다.

2) 본 프로젝트는 전민유치원의 사례에서 발췌함.

#2 홍재가 달팽이를 가져왔어.

유아: 달팽이를 어디에서 찾았어?

유아: 우리 아파트에서 찾았어. 달팽이는 비 오는 날을 좋아해.

유아: 달팽이에게 집이 필요해.

유아: 그런데 민달팽이는 1년밖에 못 산대.

유아: 햇볕을 받으면 말라서 죽어.

유아: 그러면 어떻게 하지?

유아: 그늘에 두면 된다. 나무 밑이 좋겠다.

유아: 나무로 집을 만들자.

유아: 달팽이가 혼자 있으니까 심심할 것 같아. 우리가 가족을 만들어 주면 어때?

(2) 1차 표상하기

달팽이에 대한 이전 경험을 토대로 유아들은 첫 그리기를 하고 자신이 알고 있는 달팽이에 대한 이야기를 나누었다.

유아의 1차 표상		교사의 기록
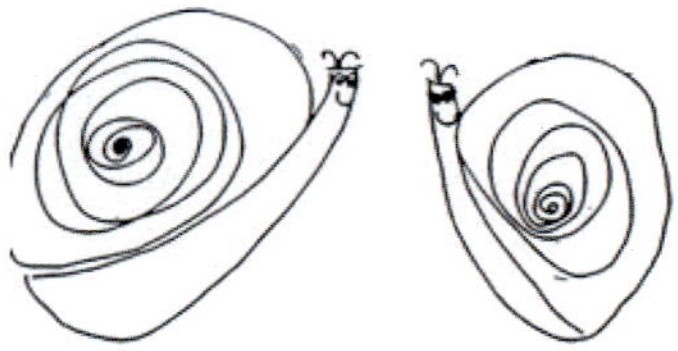	엄마 달팽이와 아빠 달팽이	달팽이의 이미지를 의인화 함
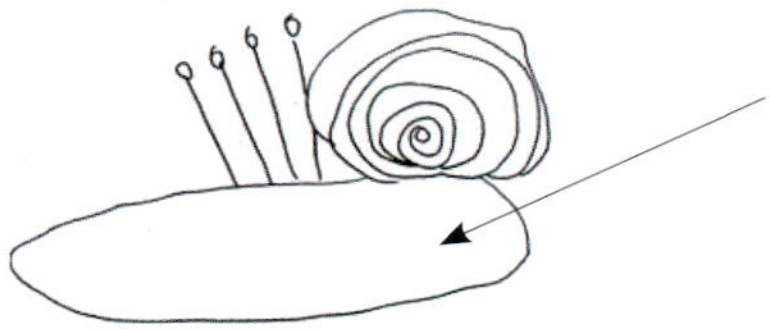	이건 등이에요 눈도 있어요 배는 미끌미끌해요	달팽이 몸 구조에 관심을 가지고 있으며, 전체 중의 일부분을 강조하여 나타냄
	달팽이가 음식을 먹고 있어요. 달팽이는 풀을 잘라서 먹고, 사과, 오이, 풀잎, 상추, 체리, 소시지를 먹어요.	이전의 경험을 통해 달팽이의 먹이에 관심을 보임

유아들의 달팽이에 대한 1차 표상에서는 눈으로 직접 보이는 부분에 대한 표현이 많았으나 자기 나름대로의 달팽이에 대한 다양한 생각을 알 수 있게 되었다.

(3) 주제 탐색하기 : 달팽이의 먹이 예측하기

달팽이는 무엇을 먹을까?

유아들은 달팽이의 똥 색깔이 다양하다는 것과 먹이와의 관계에 대한 이야기를 통해 달팽이는 어떤 먹이를 좋아하는지 이야기를 나누고 직접 관찰을 통해 달팽이에 대해 더 많은 이해와 지식을 갖게 되었다.

유아: 똥을 왜 이렇게 많이 쌌지?

유아: 달팽이가 똥을 싼다! 주황색이야.

유아: 잎을 먹었을 때, 초록색 똥을 쌌어.

유아: 수박을 먹었을 때는 빨간색 똥을 쌌어.

유아: 달팽이의 몸속에는 좋은 영양분이 많아서 그런 거 같아.

유아: 달팽이는 무엇을 제일 좋아하지? 달팽이도 치킨을 제일 좋아하는 게 아닐까?

유아: 달팽이는 채소만 먹어.

유아: 달팽이한테 채소를 많이 주자.

유아: 그러면 달팽이가 '아이 좋아' 할 거야.

유아: 그러면 달팽이도 제일 좋아하는 걸 먹을 거야.

유아들은 주방선생님께 얻은 수박, 당근, 오이 등을 잘게 잘라 달팽이에게 먹이로 주었다.

유아: 와~초록색 똥이 많아.

유아: 오이를 많이 먹었어.

유아: 너무 배고팠나 봐.

유아: 우리가 밥 먹으러 가서 자기도 배고팠나 보다.

유아: 전에는 아무거나 줬잖아. 잎 같은 거… 그런데 이번에는 자기가 좋아하는 걸 줘서 이렇게 많이 먹었나 봐.

유아: 수박에는 씨가 있어서 딱딱해서 못 먹은 거 같아.

유아: 씨 없는 쪽을 갉아먹으면 되는데…

유아: 수박씨를 빼서 주면 어때?

유아: 달팽이는 오이를 제일 좋아하나 봐. 그럼, 씨를 뺀 수박하고 오이랑 당근을 주자.

유아: 초록색 똥이다! 선생님~ 달팽이가 오이만 다 먹었어요!

유아: 달팽이는 오이를 좋아하나 봐.

유아: 씨를 빼줬는데도 수박을 안 먹었어. 빨간 똥이 없어. 당근 똥도 안 보여.

유아: 달팽이는 오이를 제일 좋아해.

유아: 달팽이가 좋아하는 오이를 많이 주면 좋겠다. 오이를 많이 좋아하니까.

유아: 오이를 잘 먹으면 똥도 잘 나오고, 아기도 많이 나을 수 있는가 봐.

유아: 그건 좀 아닌 거 같다. 밥 먹고 알 낳는 거 아닌데…

유아: 달팽이는 짝짓기를 한다. 이렇게… 어부바 하면서 짝짓기하는 거 같아.

(4) 모형으로 만들기 : 찰흙으로 표상하기

내가 만든 달달이와 똥똥이

유아들이 관찰과 탐색 활동을 통해 달팽이에 대해 알게 된 지식을 바탕으로 찰흙으로 달팽이를 만들었다.

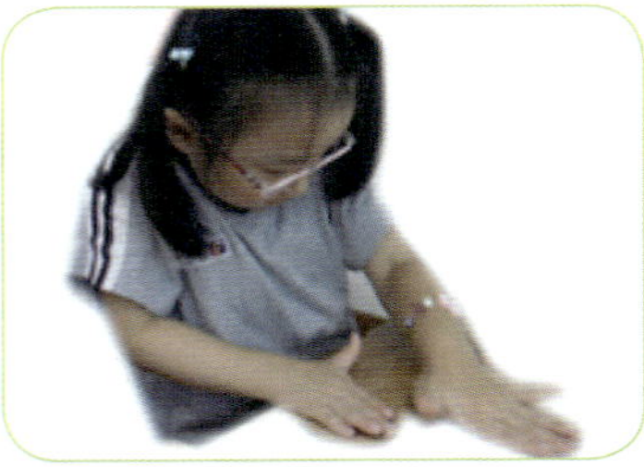

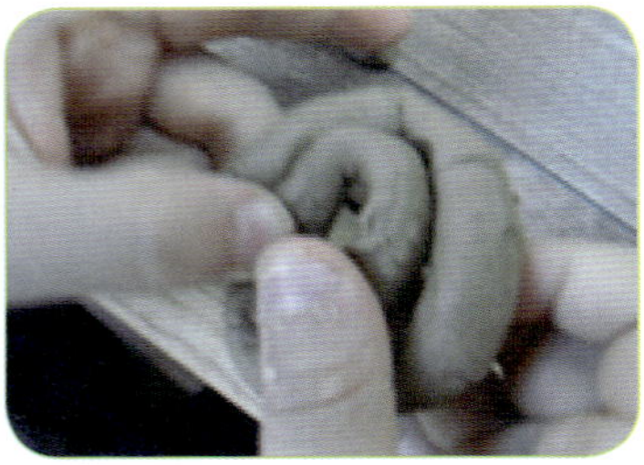

꼬마 달팽이야.
등껍질을 빼면 바로
민달팽이가 돼.

(5) 2차 표상하기

2차 표상활동에서 유아들은 교실에서 달팽이를 직접 기르면서 관찰과 실험을 통해 알게 된 달팽이에 대한 지식을 구체적이고 섬세하게 표현했다.

유아의 2차 표상	교사의 기록
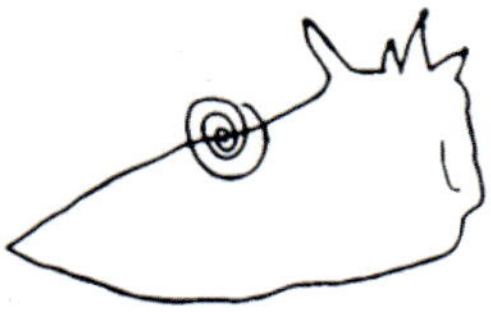 잘한 거 같아요. 달팽이는 더듬이가 있어요. 이건 등 껍질이에요.	생생하고 활력 넘치는 달팽이를 그려냄. 어떤 이미지도 정형화 되지 않는다는 것을 자연스럽게 느끼게 된 계기가 됨
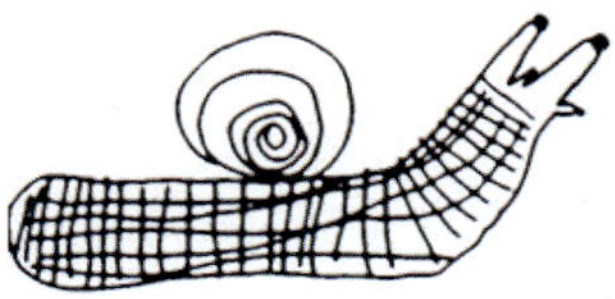 등껍질이 있어요. 달팽이 눈도 4개예요. 밑에는 배예요. 껍질이라서 이렇게 선을 그었어요. 배는 미끌미끌해요. 미끌미끌해서 달팽이가 앞으로 걸어갈 수 있어요.	달팽이 자체의 독특함이 느껴지며, 연상되는 것을 자유롭게 표현함
 달팽이가 비 오는 날이라서 나왔어요. 느릿느릿 가고 있어요. 친구 집에요. 갑자기 햇볕이 나서 집에 들어갔어요. 말라서요. 달팽이는 더듬이가 4개예요. 큰 더듬이랑 작은 더듬이예요. 큰 더듬이에 눈도 있어요.	달팽이 특성을 스스로 알아가며 그것에 기초해 다양한 측면에서 끊임없이 탐색함
 눈이 2쌍이에요. 4개니까 2쌍이에요. 달팽이 몸에 얼굴이 있었어요. 몸 안도 그려보았어요. 피부가 없으니까 소라 껍데기가 지켜줘요.	나름대로의 독특한 방법과 표현으로 표상하기를 즐김
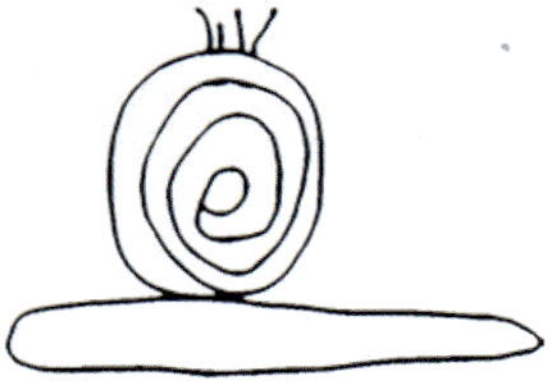 맨 위에는 눈이에요. 동그란 문이에요. 이건 달팽이 배예요.	여러 가지 각도와 방향에서 바라본 표현의 차이가 있음을 이해함

(6) 확장과 심화하기 : 폐품을 활용하여 다함께 표상하기

큰 달팽이를 만들자.

유아들이 2차 표상활동 후 달팽이에 대한 관심이 각별해졌고 서로의 지식을 공유하며 공동작품으로 달팽이를 만들기로 하였다.

유아: 달팽이 등껍질은 동그래. 그런데 어떻게 붙이지?

유아: 신문지를 깔아서 물감으로 색칠하면 어때?

유아: 페인트?

유아: 핸디코트?

유아: 아! 금색, 은색 쏘아가지고, 색칠되는 거… 락카?

유아: 달팽이는 황금색이 어울릴 것 같아.

유아: 우리가 키우는 달팽이랑 똑같이 하면 어때?

유아: 연갈색이랑 하얀색.

유아: 이건 우리가 만든 거니까, 우리가 하고 싶은 색으로 하자.

유아: 달팽이 종류는 여러 가지니까.

유아: 그런데 황금색은 어떨까?

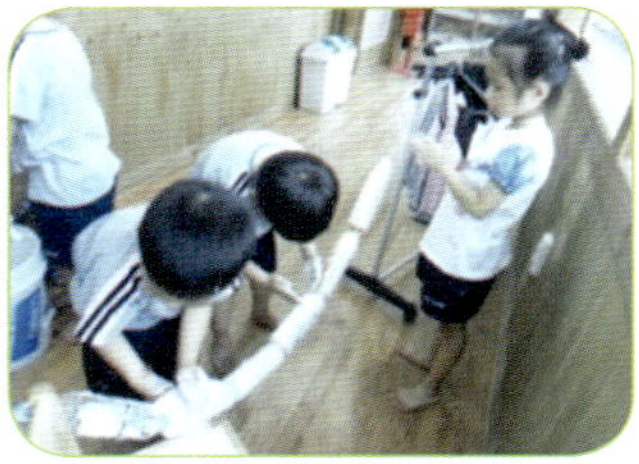

(7) 전시회 : '행복한 달팽이'

일상적인 흥미로부터 시작된 달팽이 프로젝트는 경험을 나누는 과정에서 발달해 갔고 또 그 주제에 대해 깊이 있는 탐구활동이 이루어졌다. 한 가지 주장이 아닌 다양한 주장에 의한 가설은 기대와 흥분감을 높였고, 그런 의미에서 관찰, 기록작업은 더 강하고 의미 있게 연결되었다. 선 경험과 알아가는 경험 안에 녹아 있는 다양한 해석들을 바탕으로 서로 다르게 생각하는 점에 대해 또는 서로 유사하게 생각하는 점에 대해 논의해 볼 수 있는 기회를 가지고, 서로의 다양성과 차이성에 대해 잘 이해할 수 있게 되었다. 그 과정에서 '전시회'라는 특별한 목표가 생겼고, 그 목표를 이루기 위한 노력이 시작되었다.

'행복한 달팽이' 전시회는 개개인에 초점을 맞추기보다는 공동체가 해낸 일에 중점을 두어 프로젝트의 경험을 공유하는 기회를 가짐으로써 성취감과 만족감을 느끼고, 또래교수가 일어남으로써 협력의 힘에 대해 깨닫게 되었다.

유아: 우리가 지금 달팽이를 과학(?)하고 있으니까요.
유아: 아니, 우리가 달팽이를 연구하고 있잖아.
유아: 모든지 전시회? 우리가 아는 걸 알려 주는 건 어떨까요? 정보 전시회처럼요.
교사: 달팽이 전시회를 위해 필요한 것은 무엇이 있을까?
유아: 달팽이 그림을 벽에 붙여요.
유아: 옷이 필요해요. 우리가 하는 거니까 화려하게 입고 싶어요.
유아: 전시회 무대!
유아: 우리 교실이 좋겠어요.
유아: 유리창에 달팽이를 크게 붙이면 좋겠어요.
유아: 우리 반을 넓게 만들어요.
유아: 그 다음에 친구들도 모으고, 뉴스도 만들어요.

유아: 카메라로 동영상을 찍어서 모두 다 볼 수 있게 해요.

유아: 똥도 전시해요.

유아: 작품이 필요해요. 찰흙으로 만들면 좋겠어요.

유아: 사람들이 달팽이를 만져볼 수 있게 하면 좋겠어요. 그리고 달팽이 몸속 그림을 그려서 보여줘요.

유아: 달팽이를 만들어서 전시해요.

달팽이 프로젝트를 마치며

유아들은 자신들의 생각과 느낌을 공유하며 달팽이 전시회를 계획하고 전시회라는 새로운 이해 간의 순환에 바탕을 두고, 관심 주제에 대해 자신들의 생각을 나눈다.

다양한 주제에 대한 가설을 해석하는 과정으로는 겉으로 드러난 표현 및 언어적, 시각적, 신체적 언어로써 달팽이 연구를 통해 획득한 지식을 공유하기 위한 방법을 모색한다.

유아들은 '달팽이에 대한 전시회'라는 개방적이며, 적극적인 표현을 통해 자신들의 활동에 대한 과정과 결과에 대해 어느 때보다 자신감이 충만함을 알 수 있다. 그것으로 인해 계속 탐색하며, 가설을 세우기도 하고, 연구하여 나름의 결과물들로 표현하며 다른 사람과의 공유를 위해 색다른 방법들을 모색해 나간다.

– 교사의 저널 중에서

Chapter

06

프로젝트 접근법

01 이론적 배경

프로젝트 접근법은 유아교육현장에서 특정한 주제에 대하여 깊이 있게 탐색하고, 지식을 확장해 나가는 프로그램이다. 유아가 중심이 되어서 흥미와 주제에 대한 호기심을 기반으로 활동이 진행되므로 유아들이 학습의 방향을 변화시키며, 학습을 진행해 나가는 주체라는 것이 이 프로그램의 중요한 핵심이다. 즉, 학습할 주제를 찾고 학습문제를 제기하는 데 있어서 유아가 직접적으로 개입하며 중심적 역할을 한다는 것이다.

프로젝트는 학습할 가치가 있는 주제에 대한 탐색이며, 질문지를 통해 다양한 문제들을 교사의 지도와 안내를 받으며 공동으로 연구하는 활동이다.

1) 시대적 흐름

1989년 카츠(Katz)와 차드(Chard)는 '프로젝트 접근법'이라는 용어를 발표하였다. 그는 유아의 학문적 · 인지적 · 정서적 발달에 바람직한 자발적 놀이와 교사에 의한 체계적인 교수를 통합하고 상호 보완하여 균형 있는 교육과정 운영을 가능하게 하는 프로젝트 접근법을 제시하였다. 프로젝트 접근법이 실현되는 시기는 1886~1919년 사이 진행이 되었으나, 1950년대 지나치게 아동 흥미 위주로 흘러버리며, 단편적이고 통일성이 없는 교육과정으로 전락함으로써 쇠퇴기를 맞이한다. 특히, 러시아(구 소련)의 인공위성 발사로 인해 미국은 학문중심 교육과정이 강조되었다. 이에 대한 문제로 '자유학교(free school)'가 등장하면서 1970년대 교육의 적합성 문제가 제기되고 다시 프로젝트 접근법에 대한 관심을 갖게 된다.

1991년 미국의 〈뉴스위크지〉에 레지오 에밀리아 접근법이 세계에서 가장 훌륭한 10개 학교 중 유아교육분야에 선정되면서, 프로젝트 접근법이 관심을 모으게 된다. 현재까지 다양한 방법으로 프로젝트 접근법은 영유아 교수법으로 발전하고 있다. 자세한 내용은 〈표 6-1〉과 같다.

표 6-1 프로젝트 접근법의 시대적 흐름

역사적 흐름	연도	세부적 내용
태동기	1830	• 코벳(Cobbet)의 실생활중심 활동을 통한 교육방법이 프로젝트의 시작
학습실현기	1886	• 파커(Parker)는 '자연에 따른 학습방법'을 주장하여 'Quincy system'이라는 새로운 교육방법을 시도 • 듀이(Dewey)의 실험학교(1886) 활동을 통해 프로젝트 학습 실현됨
구체화시기	1919	• 듀이(Dewey)의 진보주의 교육철학을 바탕으로 킬패트릭(Kilpatrick)이 프로젝트에 의한 학습활동을 체계화시키고 이 시기에 '프로젝트법'이라는 논문을 발표함(The Project Method: The use of the purposeful act 3 in the educative process) • 콜링(Colling, 1923) : 아동의 생활 프로젝트 중심으로 구성될 수 있음을 밝힘
쇠퇴기	1950	• 교육의 자발적, 능동적, 전인적인 인간육성을 목표로 한 진보주의 교육에서 지식과 기술의 폭발적인 증가로 학습중심교육이 핵심이 되어 프로젝트 접근법이 쇠퇴됨
부활기	1960~1970	• 미국과 영국의 열린교육으로 인성, 지적, 정의적인 교육이 균형을 이루는 인간중심교육에 관심이 일어나면서 프로젝트 접근법이 부활됨 • 1960년대 말 학문중심 교육과정의 새로운 대안으로 자유학교(free school) 등장 • 1970년 교육의 적합성 문제가 제기되면서 프로젝트 접근법에 대한 관심 대두

역사적 흐름	연도	세부적 내용
확장기~ 현재	1980	• 카츠(Katz)와 차드(Chard)의 영향으로 미국과 캐나다 근방 중심으로 확장됨
	1989	• 카츠(Katz)와 차드(Chard)가 프로젝트에 의한 학습방법을 '프로젝트 접근법'이라는 용어로 재조직하여 발표하였음
	1990~	• 레지오 에밀리아 접근법 1991년 12월 미국 〈뉴스위크지〉에 세계에서 가장 훌륭한 10개 학교 유아교육분야 선정됨 • 우리나라에 1990년대 초 카츠(Katz)와 차드(Chard)의 저서가 출간, 1990년대 말 차드(Chard)의 한국 방문으로 워크숍을 실시하여 프로젝트 접근법이 알려짐

2) 교수–학습 방법

프로젝트 접근법은 '아동의 정신을 계발'하는 데 주목적이 있다(Katz & Chard, 2013). 프로젝트 접근법은 교수목표보다는 학습자의 학습목표에 초점을 맞춘다. 그리고 학습의 목표는 유아의 주변 세계에 대해 유아의 지식, 기술, 성향, 감정 등을 모두 발달시키는 데 있다. 현대 교육에서 사회문화적으로 적합한 교육의 중요성이 인식되면서, 유아교육에서도 바람직한 교수–학습 방법의 하나로서 프로젝트에 대한 관심이 지속되어 왔다.

프로젝트 접근법은 능동적인 경험의 주체자인 유아의 흥미를 존중하고, 협동하며 학습과제를 해결해 가는 과정을 중요시하는 교육이론으로 다양한 방법의 수업 방식으로 접근할 수 있다(Katz & Chard, 2013). 프로젝트 진행을 위하여 토론, 현장체험 활동, 표상활동, 전시회 등 다양한 교육방법을 활용하며, 프로젝트 실행과정은 시작, 전개, 마무리 3단계로 나누어진다. 프로젝트를 실행할 때 교사에게는 전문적인 교수역량이 요구된다. 교수자로서 프로젝트 교수–학습 방법의 특징은 아래와 같다(지옥정, 2009).

첫째, 주제 선정 및 학습내용 전개의 전 과정에 교사와 유아가 모두 주도적으로 참여한다. 예를 들어, 일상에서 경험한 '지진'에 대해 뉴스를 통해 이야기를 나누다가 교사와 유아가 '지진'으로 주제를 함께 선택할 수 있으며, 선택된 주제는 유아와 교사의 브레인스토밍과 질문지에 따라 활동이 전개된다. 즉, 참여하는 교사 · 유아에 따라 활동의 내용이 달라진다. 누리교육과정에서의 주제 선정, 교육과정 운영과는 차이가 크다.

둘째, 실제 유아의 주변세계가 프로젝트 주제이며 활동의 내용이다. 그러므로 주변 세계를 확대하고, 유아의 참여 폭이 넓다. 예를 들어, 봄철에 '시장'이라는 주제로 프로젝트를 진행하면, 유아는 집 부근의 시장을 직접 경험하고 그동안 생활 속에서 느껴 왔고, 생각해 왔던 것을 표현하고, 탐색하는 시간이 된다. 봄에 볼 수 있는 꽃, 곤충보다는 시장에서 본 쑥, 민들레, 생선 등이 봄의 정서로 다가올 것이다. 유아의 주변 세계를 확장할 수 있는 주제를 중심으로 구성되기 때문에 주변의 견학활동이 다양하게 전개된다. 견학을 통해 유아들의 직접 경험은 프로젝트 과정을 세밀화하게 되고, 지식을 실천할 수 있는 기회가 된다.

셋째, 발현적 교육과정으로 전개되므로 유아-교사 간의 상황 및 흥미에 따라 계획이 변경되어 운영된다. 예를 들어, '고양이'라는 주제로 활동을 하다가 도둑고양이라는 상황에 관심을 갖게 되고, '버려지는 반려동물'로 유아-교사의 흥미가 전환되면서 활동이 반려동물로 확대되기도 하며, 사회캠페인으로 전환되기도 한다.

넷째, 유아-유아, 유아-교사, 유아-환경 간의 상호작용이 활발히 일어나며, 협동활동이 중요하다. 프로젝트 학습은 한 명, 소집단 또는 학급의 모든 아동이 참여하여 어떤 주제에 대해 깊이 있게 탐색하는 활동이라고 할 수 있다. 탐색하는 과정에서 팀워크가 생기며, 서로 존중하고 배려하는 과정을 경험하게 된다.

다섯째, 영유아, 교사 모두 연구자의 자세로 다양한 탐구방법을 활용한다. 탐구방법에는 토의, 현장조사, 문헌조사, 자원인사의 초청 등이 활용된다. 특히, 질문거리를 찾아서 이를 해결해 나가는 과정으로 진행을 한다. 질문거리는 주변 사물을 보다 자세히 관찰하도록 동기화되며, 질문에 기초하여 이후 활동이 진행될 수 있다. 교사는 질문지를 통해 유아의 흥미 및 관심을 파악할 수 있으며, 유아의 사고발달 수준을 평가할 수 있는 준거가 된다.

여섯째, 절차가 조직적으로 순차적으로 진행된다. 준비 단계, 시작 단계, 전개 단계, 마무리 단계의 4단계의 순서로 프로젝트의 과정이 전개되고 있으며, 준비의 과정에는 교사의 계획과 자료수집이 중심으로 이루어지고, 시작 단계는 교사-아동의 상호작용에서 브레인스토밍을 통해 주제에 관해 사전 경험 중심으로 활동의 방향을 설정하는 과정이다. 전개 단계는 주제를 심화하여 활동 및 현장학습을 통해 협동학습을 중심으로 전개되어진다. 마무리 단계는 결과물을 전시하고, 초대장 만들기 및 평가를 통해 프로젝트를 마무리한다.

일곱째, 프로젝트는 지역의 전문가, 인사 등의 인적 지원과 협조를 받는다. 프로젝트 주제에 적합한 전문가나 현장의 실무자를 직접 방문하거나 인터뷰를 통해 궁금한 질문지의 내용에 대한 해결을 하며, 특강 및 현장방문을 통해 이루어진다. 전시회를 통해 지역의 인사들이나 주민들이 방문해서 활동에 참여하기도 한다.

02 프로그램의 교육목표 및 과정

1) 교육목표

프로젝트에 대해 사전을 살펴보면, '실제의 작업을 중시하여 일의 계획과 수행능력을 기르는 교육방법'으로 명시되어 있다. 카츠와 차드(Katz & Chard, 1989)는 "프로젝트를 배울 만한 가치가 있는 주제에 관한 깊이 있는 탐구"라고 정의하였다. 유아에게 프로젝트 접근법이란 실제 경험을 중심으로 활동을 계획하고 탐구하는 능력을 기른다고 보아도 무방할 것이다.

프로젝트 접근법의 활동과정은 질문에 초점을 맞추어 질문을 상호 연결, 문제해결, 의사소통을 통해 더 많은 호기심을 자극하고, 유아-가정-지역사회 등으로 주변 환경을 확장한다. 이러한 프로젝트 접근법의 교육목표는 유아의 경험을 통한 지식 획득을 중요한 과정으로 보고 있다. 통합적인 발달에 필요한 기술 습득, 새로운 경험과 질문을 통해 터득하는 지식, 여러 가지 상황에서 경험하게 되는 새로운 지식의 계발을 통해 감정 상태의 상황에 따른 다양한 느낌의 발달을 주요 목표로 한다(지옥정, 1996).

프로젝트 접근법의 궁극적 목적은 '아동의 정신(mind) 계발'이다. '정신'이란 지식, 기능뿐 아니라 정서적, 도덕적, 심미적인 감수성까지를 포함하는 개념이다(지옥정, 1996). 카츠와 차드(Katz & Chard, 1989)는 교육의 목표는 지식과 기술을 획득하고 성향(disposition)과 감정(feeling)을 배양하는 것으로 보았으며, 교육의 목표를 새로운 지식의 획득, 인지적 · 사회적 · 의사소통 및 신체적 능력 발달에 필요한 기술 획득, 성향을 키우는 것, 긍정적 감정을 키워 나가는 것 등으로 제시하고 있다.

생활중심의 기존의 교육 프로그램은 체계적인 교수법으로 운영하고 있고 교육의 내용 및 지식을 중심으로 이루어지고 있다. 반면에, 프로젝트 접근법은 유아 자신이 스스로 학습하고자 하는 성향과 학습의 즐거움을 느끼며, 그 과정에서 성취감을 느끼게 하는 과정중심이다.

이러한 프로젝트 접근법의 목적과 방향을 살펴보면 다음과 같다.

첫째, 유아의 주변 세계에 대한 이해를 증진시키고 긍정적인 학습 성향을 발전시킨다. 프로젝트 접근법은 유아들이 자신의 주변 세계에 관심을 갖고 탐색해 나감으로써 학습의 성향을 개발하고 발달시키는 것이 핵심과정이다.

둘째, 체계적 교수나 유아들의 자발적 놀이를 통해 학습한 내용을 프로젝트 활동으로 보완하고 강화한다. 프로젝트 접근법은 기존의 교육과정과의 조화를 이루도록 한다. 기존의 모든 교수활동을 전적으로 대체하는 것이 아니라 놀이중심 또는 교사중심의 교육방법에서 부족했던 점을 보완하거나 절충하는 방법이다.

셋째, 교육기관에서의 학습과 유아의 삶이 분리되지 않도록 교육을 실제 생활과 연결시킨다. 프로젝트 접근법의 핵심은 유아가 중심이 되어 능동적으로 활동에 참여하는 것으로 모든 주제와 활동이 유아의 실제 삶과 생활 속에서 이루어진다고 본다. 특히, 유아가 살고 있는 지역의 특성이 반영되며, 지역의 인사나 전문가들이 프로젝트 접근법에 중요한 인적 자원이다.

넷째, 집단에 대한 소속감과 공동체의식의 발달을 돕는다. 프로젝트 접근법은 유아들이 한 학급의 공동체로서 경험을 하며 전 과정을 통하여 적극적인 상호작용과 사고의 교류를 통해 공동체 관계를 형성하게 한다. 특히 토의활동이나 그룹활동을 통한 협력은 서로의 배려와 존중을 쌓을 수 있다.

다섯째, 교사가 도전감을 가지고 자신의 일을 수행하며, 유아의 학습에 조정자, 촉진자, 안내자, 조력자의 역할을 한다. 프로젝트 접근법은 유아만의 흥미와 유아중심으로만 흘러가는 것은 아니다. 프로젝트를 운영하는 교사 또한 흥미와 관심을 갖고 있어야 하며, 유아와의 협의하에 상황에 따라 융통성 있게 대처해 나가야 한다.

프로젝트 접근법에서 유아는 프로젝트 시작 단계부터 마무리 단계까지 활동과정의 결과물에 대한 평가의 주체가 된다. 유아 자신의 진보를 확인하고 비판적이고 분석하는 사고능력을 기르며, 탐구활동이 이루어진다. 부모의 측면에서는 프로젝트의 과정에 참여함으로써 유아의 흥미와 진행에 대해 이해하고, 보조교사 및 전문가 등으로 적극적인 참여도 가능하다. 이를 통해 원의 교육방침을 신뢰하고, 평가과정에 참여하게 된다. 마지막으로 교사의 측면에서는 전통적인 체계적인 교수법에서의 문제점을 보완하며 유아의 발달 수준과 개별적인 특성을 이해할 수 있다.

2) 프로젝트 접근법의 과정

(1) 준비 단계

프로젝트 준비의 단계는 교사가 프로젝트의 주제를 예상하여, 주제망을 구성하고 활동의 방향을 잡는 단계라고 볼 수 있다. 실제 프로젝트에 들어가기 전에 교사가 여러 가지를 계획하고 준비하는 단계로서 유아는 참여하지 않는 단계이다. 이 단계에서 교사가 할 일은 주제 선정하기, 주제망 구성하기, 기본 어휘 및 중심 개념 선정하기, 교육과정 영역별 학습 내용안 및 활동 예상안 작성하기, 자원 목표를 만들고 이에 따라 필요한 자원을 준비하고, 부모들에게 알리기 등이다. 주제에 적합한 자원이 준비되면 각 영역별로 배치를 하며, 벽면이나 게시판에 유아의 관심을 줄 수 있도록 구성한다. 프로젝트 주제에 맞게 질문지를 구성할 수 있도록 공간 구성을 해 두는 것도 필요하다.

① 주제 선정

카츠와 차드(Katz & Chard, 2013)는 주제 선정에 대해 세 가지로 범주화 하고 있는데 첫째 아동과 지역 환경에 관한 것, 둘째 장소와 시간, 자연현상에 관한 것, 셋째 보다 일반적인 기타의 내용이다. 연령에 따라 어릴수록 구체적이고, 단편적인 주제를 선택하는 것이 용이하다. 예를 들어 꽃이라는 주제보다는 해바라기, 채송화 등의 한 가지 꽃을 주제로 하는 것이 어린 연령에는 접근성이 있다. 연령이 증가할수록 추상적인 주제 선정도 용이하다. 예를 들어, '사랑', '우정' 등의 추상적인 주제의 접근을 통해 유아들의 심미감이나 정서적인 발달에 도움을 줄 수 있다.

② 주제망 예비 구성

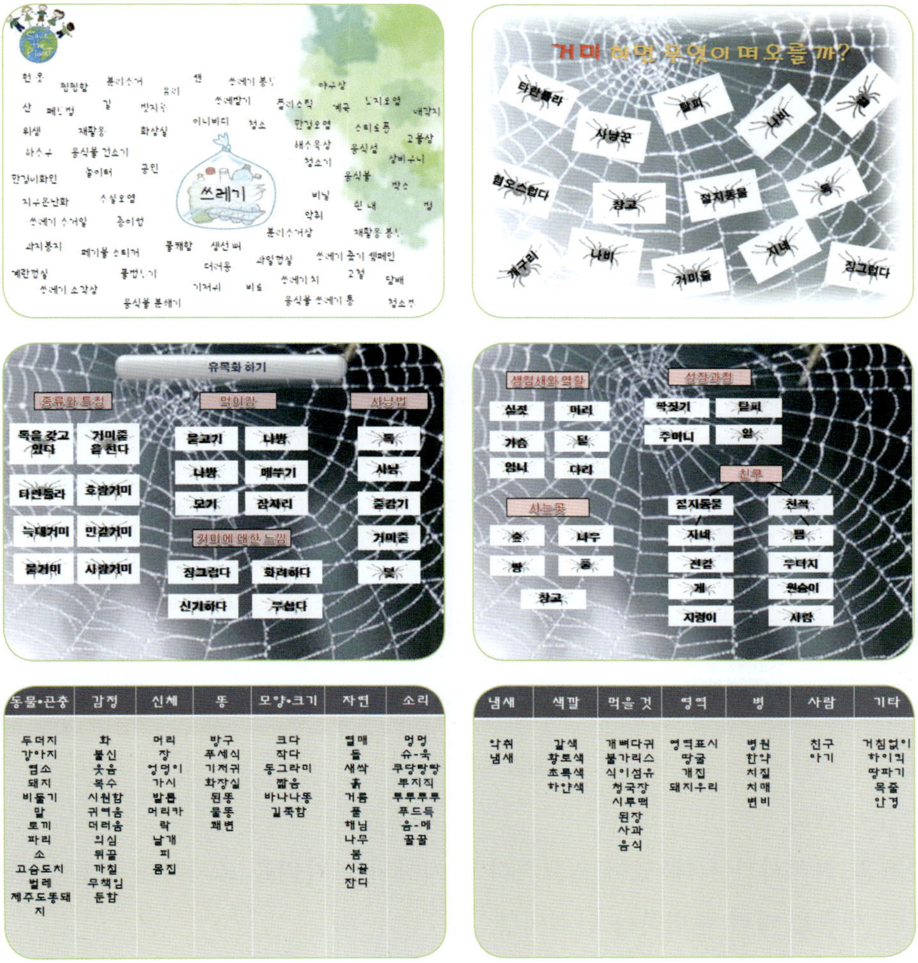

주제망 구성

준비 단계에서의 주제망 작성은 유아들 수준에 맞추어 쉽게 작성하는 것이 아니라 교사가 현재 수준에서 알고 있는 것, 생각나는 것을 모두 총 망라하여 가능한 자세한 주제망을 구성하는 것이다. 교사의 주제망 구성 절차는 브레인스토밍, 유목화, 주제망 그리기의 순서로 이루어진다.

③ 기본 어휘 및 중심 개념 선정

유아들과 주제를 전개해 나가는 동안 유아가 익히고 사용하게 될 기본 어휘와 개념을 교사가 미리 선정해 보는 것이다.

④ 활동 내용 및 활동 예상안 구성

주제망 작성이 끝나고 나면 이를 기초로 하여 교육과정 영역별 학습 내용 및 활동 예상안을 구성해 보는 것이 필요하다. 이렇게 함으로써 교육과정의 목적과 유아의 아이디어 및 흥미를 연결할 수 있기 때문이다.

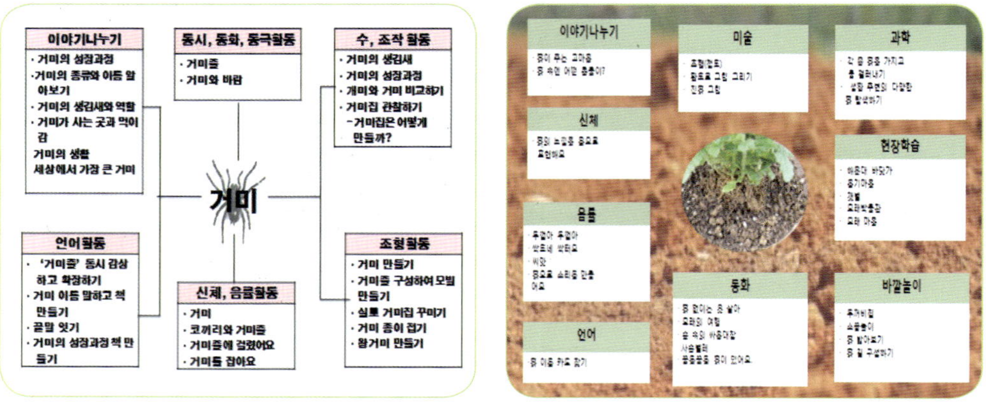

활동 예상안 구성

⑤ 자원 목록 작성 및 준비

주제를 전개시키는 데 있어 필요하다고 예상되는 자원을 조사하여 표를 만들고 필요한 자원을 미리 준비하는 단계이다.

⑥ 부모들에게 알리기

프로젝트의 효과적인 진행을 위해서는 부모들의 협조가 필요하다. 부모들의 협조는 간단하게는 주제에 관한 여러 가지 자원을 구해주는 일에서부터 전시회 및 발표회에 참여하여 유아들의 작품을 감상하고 의견을 제시하기에 이르기까지 다양한 차원에서 이루어질 수 있다.

가정통신문

개미 유치원

울산 옹기마을 현장학습

반/ 이름	동의함	동의하지 않음

2015년 4월 10일

개 미 유 치 원 장

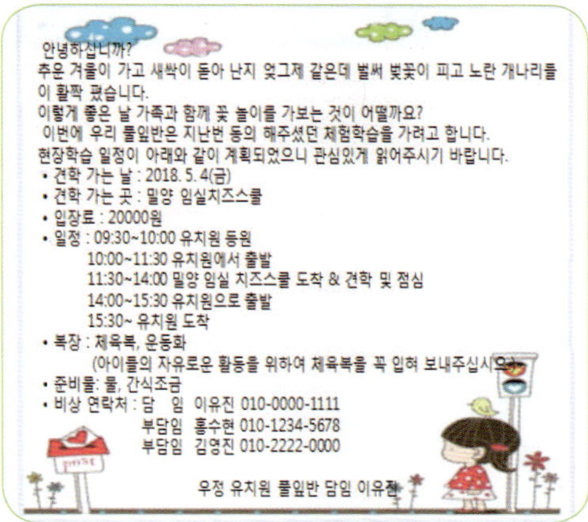

안녕하십니까?
추운 겨울이 가고 새싹이 돋아 난지 엊그제 같은데 벌써 벚꽃이 피고 노란 개나리들이 활짝 폈습니다.
이렇게 좋은 날 가족과 함께 꽃 놀이를 가보는 것이 어떨까요?
이번에 우리 풀잎반은 지난번 동의 해주셨던 체험학습을 가려고 합니다.
현장학습 일정이 아래와 같이 계획되었으니 관심있게 읽어주시기 바랍니다.

- 견학 가는 날 : 2018. 5. 4(금)
- 견학 가는 곳 : 밀양 임실치즈스쿨
- 입장료 : 20000원
- 일정 : 09:30~10:00 유치원 등원
  10:00~11:30 유치원에서 출발
  11:30~14:00 밀양 임실 치즈스쿨 도착 & 견학 및 점심
  14:00~15:30 유치원으로 출발
  15:30~ 유치원 도착
- 복장 : 체육복, 운동화
  (아이들의 자유로운 활동을 위하여 체육복을 꼭 입혀 보내주십시오.)
- 준비물: 물, 간식조금
- 비상 연락처 : 담　임 이유진 010-0000-1111
  부담임 홍수현 010-1234-5678
  부담임 김영진 010-2222-0000

우정 유치원 풀잎반 담임 이유진

가정통신문

(2) 시작 단계

시작의 단계는 유아의 브레인스토밍과 준비 단계에서 교사의 브레인스토밍 자료를 함께 유목화하는 과정을 거친다.

① 유아의 이전 경험 표현

이전 경험의 표현은 유아에게는 주제와 관련하여 알고 있는 것, 경험한 것이 무엇인지 점검하는 계기가 되고, 주제에 대해 흥미를 유발할 수 있으며, 친구들 간에 경험이나 지식 또는 생각을 공유할 수 있다. 또한 자신의 경험을 발표하는 기회를 통해 주제에 대한 흥미뿐 아니라 친구들에 대해서도 더 관심과 흥미를 기울이게 된다.

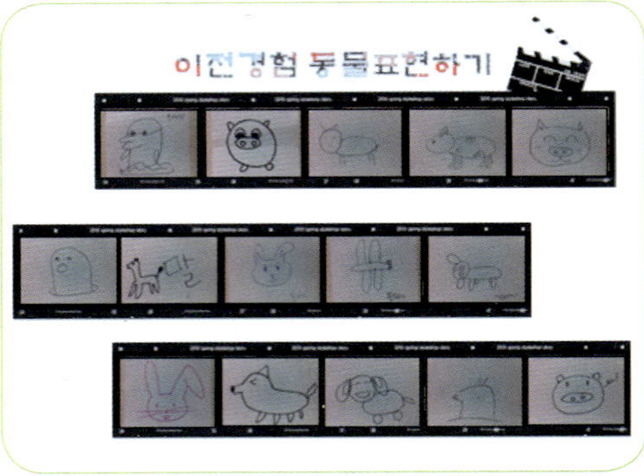

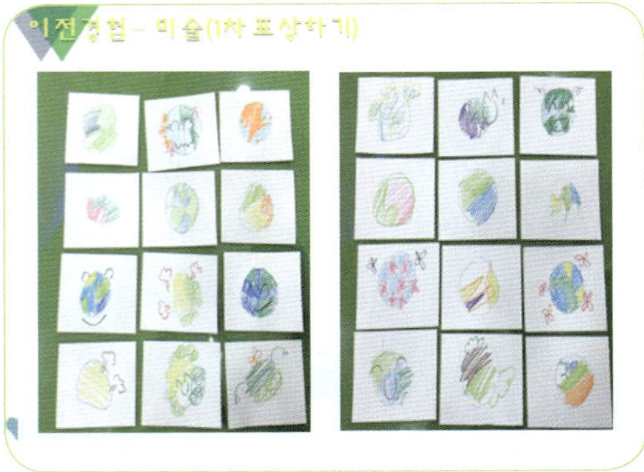

이전 경험 표상

② 교사와 유아의 공동 주제망 구성

유아의 주제망과 교사의 주제망을 함께 정리하면 공동 주제망이 구성된다. 프로젝트는 아동중심이면서 교사의 참여가 중요하기 때문에 교사와 아동의 공동 주제망은 함께 학습을 계획하고 진행해 나간다는 것을 의미한다.

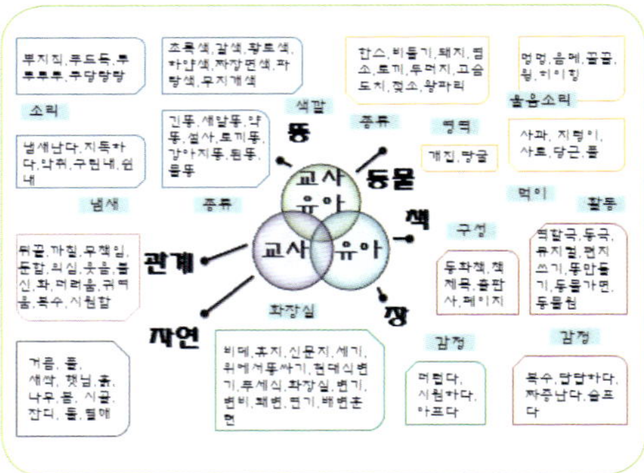

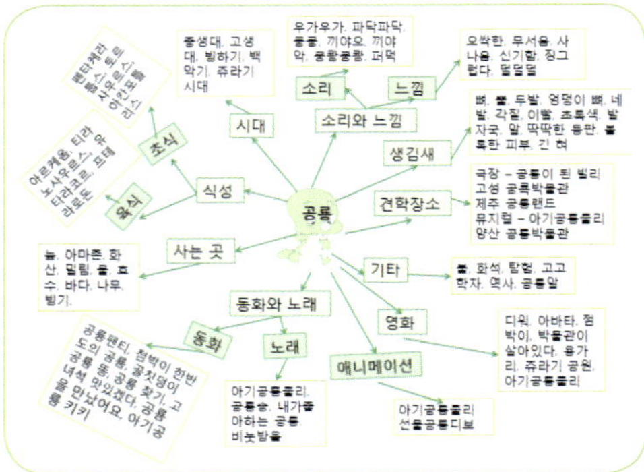

공동 주제망 구성

③ 질문거리 찾기

질문이 유발될 수 있는 상황은 이전 경험을 표현하는 중, 생각 모으기를 하는 중, 친구 찾기를 하는 중(유목화), 자원을 가지고 활동하는 중, 공유시간에 교사나 친구들의 이야기를 듣거나 논의하는 중, 가정에서 주제와 관련된 활동을 하는 중이다.

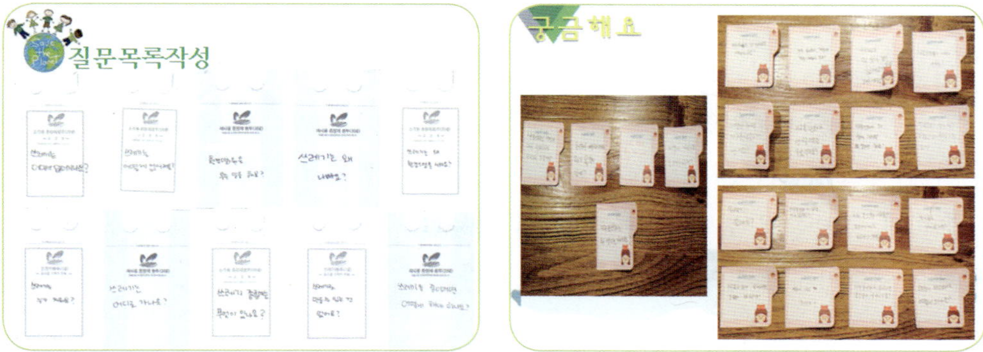

질문거리 찾기

(3) 전개 단계

질문지를 중심으로 유아들의 활동을 실제로 전개해 나가는 과정을 전개 단계라고 한다. 전개 단계에서는 유아들이 궁금해 하는 질문지에 대해 살펴보고, 탐색해 나가며 다양한 활동이 전개된다.

① 현장견학 전 활동

현장견학 전 활동으로는 현장체험 전의 활동으로 책, 인터넷 자료, 질문에 대한 조사활동, 탐구활동이 대체적으로 이루어진다. 견학 전에 교사는 유아들에게 안전과 약속 등을 이야기하고, 가정통신문에 알린다. 현장견학을 활성화하기 위해 전문가에게 질문할 질문지를 만들고, 사전에 다양한 정보를 찾아본다.

② 현장견학 활동

프로젝트 수행 중 실제적이고 효율적인 현장견학이 중요하다. 예를 들어, 자동차에 대해 프로젝트를 한다면 유치원 주변의 자동차 정비업체나 판매소를 방문하는 것이 효율적이다. 사전에 견학에 대한 준비로 전문가에게 질문할 내용과 무엇을 보고 올 것인지에 대한 충분한 탐색이 필요하다. 프로젝트에서 현장견학은 프로젝트를 활성화하고, 유아의 흥미와 호기심을 자극한다. 현장견학 시 교사는 사진을 촬영하고, 자료를 전시하여 유아들이 탐색할 수 있는 공간을 마련한다.

③ 현장견학 후 활동

현장견학 후 교사는 유아가 무엇을 보았고, 어떤 이야기를 나누었는지, 느끼고 생각했던 내용이 무엇인지 확인한다. 너무 오랜 시간 동안 현장견학에 대한 이야기나 전체 모임 시간은 바람직하지 못하다. 현장견학에서 알아온 내용이나 정보를 발표하고, 흥미로운 점에 대해 이야기를 나누고, 현장견학을 한 것에 대해 다음 활동으로 이루어지는 것이 활동을 활성화 한다.

④ 전문가 방문

주제가 직업이라는 프로젝트를 운영하게 된다면 다양한 직업에 종사하는 사람이 전문가로 유치원에 방문하게 된다. 직업에 대한 특성, 하는 일, 되는 방법 등에 대해 전문가가 방문하여 아이들과 이야기 나누기도 하며, 자신이 하는 일을 직접 시범을 보이기도 한다. 또한 프로젝트 접근법 과정에서 유아들이 해결하기 어렵거

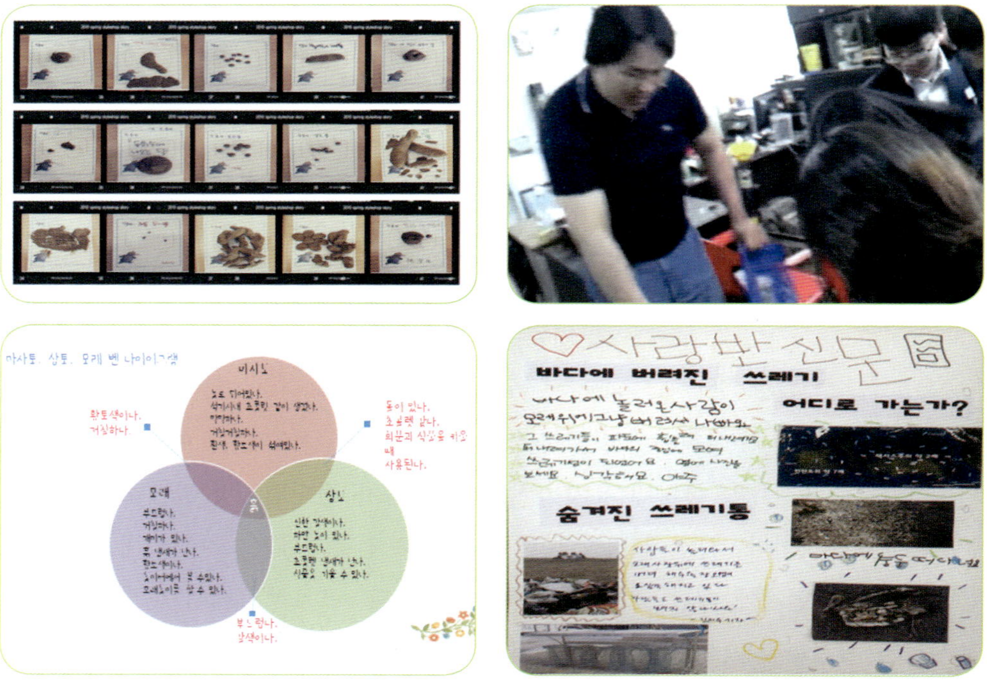

프로젝트 활동

나 전문가에게 알아보면 좋겠다는 항목들이 있는 경우에는 특별한 지식이나 기술이 있거나 관련된 취미활동을 하는 부모 및 조부모, 현장 전문가가 초정되어 유아들의 질문에 답하거나 함께 활동하는 것이다.

(4) 마무리 및 평가 단계

마무리 및 평가 단계에서는 프로젝트 과정을 전시하고 주변 사람들에게 초대장을 만들어 줌으로써 유아들이 프로젝트의 과정을 알린다. 각 유아는 자신의 역할과 책임을 맡게 된다. 교실을 배치하는 일, 초대장을 만드는 일, 초대장을 드리는 일, 어떤 작품을 전시할지를 결정하는 일 등이 이 단계에서 이루어진다. 이 단계는 프로젝트의 활동이 마무리되므로 이때 유아들은 시작-전개과정 중에 나타난 결과물을 전시하고 주변 사람들에게 초대장을 만든다. 프로젝트가 종결되는 경우는 첫째, 주제망과 질문지 목록의 내용들이 모두 이루어졌을 때, 둘째, 교사가 준비단계에서 설정한 중심개념이나 예상활동들이 충분히 진행된 때, 셋째, 유아들이

전시회

주제에 관심을 잃고 새로운 주제에 관심을 갖기 시작할 때, 넷째, 주제에 맞게 탐색한 자원들이 거의 없을 때이다.

03 교사의 역할

프로젝트 수업에서 교사의 역할은 수업을 진행하고, 활동을 제안하며, 유아들에게 탐색할 수 있도록 안내하는 것이다. 또한 수업을 촬영하고 모니터링하여 수업의 방향을 모색하기도 한다. 프로젝트 수업에서 교사는 유아가 주도적으로 활동을 전개해 나갈 수 있도록 기다려주고, 배려해 나가야 하는 정서적인 역량을 갖추고 있어야 한다.

또한 프로젝트를 실행할 때 교사에게는 다양한 역량과 함께 고도의 전문성이 요구되며, 프로젝트를 실행하는 교사들이 자신의 신념에 대해 고민하고, 프로젝트 접근법에 대한 올바른 이해가 선행되어야 한다.

1) 학습의 촉진자

프로젝트 수업은 전통적인 교수자의 역할과는 차이가 있다. 유아는 적극적으로 탐구활동에 참여하며, 활동에 주도적이다. 그러므로 지식 위주의 교사주도적인 역할과는 반대로 실생활과 학습의 연계를 추구하며, 프로젝트 전개의 과정은 유아의 질문지를 통한 과제 해결을 목적으로 진행된다. 즉, 비구조적이며 교과통합적인 과제 해결을 목적으로 한다.

실제 생활에서 주제를 선정하게 되고, 활동의 내용 또한 실생활에서 진행된다. 그러므로 학습자원이 다양하게 운영된다. 동영상, 뉴스, 신문, 책, 전문가, 외부인사, 지역주민, 백과사전 등으로 학습자료가 확장된다.

이러한 다양한 매체를 활용하고, 현장의 전문가와 지역의 도움으로 프로젝트를 진행하기 때문에 교사의 역할은 수업설계를 어떻게 해 나가는가가 중요하다. 즉,

수업의 과제를 어떻게 선정하고 어떻게 풀어나가야 할 것인가를 계획하는 과정에서 교사는 유아들에게 직접 지식을 전달하는 것이 아니라 학습할 수 있는 환경을 제공하고, 학습을 촉진할 수 있도록 수업을 설계하는 설계자가 된다.

예를 들어, 프로젝트 주제로 '자동차'를 진행하고 있었으며, 가까운 자동차 판매점을 방문하였다. 며칠 뒤 오래된 폐차장을 방문하게 되었다면, 교사는 수업을 설계할 때 '새 자동차'와 '폐차'의 차이에 대해 의문점이 이야기될 것이며, 이에 대한 해결방안을 모색하게 할 것이다. 실제 활동으로 벤다이어그램을 그려 두 자동차의 차이를 비교해서 발표할 수 있도록 할 것이다. 자동차에 대한 차이점을 살펴봄으로써 학습을 확장할 수 있는 기회를 제공해 주는 역할을 한다.

2) 준비된 교사

프로젝트 접근법에서 '교사의 준비도'라는 점은 프로젝트 준비의 과정에서부터 출발한다. 프로젝트를 준비하는 과정에서 교사는 프로젝트 주제에 대한 연구를 시작한다. 브레인스토밍을 짜고, 유목화하는 과정을 거치며, 교육의 목표를 선정하고, 프로젝트 과정에서 유아들과 함께 활동할 자원들을 수집한다. 학습내용을 선정하여, 활동 예상안을 구성하고, 자원의 목록을 확보하고, 자원을 충원할 수 있는 방안을 연구한다.

프로젝트 수업에서의 학습론은 개개인 학습자가 지닌 선경험과 선지식으로부터 출발한 개별적 이해를 존중하며, 다른 동료 학습자들과의 사회적 관계(소통, 협력적 학습, 토론)를 통해 학습과정 및 지식 습득의 중요한 요소로 본다. 따라서 교사는 사회적 관계를 통한 학습과정을 준비하고, 지원하는 역할을 수행해야 한다.

3) 기다림과 노력하는 교사

프로젝트 접근법은 유아들의 실생활과 밀접한 관련성이 있는 주제와 과제를 중심으로 해결해 나가는 수업이다. 학습과정의 중심은 유아들이며, 유아들에 의해 학습목표, 학습할 세부내용 등이 전개된다. 이러한 유아중심에서 교사는 유아에 대한 믿음이 기본이 되어 유아가 스스로 탐색하고, 지식을 습득해 나갈 수 있도록 기다림을 원칙으로 하여야 한다.

예를 들어, 프로젝트 수업에서 '운동장에 있는 높은 나무의 길이를 재기'라는 프로젝트의 과제가 주어졌을 때, 유아들은 다양한 방법을 연구해 낼 것이다. 교사는 이 과정에서 직접 재어 보거나, 방법을 시연할 필요가 없다. 유아들의 의견과 방법들을 실행해 보고, 문제점을 찾는 것에 도움을 준다. 다양한 방법을 연구하는 유아들을 곁에서 지지하고, 기다려 줘야 한다.

4) 수업 설계자로서 교사

프로젝트 수업의 설계자로서 교사는 다양한 연구와 준비를 해야 한다. '프로젝트 과정에서 과제의 해결방안이나 접근방안이 다양하게 이뤄질 수 있는 것인가?, 과제의 특성이 통합적인가?' 등의 요소들을 바탕으로 과제를 선택해야 한다.

과제 선택과 활동의 진행과정에서 교사는 결과를 예측해 나가면서 수업을 디자인해 나간다. 예를 들어, '마트'라는 주제를 갖고 유아들과 수업을 설계해 나갈 때, 마트 견학을 통해 교사는 소비에 대해 접근할 수 있으며, 소비를 하는 방법에 대해 설계할 수 있다. 학부모의 협조로 용돈을 들고 와서 직접 물건을 사고 거스름돈을 받는 과정을 통해 유아는 통합적인 과정을 경험하게 된다.

프로젝트 접근법은 유아들에게 무제한적인 자유를 허용하지는 않는다. 프로젝트의 방향성과 목표를 명확히 하여 교사는 무엇 때문에 이 활동을 하는지, 무엇 때문에 이 과제가 주어지는지에 대해 분명히 이해해야 하며, 책임을 갖고 있어야 한다. 또한 유아들이 과제 해결을 위한 탐구활동을 할 때, 활용할 수 있는 학습자원도 미리 선정, 제시해 주어야 한다. 유아들이 자기주도적 학습을 효율적으로 진행할 수 있도록 수업을 철저히 설계하고 준비하는 것이 필요하다.

5) 자기성찰

프로젝트 접근법은 유아만이 학습자가 아니라, 교사도 스스로 프로젝트 접근법에 대한 자기성찰적 자세로 임한다. 교사는 매회 프로젝트를 하는 과정에서 반성적 저널쓰기를 통해 자신의 수업에 대해 연구하고, 학습해 나간다.

프로젝트는 유아 자기주도적 학습력 함양을 목표로 하기 때문에 학습과정의 매단계마다 자신의 학습과정에 대한 인식과 이해, 곧 학습자로서의 자신에 대한 반성적 활동을 한다. 교수자 또한 자기반성적 활동으로 동료 교사와의 협의, 포트폴리오를 작성하는 과정에서 자기성찰의 기회를 갖게 된다.

프로젝트 접근법에서 주제에 따라 포트폴리오를 작성하고, 준비-시작-전개-마무리 단계마다 교사의 자기성찰일지는 다음 프로젝트 활동에 반영되며, 같은 주제를 선택하게 되는 다른 교사들에게 수업 설계 및 계획에 도움을 준다.

Chapter

07

발도르프 프로그램

01 이론적 배경

슈타이너(Rudolf Steiner)

발도르프 교육학의 창시자인 슈타이너(Rudolf Steiner, 1861~1925)는 1861년에 오스트리아와 헝가리의 접경 지대인 크랄예벡에서 철도 공무원의 큰 아들로 태어났다. 1879년 고등학교 졸업 후 빈 공과대학에서 수학과 자연과학을 공부하였고 전공 이외에도 철학, 문학, 심리학 및 의학 강의를 들으면서 정신적 인식에 대해서도 관심을 가졌다(목홍숙 외, 2011). 특히 괴테(Goethe)의 자연관과 인간관에 영향을 받아 정신과 신체의 관계를 설명하는 자신의 인지학을 정립해 나가게 되었으며 교육에서도 인간의 신체와 정신 및 영혼을 일깨우는 전인교육을 해야 함을 주장하였다.

1902년 '일원론과 신지학(Theosophie)'이라는 강연에서 슈타이너(Steiner)는 자연과학을 기초로 정신과학에 대한 새로운 인식방법을 강조하였으며, 1904년 『테오소피(Theosophie, Theosophy)』를 출간하며 새로운 인식체계로서의 인지학적 세계관과 인간관을 설명하였다. 슈타이너(Steiner)는 "테오소피"의 부제를 '인간의 운명과 초감각 세계의 인식에 대한 소개'라고 하였다. 발도르프 교육학(Waldorf pädagogik)으로 불리는 슈타이너(Steiner)의 교육론은 이러한 "테오소피"의 이론을 배경으로 한다.

슈타이너(Rudolf Steiner, 1861~1925)는 1912년 인지학협회를 창설하고 인지학에 관한 각종 저술과 강연활동을 활발히 펼쳐나갔다. 중반기 이후부터는 '괴테아눔'이라는 건물을 통해 예술적 활동에 활발히 참여하였으며 이곳에서 발도르프 프로그램의 주요 활동인 오이리트미를 창조하였다.

1919년 독일 슈투트가르트 지방의 담배공장 사장인 몰트(Emil Molt)는 그가 경영하고 있는 발도르프 담배공장에서 일하고 있는 노동자의 자녀들에 교육을 시켜 주도록 슈타이너(Rudolf Steiner, 1861~1925)에게 부탁하였다. 이에 슈타이너(Steiner)는 1919년 9월 7일 발도르프-아스토리아(Waldorf-Astoria) 담배공장의 이름을 그대로 인용하여 '자유 발도르프 학교(Freie Waldorfschule)'라는 이름으로 12년제 사립 종합학교를 설립하였다. 이때 '자유'는 슈타이너(Steiner)의 인지학적 관점에서 강조하는 자유라고 볼 수 있다. 이러한 자유 이념에 기초한 발도르프 학교는 그 교육이 긍정적으로 평가받으면서 세계적으로 계속 확산되고 있는 추세이다(정윤경, 2011). 1925년 생을 마감할 때까지 슈타이너(Steiner)는 자신의 인지학적, 학문 세계를 사회에 알리기 위해 활발한 활동을 하였다.

02 …… 슈타이너(Steiner)의 인간발달론

1) 인지학

발도르프 교육은 슈타이너(Steiner)의 사상체계인 인지학(anthroposophy)에 기초한다. 인지학의 어원적 정의는 그리스어로 인간을 뜻하는 'Anthropos'와 지혜를 뜻하는 'Sopia'를 합성한 것으로 문자 그대로 해석하면 '인간의 지혜에 대한 학문'을 의미한다. 바꾸어 말하면 슈타이너(Steiner)의 인지학은 인간에 관한 지식이 아닌, 인간 본성에 관해 알아가는 통합적인 학문인 것이다(김미숙, 2002).

슈타이너(Steiner)에 의하면 인지학은 종교가 아니라 하나의 인식의 길이다. 그는 인간이 보다 고차원적인 세계, 우주의 영적 요소와 연결되어 있다고 본다. 즉, 아동의 영혼과 정신으로서의 본질은 태어나기 이전의 세계로부터 이 땅에 내려온다. 이러한 아동이 물질의 세계에서 자기 자리를 바르게 찾아서 인생에 대하여 의욕적으로 정진해 나가도록 도움을 주는 일이 바로 교육의 과제라고 보는 것이다(정윤경, 2011). 따라서 인지학에서 인간은 늘 깨어 있는 의식으로 자신의 본질을 끊임없이 들여다보아야 하는 존재로 인식된다.

2) 인간 본질의 구성체

슈타이너(Steiner)는 인간발달을 육체적 발달과 정신적 발달을 통합시킨 7년 주기로 설명하면서 인간 본질을 물리적 신체(physical body), 생명체(lift body), 감정체(sentient body), 자아체(I–being body)의 네 가지 구조로 성립된 구성체로 보았다(김정임, 2003; 정윤경, 2004).

첫 번째 구성체는 '물리적 신체'로, 정신을 뺀 나머지 육체를 말한다. 눈으로 볼 수 있고 느낄 수 있는 '신체'는 자연의 법칙을 따른다.

두 번째 구성체는 '생명체(에테르체)'로 부르며 식물에도 존재한다. 신체 안에 존재하는 광물적인 존재와 힘으로, 일정한 형태와 모습을 가진다. 즉, 물리적 신체가 끊임없이 성장 변화해 가는 것으로 이런 측면에서 인간은 식물과 공통된 요소를 지니고 있다.

세 번째 구성체는 '감정체(에스트랄체)'이다. 이 구성체는 아픔, 즐거움, 충동, 열정, 증오 등으로 나타난다. 감정체 속에서 인간은 외부로부터 받은 인상을 내면세계로 받아들여 자기 고유의 내적 체험을 하게 된다. 식물은 감정을 갖고 있지 않으며, 인간은 동물과 공통으로 '감정체'를 갖고 있다.

네 번째 구성체는 '자아체'로 지구상에 있는 다른 생물체에는 없고 인간에게만 존재하는 인간의 자아, 즉 '나'에 대한 의식이다. 이러한 '나'의식은 최고로 발달된 단계로서 자아체는 그 어떤 다른 인간 존재와도 공유할 수 없는 고유한 존재로서 인식이다.

표 7-1 네 가지 인간 본질 구성체

탄생	가시 여부	보호막	시기(특징)	발달
물리적 신체	○	모태	출생 시	
생명체	×	물리적 신체	7세경(젖니 갈기)	의지(willing)
감정체	×	생명체	14세경(사춘기)	감정(feeling)
자아체	×	감정체	21세경	사고(thinking)

출처: 곽노의(1999).

3) 3단계 발달론

슈타이너(Steiner)는 육체적 발달과 정신적 발달의 관계를 중요시하였다. 인간의 네 가지 구성체의 발달을 7년 주기의 발달단계로 설명하며 각 발달시기에 맞는 구성체를 적절히 이끌어 줄 수 있는 교육이 필요하다고 하였다. 그가 제시한 3단계 발달론을 살펴보면 다음과 같다(곽노의, 1999; 김정임, 2003; 김혜경, 2009; 문연심, 2013; 최은미, 2011).

① 1단계 : 출생~7세

물리적 신체의 탄생시기로, 신체발달과 함께 의지(will)가 형성되는 시기이다. 이 단계의 아이들은 전적으로 감각적 존재이므로 교육은 야단치거나 경고하는 것이 아닌, 모방할 만한 가치가 있는 환경을 만들어 주는 일이 중요하다. 이 시기는 환상과 상상을 탐색하는 것이 중요하며 슈타이너(Steiner)는 이 시기에 형식적인 학문적 교수는 부적절하다고 하였다.

② 2단계 : 7~14세

이 단계는 생명체 단계로 영구치가 자라는 시기이다. 생명체는 외부세계에서 발생하는 일에 대해 적응하고 자신을 가다듬어 가며 사고할 능력을 가지게 되므로 학습이 중요한 시기이다. 이러한 학습은 교사와 학생의 신뢰관계 형성을 통해 가능해진다.

③ 3단계 : 14~21세

14세 전후가 되면 사춘기를 맞이하는 아픔을 겪게 되는데 이때 세 번째 단계인 감성체로서의 주기로 변화한다. 이 시기는 주변의 모든 것에 영향을 받는 민감한 시기로 독립적인 판단의지가 생겨나며 영혼의 기초에 눈을 뜨게 된다. 세계와 인간에 대한 더 깊은 인식 욕구가 나타나며 추상적 사고 능력이 생겨난다. 이 시기에는 학습자가 적절하게 탐색하고 연관성을 찾도록 해주면 감성체가 발달한다.

슈타이너(Steiner)가 자신의 인지학적 신념에 따라 제시한 아동발달이론은 영유아의 신체, 마음, 정신 모두를 교육하는 '전인적' 인간을 강조하고 있다. 즉, 교과나 지식을 가르치는 것보다 혼자 힘으로 학습하고 생각할 수 있는 능력을 키우는 것이 더 중요함을 의미한다.

4) 기질론

슈타이너(Steiner)는 인간의 교육은 유전적 요소와 개인적 특성을 반영하여 이루어져야 한다고 보았다. 발도르프 교육은 사람에게는 저마다의 기질이 있으며 교사는 영유아의 기질과 개성을 존중해야 한다고 하였다. 그는 다혈질, 담즙질, 우울질, 점액질의 네 가지 기질을 소개하였다(곽노의, 1999; 김혜경, 2009).

① 다혈질

급하고 충동적이며 감정적인 유형으로 대부분의 영유아에게서 볼 수 있는 기질이다. 호기심이 왕성하나 침착성이 결여되어 있고 기분이 수시로 변하기 때문에 마무리가 약하다.

다혈질 유아는 쉽게 흥미를 갖기가 어렵기 때문에 따뜻한 관계, 칭찬이나 사랑으로 관심을 갖도록 도와주어야 한다.

② 담즙질

열정적이며, 에너지가 넘치는 주도적 유형이다. 지도력과 지구력이 있으나 타인에 대한 인정이 결여되어 있고 복수심, 공격성 등이 있다. 입장이 대립되면 양보할 줄 모르기 때문에 이들에게 가장 필요한 것은 자아통제이다.

담즙질 유아에게는 흥미롭게 할 수 있는 것, 육체적인 에너지를 소모시킬 수 있는 환경이 제공되어야 한다.

③ 우울질

내성적이며, 감수성이 예민하며 신중을 기하는 유형이다. 자신의 문제보다 타인의 고통과 아픔을 함께 하고 말과 고통을 표현할 줄 아는 사람들과 친해지기를 원한다. 이들은 감상적이나 사소한 일에도 너무 예민하게 신경 쓰며 주위 분위기를 어둡게 한다.

우울질 유아에게는 자신의 문제에 주의를 환기시킬 수 있는 환경을 제공하여 먼저 자신의 아픔을 극복하도록 도와야 한다.

④ 점액질

공상적이며 기분의 변동이 적은 유형이다. 변화를 싫어하며 앉아 있기를 좋아하고 편안함을 추구하여 게으르다는 느낌을 줄 수 있다. 대체를 화를 내지 않지만 다른 사람들에게 무관심하다.

점액질 유아에게는 계속적으로 관심을 가지고 적절한 반응을 보여줌으로써 자신의 관심과 내부에만 갇혀 있지 않도록 도와주어야 한다.

영유아가 한 가지 기질만 갖고 있다고 단정할 수 없지만 교사는 영유아의 기질을 충분히 관찰하여 파악한 후 영유아가 보이는 행동에 적절하게 반응하고 지도할 필요가 있다.

03 발도르프 프로그램의 구성

1) 발도르프 교육의 특성

발도르프 교육철학은 슈타이너(Steiner)의 인지학적 인간 이해에 기초한다. 그에 의하면 인지학은 자신의 인간성을 인식하도록 이간의 영혼에 지혜를 부여하는 것을 의미한다. 즉, 인지학적 인간학은 육체, 영혼, 정신을 가진 인간의 일체성을 바탕으로 하여 전인적인 인간교육을 실현하는 데 있다(한성심 외, 2006).

슈타이너(Steiner)의 교육철학을 토대로 한 발도르프 학교 교육의 특성을 몇 가지로 정리하면 다음과 같다(정윤경, 2011).

(1) 신체 · 영혼 · 정신의 통합적 존재로서의 인간

인지학에 따르면 인간은 매우 복잡한 유기체로서 신체 · 영혼 · 정신으로 이루어져 있다. 인간은 사고(thinking) 과정을 통해 개념을 형성하고 구체적인 것을 추상화하는 작용을 하기도 하며, 느끼는(feeling) 과정을 통해 슬픔 · 기쁨 · 좋고 싫음의 감정을 가질 뿐 아니라 의지를 내보이는(willing) 존재이기도 하다. 이러한 과정을 통해 보이지 않는 내적이고 은밀한 부분까지 갖게 되는데 슈타이너(Steiner)는 이것을 인간의 영혼 영역이라고 하였다. 의지 · 감정 · 사고로 대표되는 영혼의 활동은 고차원적 정신세계와 관계를 맺어 신체 · 영혼 · 정신의 통합적 존재로서 인간을 구성하게 한다.

(2) 예술로서의 교육

슈타이너(Steiner)는 교육을 예술로서 간주하고 교육예술(Erziehungskunst)이라는 말을 사용한다. 그가 교육을 예술로서 파악하는 것은 예술이 눈에 볼 수 있는 세계 안에서 눈에 보이지 않는 정신세계를 발견할 수 있게 하기 때문이다. 또 예술에서는 물질적인 것과 정신적인 것이 서로 구분되지 않고, 정신적인 것은 예술작품이라는 물질적인 것을 통해 드러난다고 생각하기 때문이다.

발도르프 교육에서 예술적 요소를 강조하는 것은 예술적 요소가 의지 육성에 특별한 영향을 미치기 때문이다. 교육 자체를 예술로써 보기 때문에 발도르프 학교 수업은 모든 교과에 예술적 요소가 활용된다. 이것은 슈타이너(Steiner)가 죽은 개념이 아니라 살아 있는 개념으로 가르쳐야 한다고 강조한 것과 같은 맥락이다(정윤경, 2013).

(3) 감각경험과 연계

발도르프 교육은 손으로 하는 작업과 활동을 중시한다. 이는 단지 실생활에 필요한 기능을 습득하게 하는 것이 아니라 신체와 관련된 감각활동을 통해 배우는 주제를 마음속에 그리고, 그것을 다시 인지 형식으로 이해할 수 있게 하기 위해서이다. 이에 발도르프 교육은 교육과정에 다양한 분야의 예술적 요소와 활동을 포함하여 감각을 개발한다. 예를 들어 시각예술과 조형예술적 활동은 색, 선, 형태, 질감에 관한 감각을 발달시킨다. 음악적 예술활동은 소리, 멜로디, 리듬과 동작에 대한 감각을 발달시킨다. 문학적 예술활동은 단어와 언어감각을 발달시킨다. 실제 발도르프 수업은 시 외우기, 발 구르며(공 던지며) 구구단 외우기, 리코더 불기, 계절에 맞는 노래 부르기, 스토리텔링(storytelling), 이야기 내용을 시각적으로 그린 칠판 그림 등 여러 가지가 시도되고 있다.

(4) 교육과정의 예술적 구성

발도르프 학교 교육과정은 국가 수준에서 만들어져 동일하게 적용되는 문서화된 교육과정이 있는 것이 아니라 교사가 만들어서 사용하는 교육과정이다. 단, 슈타이너(Steiner)가 강조한 원리들을 교사 개개인이 자율적으로 적용하고 운영한다. 교육과정의 일차적인 지침이 되는 것은 인간의 본성과 인간의 발달단계이다. 유치원 단계에서는 의지의 발달을, 7~14세 단계에는 감정의 발달을, 그리고 14세 이후 사고 발달을 강조한다.

오전 중에는 '주기집중수업(Epochen Unterricht)'이 이루어진다. 이는 '시기'를 뜻하는 독일어 'Epoch'와 수업을 합친 말로 '에포크 수업'으로 주로 번역된다. 에포크 수업은 일정 주기 동안 집중해서 하나의 교과를 가르치는 수업방식이다. 예술적으로 하는 수업을 통해 아이들은 먼저 수업 내용을 감정 차원에서 받아들인다. 그리고 직접 자신이 체험하는 예술활동을 통해 감정 차원에서 이미 배웠던 것을 다시 의지 차원에서 배운다. 마지막으로 이러한 것을 우리가 흔히 지적이라고 하는 추상적인 개념으로 다시 배우게 된다.

(5) 예술가로서의 교사

교육이 예술적이기 위해서는 먼저 교사 자신이 풍부한 예술성을 가지고 자기 자신을 예술가로서 자각하는 것이 중요하다. 교사는 인간의 본질에 대해 탐구하고 세계와 살아 있는 관계를 맺을 수 있어야 한다. 그래야 학생을 세심하고 민감하게 이해하여 가르칠 수 있으며, 학생에게 전달하는 것이 아니라 학생 안에 창조적 힘이 깨어날 수 있게 가르칠 수 있기 때문이다.

2) 발도르프 유아교육 원리

발도르프 유아교육 원리는 다음과 같이 정리할 수 있다(김정임, 2003).

(1) 유아의 발달에 영향을 미치는 리듬의 원리

인간은 규칙적인 리듬을 통해 삶의 원리를 배우게 된다. 하나의 습관이 형성되면 일상의 행동이 신체에 자동적으로 형성되어 사고조차도 신체의 요구에 따르게 된다. 우리의 신체기관은 습관과 리듬에 따라서 자연스럽게 움직인다. 이러한 리듬은 단지 외적으로 보이는 행동뿐만 아니라 인간의 내면에도 영향을 미치며 인간의 삶을 형성하는 데 큰 역할을 한다.

영유아는 아직 이러한 인간의 리듬을 스스로 만들 수가 없다. 오히려 단순히 신체적 감각기관을 통해 삶을 전체적으로 받아들이며 주위의 환경에 무의식적으로 따른다. 그러므로 영유아를 위해서는 정리된 환경을 제공해야 한다. 또한 주변 환경은 날마다 자주 변해서는 안 된다. 오전에 활동하는 반복적인 일과는 이러한 것과 연관되어 규칙적이고, 예측할 수 있는 것이어야 영유아가 받아들이기 쉽다. 즉, 연속과 불변, 안정과 보호로부터 경험을 얻을 수 있다.

다시 말해 영유아는 매일 가정이나 유아교육기관에서 일어날 일을 미리 예측할 수 있어야 한다. 그래야 안심하고 이 세상을 발견하고 신뢰하면서 외부의 환경과 상호작용하면서 발달해 나갈 수 있다.

결론적으로 위에서 설명한 시간적 · 공간적 · 내적인 리듬은 아동이 삶의 원리와 방향을 배우기 위한 습관형성에 중요한 교육적 원리라고 볼 수 있다. 또한 인간과 자연과의 유기적 관계를 인식시켜 주기 위한 교육 원리라고도 볼 수 있다.

(2) 모방과 본보기의 원리

인간은 학습능력을 갖고 태어나며 모방을 통해 학습한다. 따라서 인간의 모방능력은 교육적으로 매우 중요한 의미를 갖는다.

영유아는 그 자체가 완전한 감각기관인 동시에 완전한 의지의 존재이다. 그러므로 7세 이전의 영유아가 행하는 모방은 감각을 통한 수용과 의지에 의한 모사라는 이중적 과정이다. 모방은 의지적 행위로 나타나므로 동일한 상황을 경험한다 하더라도 영유아가 나타내는 행동의 형태는 각 영유아마다 천차만별이다. 즉, 모방이라는 것 안에 커다란 의미의 자유가 존재하는 것이다.

유아의 모방능력은 아동의 내면에 있는 자유적 표현으로 유아가 자기 주변의 사람들 속에서 비교될 수 있는 것을 인지한 경우에만 개발될 수 있다. 여기서 비교될 수 있는 것이란 주어진 상황에서 자신의 삶이나 자신의 본질이 일체를 이루는 인간을 말한다.

(3) 질서의 원리

발도르프 교육에서 교육 원리로 가장 중요하게 여기는 것 중 하나가 질서이다. 유아는 질서를 통해 주위 환경에 있는 사물을 익히고 인간과의 관계 또한 익히게 된다. 유아는 질서를 통해 주변의 사물을 익히면서 세상에 대한 안정감과 신뢰를 쌓는 것이다(Steiner, 2001).

발도르프 교육에서 유아에게 질서가 갖는 교육적 의미는 공간, 시간, 영혼적 질서로 나눌 수 있다.

① 공간에서의 질서

유아가 생활하는 물리적 공간의 질서를 의미한다. 즉, 필요한 물건이 항상 제자리에 놓여 있어야 유아가 내적으로 공간적인 질서를 배우게 된다는 뜻이다. 이러한 원리는 유아교육기관의 환경 구성과 관련된 것으로 정리된 공간은 유아에게 여러 가지 창의적 활동에 몰입할 수 있는 여유를 준다.

② 시간에서의 질서

일상생활에서 시간을 계획하여 운영하는 것은 매우 중요한데 이것은 인간이 살아가는 데 절대적으로 필요한 호흡, 즉 들숨과 날숨으로 설명할 수 있다. 하루 일과는 인간 외부로부터 자극을 받아들이고 그 인상에 대하여 자신의 내적 감성에 집중하는 순간(들숨)과 자신이 내부의 느낌과 감성을 표출하는 순간(날숨)이 조화롭게 함께 있어야 한다. 이렇듯 시간에 대한 질서는 하루 일과를 구성하는 원리로써 하루 일과뿐 아니라 일주일, 한 달, 일 년을 주기로 규칙적으로 운영되어야 함을 의미한다. 유아는 이러한 리듬적인 질서를 통하여 삶의 뿌리를 제대로 내릴 수 있게 된다.

③ 영혼적 질서

영유아는 감정적인 느낌과 내면적으로 자기 세계를 형성하려는 동기 속에서 타인과의 만남을 통해 외부에 대한 신뢰감을 만들어간다. 성인이 유아에게 기쁨이나 존경, 경외의 대상으로 인식되고 열망과 진지함을 본보기로 보여줄 때 유아가 내적인 질서를 세울 수 있다. 이러한 내적인 질서는 유아에게 하나의 힘으로 외부 세계를 받아들이는 데 긍정적인 역할을 한다.

3) 발도르프 프로그램의 내용

영유아를 위한 발도르프 프로그램의 내용을 스토리텔링, 예술활동(그리기, 오이리트미) 및 작업을 중심으로 살펴보겠다.

(1) 스토리텔링

발도르프 교육에서는 다양한 이야기를 반복해서 들려준다. 들려주는 것에 그치지 않고 상상해 보고, 상상한 것을 말이나 글로 표현하게 한다. 그림이 없는 동화를 반복해서 들으면서 영유아는 상상을 통한 새로운 창조를 하게 되고 안정감을 느끼게 된다(곽노의, 1999). 이러한 활동은 교사와 함께 하는데 하나의 동화나 시를 2~4주 동안 반복한다. 이것은 동화 내용을 숙지하게 하는 데 목적이 있는 게 아니라 교사와 영유아 간의 심리적인 유대관계를 유지하기 위한 것이다.

(2) 그리기

발도르프 프로그램에서 영유아가 자기발달에 따라 자연스럽게 그림을 그리도록 돕는다. 즉, 밀랍으로 만들어진 크레용과 물감을 이용한 그리기는 영유아의 내적 세계의 표출이며, 색깔에 대한 본질적 체험이므로 특정 주제를 그리지 않는다.

수채화 그리기

수채화 그리기는 물에 적신 도화지를 꺼내어 천으로 물기를 살살 닦아 낸 후 빨강, 노랑, 파랑의 세 가지 색깔로 마음껏 색채감을 표현해 볼 수 있도록 하는 것이 특징이다. 물에 젖은 도화지에 그린 색깔은 서서히 스며들어 선이 면의 형태로 드러난다. 발도르프 학교에서는 선보다는 면으로 형태가 드러나는 그림을 모범으로 하여 영유아들이 면에 생동감이 드러나도록 촉진해 주고 결과에 대한 느낌을 갖도록 한다(이순형 외, 2005). 이러한 과정을 통해 영유아들은 자신의 내면세계를 표현하게 된다.

(3) 오이리트미

오이리트미(Eurythmy)는 1912년 슈타이너(Steiner)가 후에 그의 부인이 된 마리 폰

지버스(Marie von Sievers)와 함께 창안한 것으로서 좋은 흐름(good flow)이라는 그리스어에서 유래했다. 오이리트미는 음악과 그림을 동작으로 재현하는 동작예술로 인간의 신체 움직임을 통해서 영적 상태와 정신적 상태, 인간 전체를 투사하여 표현하는 동작예술이다.

오이리트미의 기본 원리는 언어와 소리다. 인간이 언어와 음악을 듣는 일, 목소리를 내거나 또는 소리(sound)를 듣는 일들은 동작과 깊은 관련성이 있다(임용자, 2008). 오이리트미는 단순히 음악에 맞추어 신체를 움직이는 동작과 구분되며 인간이 자신의 감정과 의미, 정서를 신체에 담아 움직임으로 표현해 내는 것이다.

자음과 모음의 이미지를 재현하는 언어 오이리트미, 음악의 기본 요소인 톤(tone)의 고저, 장단, 박자와 같은 요소를 가지고 작업하는 음악 오이리트미가 있다. 또한 움직임의 흐름 또는 움직임의 흔적을 그리는 형태를 이용하여 '발로 하는 형태 그리기' 또는 '발로 그리는 포르멘'으로 불리는 형태 오이리트미 등이 있다. 영유아의 경우에는 간단한 리듬에 따라 움직이거나 막대를 이용한 단순 오이리트미를 시작하다가 점차 복잡한 리듬의 오이리트미로 발전하게 된다(정윤경, 2004).

(4) 작업

발도르프 프로그램은 영유아들에게 손과 손가락 발달을 촉진하는 바느질, 수예, 목공예 등의 다양한 작업을 즐길 수 있는 환경을 마련한다. 감각은 단순히 외부 정보를 받아들이는 일차적 기관이지만, 감각기관에 그치지 않고 보다 깊은 영혼적,

작업 재료

색실로 만든 공

정신적 차원을 파악할 수 있는 기반이 된다(최숙연, 2011). 따라서 신체, 감정, 정신의 삼원론적 인간 존재가 갖는 감각들을 고루 발달시키기 위한 감각활동은 매우 중요하다.

발도르프 프로그램에서 수작업을 위해 제공되는 재료는 각종 천 조각, 가위, 실, 바늘꽂이 등으로 영유아가 자신의 능력과 아이디어를 통해 작업에 임할 수 있도록 자유롭게 놓아둔다. 교사는 바늘에 실을 잘못 꿰거나, 실에 매듭을 지을 때와 같이 영유아 스스로 하기 힘든 상황에서 조심스럽게 도움을 준다(Jaffke, 2000).

04 발도르프 유치원 프로그램의 운영 특징

발도르프 유치원 프로그램의 운영 특징은 다음의 몇 가지로 정리할 수 있다(김유라, 2015).

1) 환경 구성

슈타이너(Steiner)는 유아기 환경의 중요성을 강조하였다. 영유아는 자신을 둘러싼 세계를 온 감각을 통해 느끼고 이를 모방하면서 내면화하기 때문에 모방의 환경과 물리적 환경이 매우 중요하다는 것이다. 즉 발도르프 학교 건물은 각이 없으며 지붕이나 교실 및 복도가 모두 곡선으로 되어 있다. 교실의 미적인 부분은 유아의 학습 공간에 대한 인상을 심어주기 때문에(Roopnarine & Johnson, 2010) 유아의 발달적 요구와 아름다움과 질서에 대한 감각을 키우는 데 도움이 되어야 한다.

발도르프 유치원에서는 교실환경을 구성하는 색깔을 중요시하는데 특히 벽지의 색은 매우 중요하다. 너무 화려하고 눈부신 색은 지나치게 자극적일 수도 있고, 회색이나 갈색은 음울하게 만들기 때문에 교실의 벽은 문양이 없고 단순한 색깔이어야 한다. 이에 발도르프 유치원에서는 유아의 마음을 안정시켜 주는 분홍색 벽지와 커튼을 사용하는데, 분홍색은 인간이 태어나기 전 인간을 둘러싸고 있는 태반의 색이기 때문이다(김유라, 2015).

또한 발도르프 유치원은 편안함과 안정감을 주는 가정을 모델로 하기 때문에 교실 벽에도 인위적인 장식이나 사진 또는 그림 같은 것이 없다. 목재를 중심으로 하여 자연스럽고 부드러운 느낌과 가능한 단순하고 소박한 환경을 구성한다.

발도르프 학교 실외환경

발도르프 학교 실내환경

2) 자연물 놀잇감

발도르프 유치원의 놀잇감 특징은 최대한 자연적인 것을 사용한다는 것이다. 돌, 나뭇가지, 솔방울, 은행이나 밤 등의 산에서 나는 자연물, 산호, 조개껍데기, 불가사리 등의 바다에서 자연물 등이 그 예이다. 자연물로 만들어진 장난감은 영유아들이 현재 살고 있는 삶과 세상을 있는 그대로 접하게 하려는 것이다. 또한 컴

발도르프 인형

퓨터나 텔레비전 같은 전자제품은 찾아볼 수 없으며 건전지를 이용한 놀잇감 역시 거의 없다. 오이리트미 활동을 할 때도 녹음기보다는 사람의 음성을 이용한다.

대표적 놀잇감으로 발도르프 인형을 들 수 있다. 발도르프 유치원에서는 교사나 부모가 직접 펠트나 천, 솜으로 사람 인형을 만들고 뜨개질을 해서 동물 인형을 만들기도 한다. 발도르프 인형은 사람 인형의 경우 눈, 코, 입 등이 정확하게 표현되지 않고, 단지 점으로 표시되어 있으며 동물 인형 역시 대략적인 특징 정도만 구별할 수 있다.

정리하면, 발도르프 유치원에서는 구조화되고 정교화된 놀잇감은 지양하고, 단순하고 일상생활에서 쉽게 접할 수 있는 것을 사용한 놀잇감을 사용함으로써 영유아들이 상상을 펼칠 시간과 기회를 제공하고자 한다.

3) 혼합연령 구성

발도르프 유치원의 특징으로 혼합연령 구성을 들 수 있다. 발도르프 유치원은 3세부터 6세까지의 유아를 대상으로 하며 한 번 정해진 학급과 교사가 이 3년을 함께 지내게 됨으로써 학급 내 유아와 교사와 밀접한 관계를 유지한다. 이러한 환경에서 다양한 연령을 통해 서로가 형제·자매관계를 형성하고 가족적인 분위기로 인하여 더욱 안정된 환경이 제공될 수 있다. 어린 아이들은 나이가 많은 아이들을 본보기로 역할 모델로 삼게 된다(Roopnarine & Johnson, 2010).

4) 하루 일과

발도르프 교육과정은 리듬을 중요시한다. 인간을 둘러싼 환경에는 일정한 질서가 존재하며 인간에게는 맥박과 같은 리듬이 존재한다. 반복적인 리듬은 생활에 안정감을 주고 근원적인 힘이 되므로 새로운 환경에 적응하는 데 중요하다. 발도르프 유치원에서는 영유아들이 자연스럽게 리듬을 형성할 수 있도록 교육과정을 구성하는데, 영유아기에 리듬을 깨닫지 못하면 성인이 되어서 스스로 삶의 리듬을 찾을 수 없기 때문이다.

리듬은 공간적 리듬, 하루 일과에서 보이는 것처럼 대집단 놀이 후 소집단 놀이, 다시 대집단 놀이로 진행되는 시간적 리듬, 인간과 인간의 정신적 유대관계를 위해 담임교사가 3년 동안 바뀌지 않고 아침마다 만남의 시간을 갖는 정신적 리듬으로 나누어 설명된다.

시간적 리듬을 고려한 발도르프 유아교육과정은 숨을 들이쉬는 시간인 '들숨'과 내쉬는 시간인 '날숨'이 엇갈리는 활동으로 구성되어 있다(Patterson & Bradley, 2000). 숨을 들이쉬는 시간은 다른 사람과 함께 하는 시간으로 교사의 지도가 있을 수도 있다. 숨을 내쉬는 시간은 자기표현의 시간으로 자신의 활동을 자유롭게 선택해서 집중하는 시간이다. 날숨에는 자유놀이를 비롯하여 바깥놀이, 산책 등이 속하며 들숨에는 라이겐, 식사, 이야기 듣기, 낮잠 등이 해당된다.

발도르프 유치원에서는 매일의 생활이 들숨과 날숨 활동이 적절히 반복되도록 한다. 예를 들어, 유아들은 각자의 충동과 욕구를 갖고 아침에 등원하므로 먼저 자신을 충분히 표현하는 날숨 자유놀이를 하고 짧은 들숨인 '라이겐'을 함께 하면 좋다. 라이겐이란 계절이나 유아의 발달에 맞는 내용을 시나 노래의 형태 또는 손짓이나 몸짓으로 표현하는 것이다. 일반적인 손유희나 율동과는 다른 개념으로 볼 수 있다. 월요일에서 금요일까지 매일매일 일정한 시간 리듬에 따라 이루어지고 주로 자연, 인간과 생명을 존중하는 철학에 기초하여 구성된다. 또는 실외놀이나 산책을 하고 다시 이야기를 듣거나 동화를 듣는다.

하루 일과가 삶이 리듬을 바탕으로 유아의 내적인 호흡을 고려하여 반복적으로

숲 속 산책

비오는 날 산책

진행됨으로써 유아로 하여금 안정감을 느끼게 하며, 공동체 속에서 유아는 타인에 대한 신뢰를 형성하게 된다.

일반적인 일일교육활동 계획은 다음과 같다(홍지연, 2002).

표 7-2 일반적인 하루 일과

시간	일일교육 내용
7:00	등원, 교사와의 만남
7:30~9:15	자유놀이(간단한 간식 준비, 작업, 기념일 · 명절 · 축제와 관련된 활동)
9:15~9:45	정리, 손 씻기
9:45~10:00	리듬 있는 놀이, 라이겐
10:00~10:20	아침모임, 실외놀이 준비(실외놀이 옷 입기, 신발 갈아 신기)
10:20~11:30	정원에서 놀이, 모래놀이, 화단 가꾸기, 풀베기, 산책(추운 날, 약간 비오는 날)
11:30~11:45	교실로 돌아와 손 씻기,
11:45~12:00	동화 모임(일주일 동안 같은 내용을 들려준다)
12:00~	귀가 : 부모가 와서 데려가기

출처: 홍지연(2002). 영유아교육프로그램에서 재구성.

우리나라의 대표적인 발도르프 교육 프로그램을 운영하고 있는 서남 발도르프 어린이집의 경우 하루 일과는 다음과 같다.

표 7-3 서남 발도르프 어린이집의 하루 일과

시간	활동	내용
07:30~09:00	등원 및 아침간식 만들기	각 요일마다 일정하게 제공
09:00~09:30	아침 간식 및 설거지	간식 후 정리정돈

시간	활동	내용
09:30~10:30	자유놀이 및 그림 그리기(밀납 크레용) 요일별로 밀랍 만들기, 물감 그림 그리기, 대청소, 바느질, 양모솜 벽화 만들기, 교실 꾸미기 등 예술활동 및 생활작업이 이루어짐(만 5세의 경우 수직, 수놓기 등 장시간 집중할 수 있는 작업이 주어짐)	교사의 모범적인 모습 속에서 생활이 이루어짐
10:30~11:00	정리 및 원모임 – 친구들과 인사, 노래, 손동작, 라이겐(윤무)	3~6주간 같은 라이겐을 반복
11:00~12:00	뒷마당 놀이 뒷산 나들이(화, 목) 텃밭 가꾸기(월, 수, 금)	만 5세는 문자교육(형태 그리기) 수작업, 수교육이 집중적으로 이루어짐
12:00~13:30	점심식사 정리정돈 이야기 들려주기(테이블인형극 보여주기)	계절과 절기에 따른 음식 제공 절기에 맞는 전래동화 들려주기
13:30~15:30	낮잠	개별 침구 사용
15:30~16:00	잠자리 정리정돈, 옷갈아 입기	
16:00~16:30	오후 간식	직접 조리한 간식 제공
16:30~19:30	자유놀이 및 자유귀가	

참고: 어린이집 생활은 시간표에 의해 결정되는 것이 아니고 리듬적인 생활 구성에 근거하고 있기 때문에 이러한 일과는 대략적인 것이며, 각 반의 상황에 따라 차이가 나기도 함

출처: www.seonam.org

5) 교사의 역할

현재 전 세계에는 50개가 넘는 발도르프 교사교육 학교가 있다. 발도르프 교육에서의 교사교육은 슈타이너(Steiner)의 강연과 저서에 초점을 두고 인지학과 유아교육의 실제를 안내할 수 있도록 하고 있다. 발도르프 교사교육과 재교육은 수업 준비 및 수업행위뿐 아니라 평생에 걸친 정신적 연습과정에 비중을 둔다. 발도르프

교사로 교육을 받는 데는 4년이 걸린다. 1년은 예비 관찰 실습, 2년간은 학교 강의를 듣는다. 그 후 시험을 보아 합격하면 1년간 실무학습을 한 후 국가에서 인정하는 자격을 취득할 수 있다(곽노의, 1996).

슈타이너(Steiner)는 교육자 자신이 영유아에게 배울 때에야 참된 교육이 이루어진다고 강조하였다. 이것은 아동들과의 진정한 만남이 이루어질 때 교육이 가능하다는 것이다. 다시 말하면, 교사의 임무란 직접적으로 '무엇을 가르치는 것'이 아니라 영유아가 가지고 있는 자연적인 힘을 '이끌어 내는 것'이라는 뜻이다(김정임, 2006). 발도르프 교육에서는 모방과 본보기, 반복, 리듬 등이 중요한 교육원리로 작용하므로 교사는 단순하고 명료하고 구체적인 학습 원리를 적용하여 영유아 스스로 행위자로서 능동적인 학습자가 될 수 있도록 해야 한다(김정임, 2003).

또한, 발도르프 교사는 영혼과 정신과 신체를 통합하는 교육을 실시하며, 자기수양 혹은 자기교육을 지속적으로 실천하여야 한다. 영유아들이 자신의 주변 사람과 환경에 대해 끊임없이 모방과 본보기를 통하여 학습한다고 보기 때문에 모방할 수 있는 물리적, 심리적, 도덕적 환경을 제공하는 것이 중요하다. 눈에 보이는 물리적 환경 이외에도 보이지 않는 태도, 마음가짐, 분위기까지도 모방하기 때문에 그러한 환경적 요소를 제공하여야 한다(반채익, 2002).

뿐만 아니라 발도르프 교사는 자기 자신의 가치와 교사라는 직업적 전문성이 통합되어야 하며 영유아의 요구에 부응할 수 있는 자유로움을 지녀야 한다. 예술, 음악, 동작에 대한 창조성을 개발할 수 있어야 하며, 교과과정에 대해 끊임없이 연구하고 노력해야 한다(김혜경, 2009). 이는 발도르프 교육에서 아동기 교육을 담당하는 교사를 '영혼의 예술가'라고 한다는 점에서 더욱 그러하다.

Chapter

08

생태유아교육 프로그램

01 생태유아교육의 개념 및 기본 체계도

1) 생태유아교육의 개념

생태유아교육은 자생적 한국 유아교육이다. 생태유아교육은 한국에서 시작된 유아교육으로서 한국의 문화와 전통에 뿌리를 둔 유아교육의 한 접근이다. 생태유아교육은 동양사상과 철학 그리고 한국 전통사상과 민간신앙에 근거를 두고 있다. 생태유아교육은 유가, 도가, 주역 및 불교사상은 물론 우리 민족의 상고사상, 풍수사상, 한의학, 사상체질론, 동학, 천도교 등에서 그 지혜를 찾고 있다.

우리 조상들은 오천년 긴 역사 동안 자식들을 키우면서 깊고 넓은 지혜를 쌓아왔다. 생태유아교육은 이러한 조상들의 삶과 생활에 대한 깊은 관심과 이해와 사랑에서 시작되었다. 생태유아교육은 한국사회의 급속한 근대화, 산업화 및 서구화 과정에 나타난 유아교육의 파행적 모습과 아이들 삶의 실상에 대한 경험과 반성을 토대로 모색된 유아교육의 새로운 패러다임이라고 할 수 있다.

생태유아교육은 삶으로 실천하는 유아교육이다. 생태유아교육은 아이들이 스스로 잘 자라고, 더불어 잘 자라도록 돌보고 기르는 일을 한다. 즉, 생태유아교육은 아이들이 생명을 모시고 기르고 돌보고 살리는 일을 하는 것이다. 생태유아교육을 실천하는 사람은 아이를 모시고 돌보고자 하는 마음과 정성, 사랑과 지혜가 있으면 된다. 이처럼, 생태유아교육에서는 아이 돌봄의 지혜가 필요한 것이지 아이 가르치는 지식과 정보와 기술이 필요한 것은 아니다.

삶으로 실천하는 생태유아교육에서는 젊은 유아교사의 현대적 삶의 경험도 필요로 하지만 나이 드신 할머니, 할아버지의 전통적 삶의 경험도 귀하게 활용한다. 지난 날 우리 조상들의 자녀양육과 교육의 지혜는 젊은 부모와 늙은 조부모의 조화로운 협동적 노력의 결과물이었다. 즉, 양의 기운과 음의 기운의 조화에 의한 자녀양육 방식이다. 이처럼 우리 전통의 유아교육에서는 조부모의 역할이 매우 중요한 부분을 차지하고 있었다.

따라서 생태유아교육 현장에서는 우리 전통사회 마을에서 아이들을 길렀던 방식대로 아이들을 기르기 위해 노력한다. 동네 공터에서 시간 가는 줄 모르고 놀았던 놀이와 철마다 이루어지던 세시 잔치와 동네 노인들로부터 배웠던 전통문화, 텃밭을 가꾸어 먹고 사는 지혜, 아이들의 몸 살림을 위해 했던 단동십훈을 비롯한 몸짓놀이 등 전통사회 마을에서 경험했던 육아문화를 유아교육현장에서 실천하려고 하고 있다.

생태유아교육의 개념을 한 마디로 규정하기는 어렵다. 하지만 그 의미를 다각적으로 살펴봄으로써 그 본질에 접근할 수 있을 것으로 본다. 생태유아교육의 의미를 다음 몇 가지로 제시하고자 한다(임재택 외, 2008).

첫째, 생태유아교육은 생명사상 내지는 생명의 세계관에 기초한 유아교육으로서 유아교육 자체를 생명의 세계관에서 접근하는 것이다.

둘째, 생태유아교육은 새로운 패러다임(paradigm)의 유아교육이다.

셋째, 생태유아교육은 자연의 순리에 따르는 자연친화적 유아교육이다.

넷째, 생태유아교육은 아이를 한울님으로 모시는 아이살림의 유아교육이다.

다섯째, 생태유아교육은 생명의 원리에 따라 아이라는 생명을 모시고 살리는 생명살림의 유아교육이다.

여섯째, 생태유아교육은 우리 조상들이 아이 기른 지혜에 바탕을 둔 오래된 미래의 유아교육이다.

2) 생태유아교육의 기본 체계도

생태유아교육의 기본 틀은 나무로 표현된다. 나무는 자연의 일부이고 매우 자연친화적인 것이며, 주역에서 말하는 오행(五行)인 목(木), 화(火), 토(土), 금(金), 수(水) 중의 하나로써 우주만물을 생성하는 주요소이다. 또한 나무는 태어나서(生) 자라고(長) 결실을 맺고(藏) 소멸하는(滅) 순환의 과정을 반복하는 생명체로서 인간의 성장 모습을 상징하며, 뿌리, 잎, 줄기, 꽃, 열매 등으로 구성되어 있어 생태유아교육의 골격을 표현하기에 비교적 용이하다.

여기서 생태유아교육의 기본 체계도로서의 생명수(生命樹)는 생태유아교육이라는 하나의 생명체가 탄생하여 천지만물의 지극한 기운으로 점차 커다란 나무로 자라가는 과정을 상징적으로 나타낸 것이다. 이 생명수는 땅에 뿌리를 박고 그 땅의 기운인 생명사상(生命思想)과 생명원리(生命原理)에 의해 자라게 되는데, 전자인 생명사상은 민간신앙, 상고사상, 민족종교(동학, 천도교, 대종교, 증산교, 원불교) 등 한국 전통사상, 유교, 불교, 도교, 기독교 등 외래종교사상, 생태학, 생명학, 생명철학, 신과학 등 서양생태사상 등에 바탕을 두고 있고, 후자인 생명원리는 관계성(接), 순환성(化), 다양성(群) 및 영성(生)을 의미한다.

또한 생태유아교육이라는 생명수는 천기(天氣)와 수화풍(水火風)의 기운인 생태론적 접근으로의 학문 패러다임의 전환 추세에 의해 자라게 되는데, 그러한 생태론적 접근의 학문은 자연의학(自然醫學), 생태농업, 생태경제학, 생태영양학, 생태심리학, 생태건축, 생태문학, 생태예술 등을 들 수 있다. 이러한 생태론적 학문적 추세는 생태유아교육이라는 생명수가 크게 자라는 데 물과 바람과 햇볕의 역할을 할 것으로 기대된다(임재택, 2005).

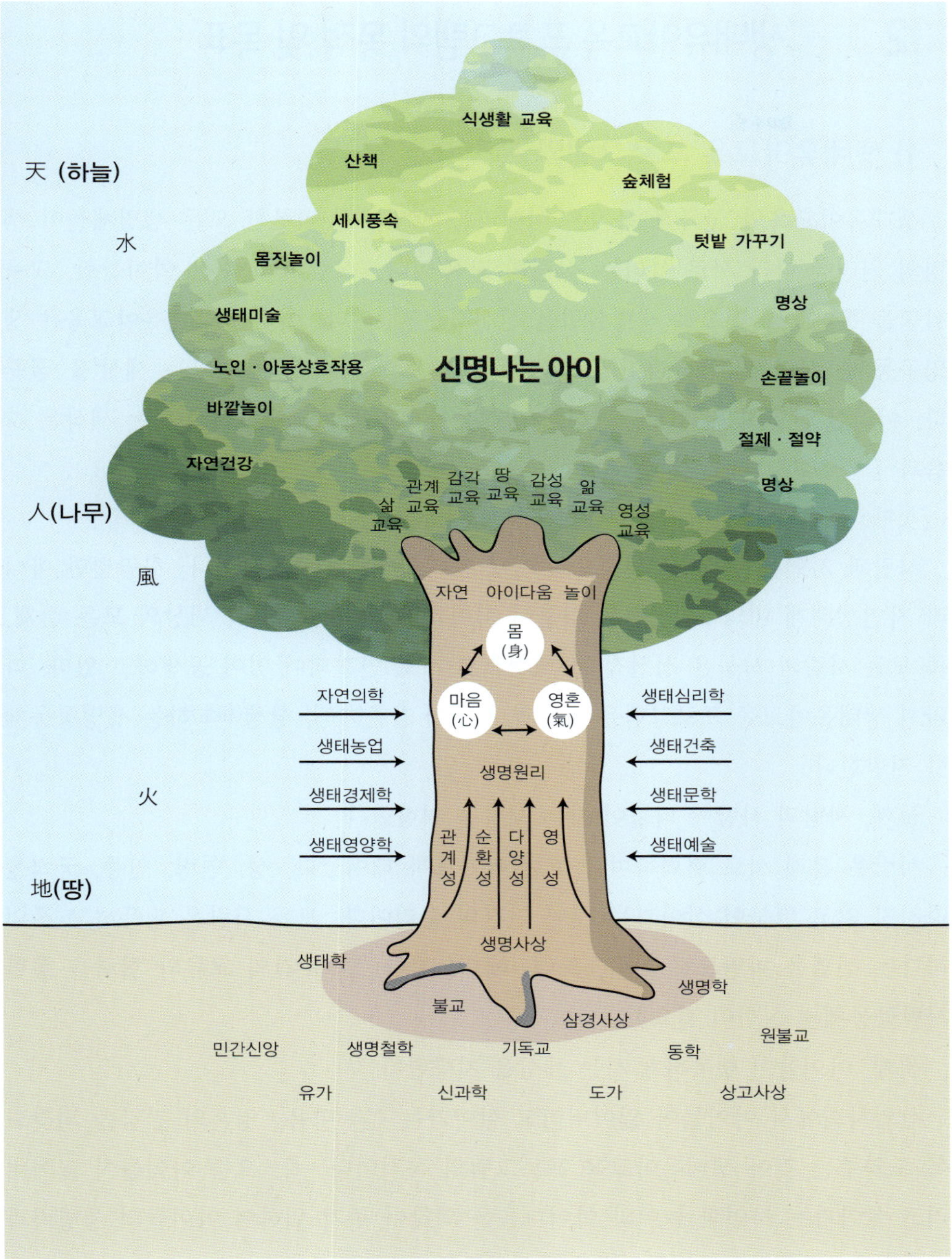

생태유아교육 기본 체계도

02 …… 생태유아교육 프로그램의 목적 및 목표

1) 생태유아교육 프로그램의 목적

생태유아교육의 궁극적 목적은 아이라는 생명체를 비롯한 모든 생명체들이 생명의 원리에 따라 서로 살리는 '살림의 교육'이다. '살림의 교육'은 아이살림, 교육살림을 통해 궁극적으로 생명살림을 실현하는 데 있다. 이러한 생태유아교육은 생명공동체, 사람공동체, 아이행복세상을 바라보며 나아가 '신명나는 세상'을 꿈꾼다. 이러한 살림의 원리에 근거하여 생태유아교육 프로그램이 지향하는 세상은 다음과 같다(하정연, 이연주, 2009).

첫째, 사람과 자연이 하나 되는 세상을 지향한다.

사람과 자연은 본디 한 생명으로 서로 분리될 수 없는 하나이다. 사람뿐만 아니라 자연생태계 내의 모든 것은 더불어 살아가게 되어 있다. 이 세상의 모든 존재, 즉 모든 사람과 사물은 정신적, 생태적으로 서로 연결되어 있어 공생하고 있다. 따라서 생태유아교육 프로그램은 사람과 자연이 공존(共存), 상생(相生)하는 생명공동체를 지향한다.

둘째, 사람과 사람이 더불어 사는 세상을 지향한다.

사람은 본래 서로 협력하며 돕고 살아가도록 태어났다. 성, 연령, 인종, 국적을 따지지 않고 더불어 살아가는 것이 인간의 순리이다. 모든 사람은 평등하고 존엄하다는 신념을 바탕으로 가족, 또래, 세대, 지역, 민족 간의 교류와 협력을 통한 사람공동체의 실현이 필요하다.

셋째, 아이들이 행복하게 사는 세상을 지향한다.

산업사회에서 아이들이 잃어버리고 살아가는 몸 · 마음 · 영혼의 건강을 되찾도록 도와주는 것이 생태유아교육 프로그램의 목적이다. 즉, 요즘 아이들이 잃어버리고 살아가는 자연과 놀이와 아이다음을 되찾아 주기 위하여 아이들의 생명력과 자생력을 일깨워 줄 수 있는 세상을 열어주는 것이다.

2) 생태유아교육 프로그램의 목표

생태유아교육 프로그램의 목표는 한마디로 '신명(神明)'이라 할 수 있다. 이러한 목표는 구체적으로는 키우고자 하는 아이상, 즉 '신명(神明)나는 어린이'로 표현될 수 있다. '신명나다'의 사전적 의미는 '흥겨운 신과 멋이 나다'이며, '신'이란 '어떤 일에 정신이 쏠리거나 흥이 나게 되거나 하여 일어나는 흥겨운 기분'을 의미한다.

신명은 생명현상의 발현과 관련된 것으로서 하늘과 땅이 교감하여 만물을 생성해 내는 신령스러우면서도 밝은 최고의 덕인 천지신명(天地神明)의 의미와 소우주인 인간의 몸과 마음에 음양의 조화가 극에 달해서 몸, 마음이 좋고 천지의 기운과 상통하는 경지인 사람의 신명(人之神明)의 의미를 담고 있다.

이와 같은 맥락에서 생태유아교육 프로그램을 통해 기르고자 하는 아이상은 '신명나는 어린이'로 음양의 조화를 이룬 아이, 달리 말하면 개성과 창의력을 지니면서 흥겨움과 우리 멋이 흘러넘치는 가운데 자연과 하나 되어, 사람과 더불어 행복한 삶을 누리는 어린이다운 어린이를 말한다. '신명나는 어린이'는 튼튼한 어린이,

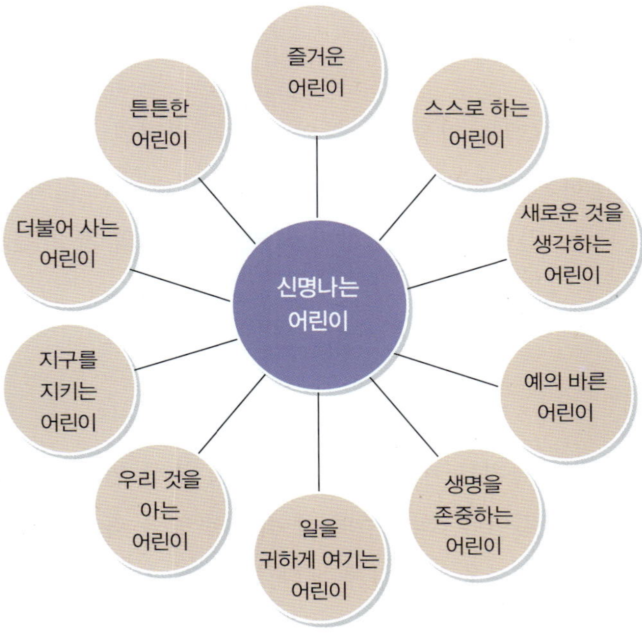

생태유아교육 프로그램의 교육목표

즐거운 어린이, 스스로 하는 어린이, 새로운 것을 생각하는 어린이, 예의 바른 어린이, 생명을 존중하는 어린이, 일을 귀하게 여기는 어린이, 우리 것을 아는 어린이, 지구를 지키는 어린이, 더불어 사는 어린이로 구체화될 수 있다.

03 생태유아교육 프로그램의 내용

생태유아교육 프로그램의 교육 내용은 아이들의 몸 · 마음 · 영혼을 살리는 것으로 사람의 전 영역에서 또는 실생활에서 체험할 수 있는 것들을 통하여 교육 내용을 선정 · 조직한다. 즉, 생태유아교육의 내용은 생태유아교육이 지향하는 목적에 근거하여 몸교육 · 마음교육 · 영혼교육을 아우르는 것으로 삶교육, 땀교육, 관계교육, 앎교육, 감각교육, 감성교육, 영성교육으로 나뉜다. 그 구체적인 내용을 살펴보면 다음과 같다.

1) 삶교육

생태유아교육 프로그램은 일상적인 삶의 현실과 관련된 모든 것을 통하여 몸 · 마음 · 영혼이 건강하고 행복한 생명체로 살아가게 된다. 즉, 삶이 곧 교육으로, 먹고, 자고, 입고, 노는 일련의 아이들 삶이 생태유아교육의 가장 큰 터이자 내용의 기초가 된다.

2) 땀교육

몸을 움직여 노동의 가치를 배우는 것은 하늘이 주신 인간의 몸과 마음과 영혼을 건강하게 하는 지름길이다. 의식주의 삶 속에서 땀을 흘리고 일을 하는 과정을 통하여 아이는 일의 소중함을 터득하게 된다. 아이들 스스로 일을 통하여 땀을 흘리면서 몸뿐만 아니라 마음과 영혼의 해로운 것들을 배출하고 생명력을 몸에 익히게 된다.

3) 관계교육

아이들은 사람과의 관계, 사물과의 관계, 자연과의 관계를 통하여 생명력과 삶의 역동성을 배울 수 있다. 아이들은 아이와 아이, 아이와 선생님, 아이와 부모, 아이와 지역사회와의 관계 맺기를 통하여 사람공동체를 경험할 수 있고, 자연이나 사물과의 관계를 통하여 생명에 대한 존엄성, 보살핌과 배려를 배울 수 있다.

4) 앎교육

여기서의 '앎교육'이란 단편적인 지식교육이 아니라 자연과 삶의 이치를 깨닫고 그 속에서 스스로 지혜를 발견해 가는 교육이다. 기존 유아교육은 앎교육과 유사한 유형의 인지교육, 지식교육, 이성교육 등이 주류를 이루고 있다. 생태유아교육 프로그램은 그러한 유형의 인지교육, 지식교육 및 이성교육보다는 일상적인 삶에 유익한 앎교육 또는 지혜교육을 중요시한다.

5) 감성교육

아이들은 생태유아교육의 보고인 자연을 통하여 감성을 기르고, 감성적 예술행위를 통하여 자연의 이치를 느끼게 된다. 아이는 자연의 터에서 시인이며 조각가며 화가이다. 아이의 풍부한 감성은 손짓, 몸짓으로 드러나게 되며 이는 곧 춤, 노래, 이야기, 미학이 된다.

6) 영성교육

아이는 본래 몸 · 마음 · 영혼이 조화로운 존재이다. 아이의 몸과 마음과 영혼은 하나의 생명으로 연결된 생명체이다. 이것은 하나이면서 셋으로 작용하는 일체삼용(一体三龍)이다.

하지만 현대 사회에서 간과되고 있는 것이 아이들 영혼의 문제이다. 따라서 유아교육은 영적 감수성을 키워줄 수 있는 방향으로 구성되어야 한다.

04 생태유아교육 프로그램의 교육방법

생태유아교육의 교육방법은 간단하다. 억지로 계획하고 조직하지 않고 시간과 계절의 변화와 흐름에 따라 자연스럽게 이루어지는 방법이다. 왜냐하면, 생태유아교육은 자연의 순리대로 아이들의 삶을 통하여 이루어지는 교육이기 때문이다.

이런 맥락에서 생태유아교육 프로그램의 교육방법은 생명의 원리, 즉, 생명의 네 가지 특성인 관계성, 순환성, 다양성, 영성의 원리에 입각한다. 아이는 자연과의 교류를 통하여 생명공동체를 이루고, 사람과의 관계와 교류를 통하여 사람공동체를 만들어가며, 관계와 순환 속에서 낱생명의 다양성을 아우르며, 몸 · 마음 · 영혼의 조화로 면역력과 적응력을 지니게 된다. 생태유아교육 프로그램의 교육방법을 구체적으로 소개하면 다음과 같다.

1) 관계성의 방법

생태유아교육 프로그램은 아이 개인보다 아이와 함께 관계 맺고 있는 모든 것이 잘 살 수 있는 공동체중심의 교육을 지향한다. 자연과 아이, 아이와 아이, 아이와 교사, 교사와 부모 등의 관계의 끈이 전체적으로 연결되어 마침내 하나의 생명으로 나아가는 교육방법을 지향한다. 생태적인 망 속에서 서로에게 영향을 주고 영향을 받는 생명적 고리로 만들어지는 교육이다. 즉, 낱생명들의 관계성을 살리는 교육방법이라고 할 수 있다(임재택, 2005).

2) 순환성의 방법

생태유아교육 프로그램은 의식주 삶의 흐름에 따라 시간과 공간을 채워 나가는 교육이다. 이는 생명의 순환성을 따르는 교육방법이다. 사람에 필요한 지식은 오직 삶 속에서 얻을 수 있으며, 삶의 시간과 공간 속에서 자연스럽게 흐르는 교육이 지혜와 깨달음을 얻게 하는 것이다(임재택, 2005).

따라서 생태유아교육 프로그램의 교육방법은 간단하다. 시간과 계절의 흐름과 변화에 따라 자연스럽게 흘러가도록 놓아두는 교육방법이다. 어른들의 자기 위안식 조직과 통합이 아니라 아이의 의식주 삶에 따르는 방법이다. 그래서 1, 2주로 마치고 새로 시작하는 주제에 따른 교육이 아니라 늘 만들고 이루어가는 삶의 교육이어야 한다.

3) 다양성의 방법

생태유아교육 프로그램은 낱생명 하나하나의 결과 특성을 그대로 살려 주는 교육이다. 자연과 인간의 개성과 생명적 특성을 인정하는 방식으로 이루어지는 교육이다. 즉, 생명의 법칙에 따라 아이와 자연 각각의 생명존엄성에 바탕을 두는 교육이다.

또한 생태유아교육의 교육방법은 일상적 삶의 방법이다. 생명운동은 '빨리 가는' 운동이 아니라 '느리게 가는' 운동이다. 또한 생명운동은 '크고 많은 것이 좋다'는 것이 아니라 '작고 적은 것이 아름답다'는 것을 추구하는 운동이다. '느림'의 교육은 지식의 습득을 위한 경쟁 대신 공생과 협동을 추구하고 효율 대신 진정한 만족을 모색하면서 삶의 다양성을 추구하는 교육이다(임재택 외, 2008).

4) 영성의 방법

영성은 서로 다른 것들을 연결하고, 전체를 꿰뚫어 볼 수 있게 하는 창조력의 근원이며 창조력을 가진 우주적 생명의 본성이다. 이를 위한 교육방법은 지식을 채워 넣는 방법이 아니라 체득하는 감성적 방법이어야 한다. 아이의 몸 · 마음 · 영혼의 조화로운 감성을 각성시키는 생명활동이어야 한다.

따라서 생태유아교육 프로그램은 생명의 궁극적 존재인 영성의 경험을 제공하는 교육방법을 갖는다. 영혼의 감수성과 각성을 펼치는 교육 실제, 즉 몸 · 마음 · 영혼이 행복할 수 있는 교육방법을 제시한다.

05 생태유아교육 프로그램의 운영

1) 생태유아교육 프로그램 개요

(1) 바깥놀이 프로그램

아이들에게 있어 바깥놀이란 아이들 자신이 가지고 있던 지식, 개념, 경험을 자유롭게 펼치는 시간이다. 바깥놀이를 통하여 지적인 호기심과 상상력을 키우고 계절의 변화와 친구들과 더불어 살아가는 능력을 갖게 된다. 또한 바깥의 자연을 통해 생명의 소중함을 깨달아 가게 된다.

바깥놀이를 특별한 날만 하는 활동이 아닌 일상생활로 접근할 필요가 있다. 또 맑은 날만 아니라, 흐린 날, 비 오는 날, 추운 날도 아랑곳없이 노는 것이 중요하다. '뭔가를 가르쳐야 한다' 혹은 '교육 주제와 맞는 활동을 해야 한다'는 생각보다는 아이들의 흥미를 위주로 자연스럽게 실천하는 노력이 요구된다.

시대를 막론하고 아이들에게 가장 좋은 놀잇감은 자연이다. 플라스틱으로 만든 인공적인 놀잇감보다는 물, 모래, 흙, 햇빛, 바람, 돌, 풀, 꽃 등의 자연물을 이용할 수 있는 놀이가 좋다. 가정에서 쓰다 남은 프라이팬, 냄비, 그릇도 아이들에게는 인기 있는 놀잇감이다. 간식시간에 나온 우유팩, 산책 때 주워 온 나무열매와 솔방울도 멋진 놀잇감이다. 바깥놀이터에 아궁이를 설치해서 불을 이용한 요리도 할 수 있다.

황토놀이 1

황토놀이 2

(2) 산책 프로그램

공원산책

산책은 아이들이 온갖 자연물을 직접 보고, 만지고, 듣고, 느끼고, 냄새 맡을 수 있는 체험적 교육활동이다. 산책을 통하여 아이들은 사람, 사물, 현상과의 관계성을 알게 된다.

산책은 특별한 행사나 치밀하게 준비한 의도된 프로그램이 아니라 일상생활의 일부이다. 매일 밥을 먹듯이 아이들이 오감으로 자연을 느낄 수 있도록 매일 산책 가는 것이 좋다. 산책은 맑은 날만 아니라 흐린 날, 바람 부는 날, 비 오는 날도 가능하다. 비가 온 직후나 비오는 날, 젖은 풀잎과 나무, 바위의 모습을 보고 지렁이와 달팽이를 관찰하는 것도 가능하다. 또한 산책은 하루 일과 중 언제라도 가능하다. 산책 장소는 가까운 곳에서 점차 먼 곳으로 정하되, 유치원 앞 공터, 동네 골목길, 시장 어귀, 개울, 강가, 동사무소, 경찰서, 친구 집 등 사람과 자연이 있는 곳이면 어디든지 좋다. 하지만 이왕이면 인위적인 곳보다는 자연적인 곳을, 시끄러운 곳보다는 조용한 곳을, 볼거리가 없는 곳보다는 볼거리가 많은 곳을 선택하는 것이 좋다.

산책을 하면서 마음을 비우고 오감으로 자연의 생명을 느끼고 체험하는 것이 중요하다. 산책 초기에는 오감으로 자연을 체험하고 관찰하는 기회를 많이 주고, 산책에 익숙해지면 놀이를 하거나 산책지에서의 경험을 바탕으로 유치원에 돌아와 추후활동을 할 수 있다.

(3) 텃밭 가꾸기 프로그램

텃밭 가꾸기는 아이들이 흙냄새를 맡고 소박하나마 제 손으로 텃밭을 일구고 채소를 길러 봄으로써 계절과 날씨의 변화, 식물의 생장, 수확에 대한 기쁨, 자연과 함께 하는 삶을 이해하고 노동의 신성함과 보람을 몸과 가슴으로 느끼게 하는 데 목적을 둔다.

텃밭이 있다면 더없이 좋지만 텃밭이 없더라도 아이디어만 내면 얼마든지 멋진 텃밭을 만들 수 있다. 주말농장이나 자연학습장을 빌려서 농사를 지을 수도 있고, 햇빛이 잘 드는 옥상이나 베란다에 스티로폼 박스를 놓고 텃밭을 만들 수도 있다. 창가에 그릇이나 화분을 놓아서 작물을 기를 수도 있다.

농사짓는 법을 모르면 아이들의 할머니, 할아버지 혹은 학부모 중 농사 경험이 있는 분을 텃밭 가꾸기 전문 강사로 초빙할 수도 있다. 일반 서점에서 파는 채소 재배에 관한 책자도 도움이 된다.

배추모종 심기

배추 물주기

옥수수 수확하기

(4) 노인 · 아동 상호작용 프로그램

노인 · 아동 상호작용 프로그램은 '노인에겐 보람을, 아이에겐 사랑을'이라는 취지하에 노인들이 유치원이나 어린이집의 자원봉사자로 참여하여 영유아들과 함께 생활하면서 노인 · 아동 간의 상호작용 기회를 체계적으로 제공하는 세대 간 교류 프로그램이다.

노인 · 아동 상호작용 프로그램은 현대 사회에서 단절되어 있는 노인과 아동과의 교류를 유아교육기관이라는 장을 통하여 의도적으로 연결하려는 데 목적이 있다.

노인 · 아동 상호작용 프로그램의 실시에 앞서 참여할 노인을 선발하고, 노인, 아동, 교사 및 부모를 위한 사전교육을 실시해야 한다. 노인 자원봉사자의 배치는 원의 실정에 맞추어야 하지만, 대체로 각 반에 1명씩 배치하여 1주일에 하루 내지 이틀, 하루에 3~6시간 정도 보조자 역할, 보조교사 역할, 교사 역할 등을 하게 한다. 활동은 아이들의 연령이나 발달 수준에 따라 다르지만 대체로 기저귀 갈기, 간식 · 점심 먹이기, 정리정돈하기, 옛날이야기 들려주기, 예절지도, 민속활동 지도, 요리활동 지도, 바깥놀이 지도, 산책 및 텃밭 가꾸기 지도 등으로 다양하다. 또한 정기적인 자원봉사자 외에 비정기적인 자원봉사자를 두어서 관련활동이나 행사 때(간장 · 된장 담기, 텃밭 가꾸기에 대한 교사세미나) 초빙할 수도 있다.

할머니 선생님의 옛이야기 듣기

이 프로그램을 통하여 노인들은 소일거리가 생겨서 인생의 보람을 갖게 되며 생활에 대한 활기와 의욕 및 자신감을 갖게 된다. 아이들은 노인들과의 상호작용을 통해 조부모들에게서 받을 수 있는 사랑을 경험하고, 노인에 대한 긍정적인 태도를 갖게 되며, 우리의 전통문화를 체득할 수 있는 좋은 기회를 갖게 된다. 그리고 교사들은 노인자원봉사자들의 도움으로 근무부담이 줄고, 학부모들은 자녀들이 유아교육기관에서 조부모, 부모 및 자녀로 이루어지는 양성 3세대 가족의 분위기를 느낄 수 있게 된다.

(5) 세시풍속 프로그램

세시풍속은 우리 겨레의 얼을 느낄 수 있는 과정이다. 세시풍속은 아이들에게 계절의 변화에 따른 생활의 주기성을 알게 하고, 우리의 건강한 먹을거리를 알게 하며 더불어 즐길 수 있는 놀이와 조상들의 삶의 지혜를 알 수 있게 한다. 세시풍속은 아이로 하여금 한 사회의 구성원으로서의 정체성을 확인시켜 주는 역할을 하기도 한다.

세시풍속은 보여주기 식의 행사가 아니라 계절과 자연의 흐름에 맞추어 해 나가는 생활로 받아들이는 자세가 중요하다. 진달래가 만발한 삼월삼짇날이면 진달래

꽃잎을 따서 화전을 부쳐 먹고, 단오와 유두가 되면 여름 맞을 준비를 하고, 추석이면 햇곡식과 햇과일로 수확의 기쁨을 나누고, 동지가 되면 새알을 넣은 팥죽을 끓여 먹으며 한 해를 마감할 준비를 하는 것, 이것이 바로 세시풍속이라 할 수 있다.

명절로는 설, 정월대보름, 삼월 삼짇날, 한식, 단오, 유두, 칠석, 백중, 추석, 중양절, 동지, 섣달그믐이 있다. 아이들과 이러한 명절의 의미를 새기고 먹을거리, 놀거리, 풍습을 재현해 본다. 보름날의 오곡밥, 부럼, 단오날의 수리취떡과 익모초, 유두날의 화전, 추석날의 솔잎을 깔아 찐 송편, 동짓날의 팥죽과 같은 절기 음식도 만들어 먹는다. 대보름날의 지신밟기, 달집태우기, 단오날 부채 만들기, 윷놀이, 고누, 실뜨기, 투호, 딱지치기, 팽이치기, 땅따먹기, 비석치기, 고무줄놀이 등도 놀이로 해 볼 수 있다. 그 외에도 24절기에 따른 놀이와 먹을거리 문화를 재현해 볼 수 있다.

강강술래를 하는 아이들

가마타기

(6) 동물 기르기 프로그램

아이들은 동물을 기르며 생명 세계를 경험한다. 닭이나 토끼와 같이 생활하면서 토끼가 좋아하는 풀이 어떤 것이며, 닭은 알을 낳고 토끼는 새끼를 낳음을 알게 된다. 나아가서 새끼가 어미가 되고 언젠가는 죽음에 이르는 것을 보면서 생명의 성장과 순환을 경험하게 된다.

동물을 기르기 전에는 먼저 키울 동물들의 특성을 잘 알아야 한다. 먹이는 무엇이 좋은지, 어떤 환경이 필요한지, 추위와 더위에는 잘 견디는지 등에 대하여 잘 알아두어야 한다. 아이들도 키울 동물에 대한 여러 가지 지식을 알아야 하며 꼭 지켜야 할 몇 가지 약속을 미리 정해둘 필요가 있다. 먹이를 주고 청소하는 당번을 미리 정하여 먹이를 너무 많이 주거나 굶지 않도록 해야 한다.

특히 위생은 중요한 문제이다. 동물들의 청결을 위해 노력하며 우리를 깨끗이 하여 아이들이 병에 전염되지 않도록 한다.

토끼장에서 노는 토끼

토끼장 청소하는 아이들

(7) 명상 프로그램

명상이란 고요히 눈을 감고 생각하는 것, 마음을 닦는 것, 참된 자기를 찾는 것, 참된 삶의 길을 찾는 것 등으로 다양하게 설명되고 있다. 사람들은 자기 나름대로의 생각과 감정을 가지고 다른 사람이나 사물을 바라보기 때문에 전체 세상을 있는 그대로 보기가 어렵다. 그래서 자신의 감정과 생각을 고요히 가라앉히고 세상과 자기를 전체적으로 순수하게 알기 위해 하는 행위를 명상이라고 한다.

인간은 원래 육체적 · 정신적으로 건강한 생명체이다. 그래서 인간은 자연의 순리대로만 살아가면 120~130세까지 살 수 있다고 한다. 그러나 사람들은 자연의 순리대로 살아가지 않기 때문에 70~80세밖에 살지 못한다. 특히, 20세기 말 우리 인류는 산업문명의 누적된 폐해로 인한 자연생태계 파멸과 인간성 상실의 위기에 직면해 있다. 온 자연생태계는 급속도로 파괴되어 인간의 생존마저 위협을 받는 상황이다. 인간은 물질의 노예가 되어 남들보다 더 앞서고, 더 많이 가지고, 더 높은 지위를 차지하려는 욕망으로 가득 찬 삶을 살아가고 있다.

이러한 혼탁한 세상 기운이 아이들에게 그대로 영향을 미쳐 그들의 몸과 마음과 영혼 역시 혼탁하다. 오감각은 퇴화되고, 등치는 커졌으나 체력은 약하고, 정서적으로 불안하고, 성격은 원만하지 못하고, 남과 어울리지 못하며, 말은 잘하나 생각이 없으며, 영혼이 맑지 못한 아이들이 늘어나고 있다. 이런 아이들에게 본래 지니고 있던 자연의 본성을 되찾아 주는 노력이 필요하다. 혼탁한 세상 기운으로 인해 아이들의 병든 몸 · 마음 · 영혼을 치유하고자 하는 노력이 필요하다. 이런 노력의 한 접근이 바로 명상이다.

바위에 누워 숲 바라보기

나무 느끼기

(8) 절제 · 절약 프로그램

절제 · 절약 프로그램은 아이들에게 생태의 기본 핵심인 순환과 돌림의 경제를 인식시키고, 실천하도록 도와주는 데 목적이 있다. 동시에 낡은 옷 하나도 그 존재가치를 인정하고 섬기려는 옛 어른들의 '섬김의 문화'가 갖는 의미를 아이들에게 전하기 위함이다. 유아교육기관에서의 아이들의 변화를 통해 아이들이 원하는 대로 새 물건을 잔뜩 사서 안겨주는 요즘 부모들의 생각을 바꾸고 나아가서는 지역 전체가 실천을 생활화하도록 도와주자는 뜻도 담고 있다.

구체적인 실천방법은 '아나바다운동'에서 찾고 있다. 즉, 아껴 쓰고 나눠 쓰고 바꿔 쓰며 다시 쓰는 생활로 현대 경제가 가져온 문제를 실천적인 면에서 해결해 간다. 실천할 수 있는 활동으로는 아이들의 시장놀이를 통한 물물교환, 알뜰마당을 들 수 있다. 알뜰마당은 상설로 운영할 수 있다. 그 외에도 각종 폐품 재활용하기, 입던 옷 물려주기, 전기 · 수도 아껴 쓰기, 일회용품 안 쓰기, 쓰레기 분리수거, 음식쓰레기 퇴비 만들기 등도 포함된다.

(9) 식생활교육 프로그램

아이는 먹으면서 자란다. 보통 '잘 먹고 잘 자고 잘 노는 아이'는 건강한 아이의 상징이다. 아이들의 먹을거리는 아이들이 제대로 자라느냐 자라지 못하느냐 하는 중요한 문제가 걸린 일이다. 또한 먹을거리는 의식주의 중요한 일부로 민족의 정체성과 문화의 표현이기도 하다.

메주 만들어 간장담기

식생활교육 프로그램 실천의 첫 단계는 유치원과 어린이집의 먹을거리부터 바꾸어 가는 것이다. 급식과 간식거리부터 생명력이 깃든 먹을거리로 바꾸어 간다. 또 아이들과 함께 제철에 나는 채소와 생명의 먹을거리를 키워보는 경험을 할 수 있는 텃밭을 마련한다. 유기농산물 농장을 방문해서 자연의 먹을거리를 경험시키는 것도 좋다. 절기에 따른 음식이나 제철의 재료를 이용한 먹을거리를 만들어 보는 것도 필요하다.

학부모와 지역주민을 대상으로 한 실천은 '모유 먹이기 운동'이나 '아침밥 먹이기, 육류섭취량 줄이기, 과자 먹이지 않기, 외식장소로 패스트푸드점 이용 안 하기, 반찬 가짓수 줄이고 제철음식 이용하기' 등에 관한 교육을 실시하거나 통신문을 발송할 수 있다. 부모참여수업을 통하여 메주 만들기나 고추장 담그기도 해 볼 수 있다. 유기농장을 방문하여 유기농산물을 직접 체험하는 기회를 가져도 좋다. 동네 주민들과 함께 유기농산물을 직거래로 구입할 수 있는 장터를 열 수도 있다.

다음은 아이들을 위한 식생활 교육 프로그램의 내용이다.

표 8-1 아이들을 위한 식생활 교육내용

영역	활동내용
식습관	1. 먹기 전 ① 손 씻기 ② 급 · 간식 준비 돕기 2. 먹을 때 ① 바르게 먹기 ② 꼭꼭 씹어 먹기 ③ 골고루 먹기 ④ 감사하며 먹기 ⑤ 남기지 않고 다 먹기 ⑥ 숟가락 · 젓가락 사용하기 ⑦ 밥과 국 따로 먹기 3. 먹고 나서 ① 정리하기 ② 이 닦기
음식에 대한 인식 및 태도	1. 좋은 음식 알아보기 ① 행복한 고기 먹기 ② 제철식품 먹기 ③ 우리식품 먹기 ④ 채소 먹기 ⑤ 전통음식 먹기 ⑥ 바다식품 먹기 2. 나쁜 음식 알아보기 ① 과자 안 먹기 ② 인스턴트 가공식품 안 먹기 ③ 유전자 조작 식품 안 먹기 ④ 청량음료 안 마시기 ⑤ 농약 친 음식 안 먹기 ⑥ 수입식품 안 먹기
음식 · 사람 · 자연과의 관계인식	1. 똥에 관해 알아보기 2. 물에 관해 알아보기 3. 텃밭 가꾸기 4. 동물 기르기 5. 도시 · 농촌 교류 6. 요리 활동

(10) 도시 · 농촌 교류 프로그램

도시 · 농촌 교류 프로그램은 '농촌이 살아야 도시가 살고, 나아가 사람과 자연생태계가 살 수 있다'는 취지에서 전개되는 프로그램이다. 이 프로그램은 아이들에게는 자연과 먹을거리의 소중함을 느끼는 경험을 제공하고, 농촌과 도시 아이들이 부대끼면서 서로의 문화를 이해하게 되어 결과적으로 자연과 농촌 및 도시를 동시에 살리는 데 의의가 있다.

실천가능한 프로그램으로 먼저 농사체험을 들 수 있다. 농사체험은 우리 먹을거리와 자연의 소중함을 알게 될 뿐만 아니라, 도 · 농 간의 생활 여건이 다른 부분에 대한 상호 이해와 우의를 증진하며 더불어 사는 사회분위기를 조성할 수 있다. 그리고 환경보전, 지역사회 유지 등 농업과 농촌이 가지고 있는 공익기능을 도시민과 유아들에게 이해시킬 수 있다.

그 외에도 농악교실과 고유음식 만들기, 전통 농기구 사용법 교육, 미곡종합 처리장과 각 지역의 특산품을 가공처리하는 농산물 가공공장 견학, 문화유적지 탐사, 개펄체험, 습지관찰 등의 프로그램을 비롯하여 농촌 아이들과 친구 맺기와 편지 나누기, 민박, 도서대여 프로그램 등도 있다. 도 · 농 유아들 간의 교류를 더 발전시켜 농수산물 상설 직판장 운영, 자치단체별 축하행사 초청방문 등 다양한 교류활동을 통해 지역감정의 해소에도 도움을 줄 수 있다.

모심기

벼 수확하기

(11) 손끝놀이 프로그램

손끝놀이란 말 그대로 아이들이 손끝을 사용해서 할 수 있는 놀이를 말한다. 손놀림은 단순한 육체적인 과정이 아니라 정신적인 과정이어서, 손의 사용을 통하여 머리(head) · 마음(heart) · 손(hand)이 조화롭게 발달하는 전인적인 존재가 될 수 있다. 또한 손끝을 사용해서 무언가를 만들면서 실용적이고 예술적인 감각, 정교함, 치밀성을 몸에 익힌다. 손끝놀이는 성인이 되어 갖게 될 다양한 직업에 대해서도 도움을 얻게 된다. 또한 '손'의 사용은 '일'을 한다는 것을 의미한다. 일을 한다는 것은 아이들에게 삶을 살아가는 건설적인 생명력을 길러주는 일이라 할 수 있다.

손끝놀이는 공간적인 제약을 별로 받지 않는 활동이어서, 교실 안이나 바깥놀이터에서 혹은 산책가서 하기도 한다. 또한 손끝놀이를 할 수 있는 시간대도 비교적 자유롭다. 손끝놀이는 맨손, 생활도구, 종이, 가위, 풀, 천, 옷, 끈이나 실, 실과 바늘, 대바늘, 코바늘을 이용해서 할 수 있다. 손가락 체조, 곡식 옮기기, 숟가락 · 젓가락을 이용해서 옮기기, 종이 접기, 오리기, 붙이기, 구슬 끼우기, 실뜨기, 바느질, 자수, 털실 짜기 등이 활동의 예가 된다.

수놓기

상자뜨기

(12) 몸짓놀이 프로그램

몸짓놀이는 몸을 자극함으로써 오장육부를 튼튼하게 하고 몸을 유연하게 한다. 뇌의 자극, 체력증강, 정서적인 순화와 함께 한국인의 고유한 몸짓을 살려냄으로써 한국인의 정신과 기(氣)를 되찾게 한다. 또한 몸짓놀이를 통하여 자연과 인간이 하나 되는 신명을 경험할 수 있다.

몸짓의 원형은 우리의 전통 육아방식에서 찾아볼 수 있다. 도리도리, 짝짜꿍, 곤지곤지, 잼잼, 고네고네, 따로따로, 불무불무, 목말타기, 단지팔기, 까꿍, 에비에비 등 전통사회에서 즐겼던 아이체조는 단순한 놀이가 아니라, 아이의 몸을 유연하게 하고 기(氣)의 흐름을 왕성하게 한다. 몸짓놀이에는 기체조를 변형한 도인체조, 여러 동물 형상을 기초로 한 몸짓, 우리 전통의 무예와 전통 춤을 기초로 한 몸짓을 포함한다. 마지막 몸짓놀이는 자연현상에 기초한 몸짓놀이이다.

도인법에 기초한 몸짓놀이는 전통의 몸짓 가운데 흔히 전해지는 도리도리, 짝짜꿍과 같은 어린이 도인체조, 활인심방의 도인법, 단학의 도인체조를 바탕으로 만들었으며, 정적이고 몸을 풀어주는 동작이 많다.

동물형상에 기초한 몸짓놀이는 동물형상을 나타내는 몸짓으로 중국에서 전해져 오는 오금희와 요가동작을 토대로 구성하였다. 전통무예에 기초한 몸짓놀이는 우리 전통의 무예인 택견과 태권도, 수벽치기를 바탕으로 하였다. 전통춤에 기초한 몸짓놀이는 전통의 춤사위 가운데 아이들의 발달 수준에 적절하고 흥미를 유발할 수 있는 흥겨운 동작으로 구성하였다. 자연현상에 기초한 몸짓놀이는 위의 네 가지 몸짓놀이를 통하여 단련된 몸과 마음을 자연을 배경으로 표현할 수 있는 몸짓으로 구성하였다.

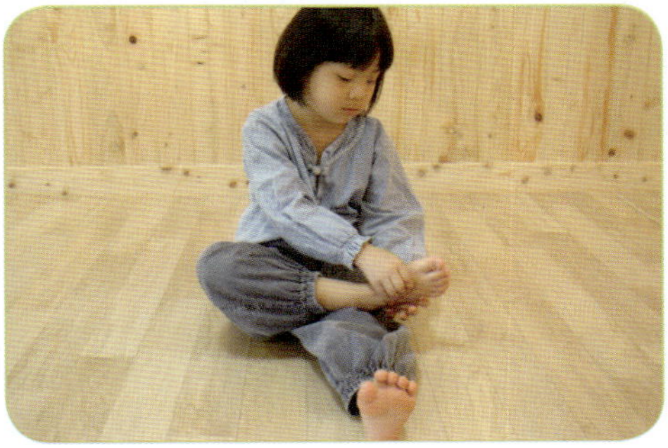
도인법에 기초한 몸짓놀이 1

도인법에 기초한 몸짓놀이 2

(13) 생태미술 프로그램

아이는 예술적 감성을 지니고 태어난다. 자신이 지닌 오감으로 체험하는 것을 미술로 표현하려고 애쓴다. 아이들은 미술을 통하여 자신이 느끼는 즐거움, 무서움, 꿈, 흥미, 욕구 같은 것을 담고 생각을 불어넣는다. 그래서 아이들이 무심히 내리긋는 선 하나, 아무렇게나 골라 쓰는 물감 하나가 아이들의 느낌, 생각, 기분과 상태를 그대로 숨김없이 드러내 준다. 아이들의 미술에는 어른의 눈에는 이미 보이지 않게 된 세계의 내적인 질서가 다양한 형태로 드러난다. 이는 아이들의 미술이 아이들 자신이 갖고 있는 감성과 영혼의 표현임을 말해 준다. 이러한 맥락에서 생태미술은 아이의 자연성을 살리는 미술이라고 할 수 있다.

생태미술은 관계성, 순환성, 다양성, 영성의 방법에 따라서 실천한다. 먼저, 바깥놀이나 산책, 텃밭 가꾸기를 통하여 자연 혹은 사람과의 관계를 지각할 수 있는 기회를 많이 준다. 또한 또래들끼리 어울리는 공동 작업이나 주변 사람들과 어울려 미술을 하도록 격려한다. 계절의 변화나 시간 흐름에 따른 자연의 변화나 폐품을 활용한 물질적인 순환을 경험하고, 다양한 자연물을 매체로 활용하도록 한다. 동시에 아이들의 다양성을 존중하고, 아이들의 영성을 살리는 방향으로 미술 활동을 진행한다.

물감뿌리기

염색하기

(14) 자연건강 프로그램

복식호흡

건강은 건강할 때 지켜야 한다. 물론 아픈 아이들에게 적절한 조치를 취하는 것도 필요하지만, 건강한 아이들에 초점을 맞추어 건강교육을 실시하는 것도 필요하다. 환경오염, 생활습관병으로 건강이 위협받는 시대에 생명력의 기본이 되는 아이들의 면역력과 자연치유력을 높여줄 필요가 있다. 자연건강이란 자연의학에 기초한 생활을 해 나가는 것을 말한다.

면역력과 자연치유력을 회복하기 위해서는 무엇보다 식의주(食衣住) 생활에 대한 돌봄이 필요하다. 우리 조상의 지혜를 바탕으로 하는 식의주(食衣住) 생활과 자연건강법, 민족의학을 바탕으로 하는 생활을 통한 건강관리가 필요한 것이다. 즉, 조상의 지혜와 자연건강 위주의 식습관, 운동습관 등의 생활습관을 바꾸는 노력이 필요하다. 따라서 영유아의 건강관리는 면역력과 자연치유력을 높여주기 위하여 우리 조상의 지혜와 자연의학을 기반으로 일상생활에서 영유아 스스로 자신의 건강을 돌볼 수 있는 생활습관의 형성으로 바꿔 줄 필요가 있다.

따라서 자연건강 프로그램은 우리 조상의 지혜가 담긴 식(食), 의(衣), 주(住) 위주의 일상생활을 중심이 되며, 교육기관에서 실시할 수 있는 자연건강법 중 손쉽게 실천할 수 있는 예는 복식호흡, 생수마시기, 절하기, 풍욕, 소금양치 등이 있다.

2) 생태유아교육 프로그램 계획

생태유아교육 프로그램의 교육계획도 생태유아교육 프로그램이 지향하는 이념과 교육목적을 담아낼 수 있어야 한다. 생태유아교육의 궁극적인 목적은 '살림의 교육'을 지향하고 있으며, '살림의 교육'은 아이살림, 교육살림을 통해 궁극적으로 생명살림을 실현하는 데 있다.

생태유아교육 프로그램의 교육계획의 기본 방향을 좀 더 구체적으로 제시하면 다음과 같다(하정연, 2004).

첫째, 자연의 시간을 따르며 뭇 생명과 공존 · 상생할 수 있는 방향으로 계획한다.

둘째, '지금 여기' 아이들의 행복을 추구하는 방향으로 계획한다.

셋째, 음(陰)과 양(陽)의 조화를 이루는 방향으로 계획한다.

넷째, 사람공동체를 실현할 수 있는 방향으로 계획한다.

다섯째, 삶을 살아가는 모든 공간이 교육의 장이 되고, 그 속에서 이루어지는 모든 삶의 내용이 교육 자료로 활용될 수 있도록 계획한다.

생태유아교육기관에서는 이상의 기본 방향을 토대로 교육계획을 연간계획, 월간계획, 일일계획으로 나누어 작성할 수 있다.

3) 생태유아교육 프로그램 운영

(1) 학급편성 및 집단운영

유아교육기관에서 학급편성 시 고려해야 하는 중요한 요인으로는 영유아의 연령, 발달수준, 기관의 설립목적이나 철학적인 방향, 실내 · 외의 공간면적과 교구의 확보 정도, 전체 원아 수 등을 들 수 있다.

생태유아교육기관의 학급은 혼합연령으로 구성하는 것이 이상적이다. 이러한 학급편성은 생태유아교육의 이념인 사람이 함께 어울리는 사람공동체 실현을 위한 것이다. 혼합연령으로 학급을 구성하는 것은 아이들의 공동체 의식, 베풂 및 보살핌의 지혜를 몸소 경험할 수 있다는 이점이 있다. 그러나 학부모의 요구나 원의 사정으로 혼합연령으로 학급을 구성하기 힘든 경우라면 연령 내 통합, 연령 간 통합으로 아이들이 서로 어울리는 기회를 가질 수 있다.

연령 내 통합은 같은 연령층의 서로 다른 학급의 아이들이 함께 어울려서 활동하는 것을 말하며 연령 간 통합은 서로 다른 연령층의 아이들이 함께 어울려서 활동하는 것을 말한다. 이러한 연령 내 통합, 연령 간 통합은 교실 간의 벽을 넘나들며 아이들이 서로 어울릴 수 있는 생태적인 집단운영이 될 수 있다.

(2) 일과운영

생태유아교육기관 일과운영의 특징은 아이의 리듬에 맞춘 일과운영, 공간을 자유롭게 활용하는 일과운영, 사람들이 어울리는 일과운영, 프로그램이 통합된 일과운영이다. 그 구체적인 특징을 살펴보면 다음과 같다.

① 아이의 리듬에 맞춘 일과운영

생태유아교육기관에서는 아이들이 체험하는 시간을 중심으로 일과를 구성하려고 노력한다. 그리고 일과운영의 원형을 우리가 어릴 적 놀았던 '공터놀이'에서 찾으려 하고 있다. '공터놀이'에서는 잘게 토막낸 분절된 시간과 이미 계획해 둔 획일적인 시간대가 없었고, 아이들은 공터라는 공간 속에서 통합되고 유연성 있는 시간상의 총체적인 경험을 했다. 생태유아교육기관에서는 산업사회의 분리되고 조각난 시간이 아닌 자연의 시간감각으로 하루하루 사는 것을 중요하게 생각한다. 그리고 시간을 집단을 다루는 통제의 개념이 아니라 아이 한 명 한 명이 자신의 내면을 충분히 표현할 수 있는 개별적인 시간으로 보고, 아이가 자신의 세계에 몰입할 수 있는 놀이시간을 충분히 주어야 한다고 본다.

따라서 생태유아교육기관의 일과운영은 느슨하고 여유 있게 운영되는 편이다. 등 · 하원 시간은 정해두되, 하루의 세부적인 일과운영은 교사의 자율성에 맡기는 편이다. 예를 들어, 짧은 산책은 30분~1시간 정도의 산책부터 3시간 이상 소요되는 산책까지 다양하다. 바깥놀이도 정해진 시간 동안 하기보다 날씨와 아이들의 관심도에 따라 유동적으로 운영된다. 오전 새참을 바깥에서 먹고 놀면서 바깥놀이 시간을 더 확보하기도 한다.

② 공간을 자유롭게 활용하는 일과운영

생태유아교육기관은 '장소가 한정되지 않은 교육'을 실천한다. 이는 아이가 어린이집에서 연령별, 층별, 또는 기능별로 구분되고 통제된 공간에서 교사의 지시에 따라 움직이는 것이 아니라 아이 스스로 공간을 선택할 수 있고 자유롭게 드나들 수 있도록 허용되어야 함을 뜻한다. 또한 공간의 통합은 실내 · 외 흥미영역 간의 통합, 교실 간의 통합, 실내와 실외 공간의 통합, 유아교육시설과 주변 지역사회 공간의 통합을 의미한다.

일반적으로 유아교육기관은 실내 · 외 공간을 흥미영역으로 구분해 놓고 있다. 하지만 생태유아교육기관은 가능한 한 세분화된 흥미영역을 통합하려고 한다. 왜냐하면 공간의 분절은 제도교육의 산물로 교육공간을 효율적으로 통제하기 위한 하나의 방편이라고 보기 때문이다. 또한 교실과 교실 간, 실내와 실외 공간의 통합은 실내놀이와 실외놀이를 균형 있게 이루어지도록 계획 · 운영해야 한다는 의미이면서 동시에 실내 공간과 실외 공간을 하나의 공간으로 보고 동시적인 시간대 속에서 운영하자는 의미이기도 하다. 그리고 교육기관과 지역사회와의 통합은 지역사회 곳곳이 모두 교육자원으로 이용될 수 있다고 보기 때문이다. 공간의 자유로운 이동이 없는 한 아이들의 자유는 있을 수 없다. 아이들은 교실을 벗어나 바깥 놀이터에서 모든 연령대의 아이들이 함께 놀면서 자라고, 원의 문밖을 나서서 사람들의 세상살이를 체험하고 자연세계를 접하는 것은 당연히 이루어져야 할 교육 행위이다.

③ 사람들이 어울리는 일과운영

생태유아교육기관은 사람과 사람이 하나 될 수 있는 일과운영을 하고자 한다. 연령별로 학급이 편성되어 있더라도 가능한 모든 아이들이 같이 어울려서 놀 수 있는 시간대를 많이 갖고자 한다. 아이들과 교사, 청소아주머니, 경비아저씨, 자원봉사자 할머니 등등 다양한 연령대의 사람들과 함께 어울리는 일과운영을 한다. 특히 학부모와 지역사회 자원은 생태유아교육의 일과운영에 큰 자리를 차지한다. 학부모는 자원봉사나 일일교사 및 청소자로 참여하여 아이들과 함께 시간을 보내기도 하고 부모참여수업, 어울림한마당, 알뜰마당 등 다양한 원의 행사에 직접 참여한다. 이와 같이 교사 · 아이 · 학부모 · 지역사회의 다양한 사람들이 함께 어울리는 일과를 운영한다. 즉, 사람은 개별 생명체로 태어나지만 개미나 벌처럼 한데 모여 더불어 살지 않으면 목숨을 부지하기 힘든 생명체여서 생태유아교육기관은 교육의 현장에서부터 아이들에게 인간관계의 폭을 경험하게 하고 '더불어 살아가는 힘'을 갖도록 하고자 한다.

④ 프로그램이 통합된 일과운영

생태유아교육기관에서는 각각의 주제별 프로그램은 하루 일과 속에서 서로 통합적으로 운영된다. 즉, 하루 일과는 각각의 프로그램들이 씨실과 날실처럼 서로 통합되어 자연스러운 생활의 형태로 드러나게 된다. 예들 들면, 텃밭에 거름을 주기 위하여 산책길에 부엽토를 가져와서 텃밭에 뿌리기도 하고, 주워 온 자연물로 작업을 하기도 한다. 추석날 송편을 빚기 위해 산책길에 미리 솔잎을 뜯어 온다. 텃밭에서 기른 작물을 수확해 요리를 해 먹기도 하고 동물의 먹이를 주기도 한다. 주제별 프로그램은 현장교사들의 이해를 돕기 위한 조직일 뿐이다. 따라서 생태유아교육기관에서는 각 프로그램을 내 어머니와 할머니의 삶 속에 담아서 펼치고 열어간다.

(3) 공간 구성

생태유아교육기관은 기본적으로 살림집의 기능을 해야 한다. 유아교육기관이

살림집이 되려면 아이들은 물론 교사, 동물과 식물, 심지어 흙과 공기, 물도 함께 살아야 한다. 뿐만 아니라 삶의 공간에서 근원적으로 행해지는 의식주 생활 역시 살아 있어야 한다. 그리고 모든 생명체들이 내뿜는 생명의 기운, 즉 생기(生氣) 가득한 살림집이어야 한다.

이러한 살림집은 자연재료(흙, 나무, 돌 등)로 지어지고 자연에너지(태양, 바람, 물)를 이용하여 자연의 원리(자연환기, 자연채광, 옥상녹화)를 담고 있는 자연을 닮은 집이어야 한다. 또한 화려하지 않으면서 단순 소박하며 자연의 모습을 닮아 주위 자연과 조화를 이루어야 한다. 그리고 살림집으로서의 유아교육기관은 가구, 교재 · 교구, 비품들도 자연재료로 만들거나 자연물을 활용하는 것이 좋다. 또한 강아지, 닭, 토끼와 같은 가축 및 유실수, 꽃 등 다양한 생명체들이 함께 어울려 살 수 있는 생명의 기운이 가득찬 곳이어야 한다. 실내에서 언제든지 바깥놀이터로 접근할 수 있도록 개방적으로 구성되어야 한다.

이상의 살림집으로서의 기능을 다하기 위한 생태유아교육기관의 공간 구성의 특징을 몇 가지 들면 다음과 같다(임재택, 2008).

① 전통 살림집 같은 실내 공간 구성

생태유아교육기관에서의 실내 공간의 구성과 활용은 전통사회의 살림집의 방의 모습에서 그 원형을 찾을 수 있다. 전통사회 살림집의 실내 공간은 통합된 공간으로 시간대에 따라 다목적으로 활용되는 공간이며, 집안을 구성하는 대부분의 물건도 자연물이다. 또한 햇빛과 바람 등 자연의 숨결이 자유롭게 드나드는 공간이다. 그래서 한없이 정겨운 공간이기도 하다. 이러한 전통 살림집 같은 실내 공간 구성을 위해서는 다음을 고려해야 한다.

첫째, 실내 공간을 통합된 공간으로 구성하고 활용한다. 둘째, 실내 공간은 인공적인 소재로 구성하기보다 다양한 자연물 및 여러 가지 식물로 구성한다. 셋째, 실내 공간은 한국 전통문화를 느낄 수 있도록 복도, 계단 등 실내 공간 곳곳에 전통가구, 전통적인 물건 및 메주, 곶감, 호박 등을 두어 아이들이 자연스럽게 우리 고유의 맥과 멋에 익숙해질 수 있도록 구성한다. 넷째, 실내 공간은 무엇보다 아이들의 손길이 느껴져야 한다. 따라서 교사의 인위적인 손길이 아닌 아이들이 직접 만들고, 가꾸고, 자율적으로 활용하는 공간이 되어야 한다.

② 전통 가옥과 마을 모습의 실외 공간 구성

일반적으로 생태유아교육기관의 실외 공간은 물, 흙, 모래놀이 공간, 텃밭, 동물 우리, 정자, 통로, 휴식 공간, 창고, 옥상 생태공원 등으로 구성된다. 생태적 실외공간 구성 및 활용을 위해서는 다음과 같은 사항을 고려해야 한다.

첫째, 실외공간은 사람과 자연이 함께 어우러지는 공간으로 구성한다. 따라서 꽃, 나무, 텃밭 작물, 여러 가지 동물 등 다양한 생명체와 함께 생활하도록 한다.

둘째, 실외 공간은 실내 공간 및 지역사회와 통합된 공간으로 구성 · 활용한다. 생태유아교육기관의 실외 공간은 전통사회의 집의 앞마당과 같이 다양한 연령의 사람들과 여러 가지 자연들이 함께 어울리는 공간, 아이들의 놀이 공간으로서 기능을 해야 한다.

셋째, 실외 공간은 아이들이 자유롭게 꾸미고 자유롭게 활용할 수 있어야 한다. 아이들 스스로 공간을 구성하고 자유롭게 활용함으로써 아이들은 삶게 대한 자신감과 독립심을 기를 수 있을 것이다.

넷째, 실외 공간에 아궁이, 절구통, 널뛰기, 투호 등 전통사회의 일상생활 도구 및 놀이기구를 설치함으로써 아이들이 자연스럽게 전통문화를 경험하고 전통사회의 일상적인 삶을 체험하게 한다. 자연스런 전통문화 체험은 우리 문화에 자긍심을 가지고 우리 조상들의 생활의 지혜를 터득할 것이다.

다섯째, 아이들이 뛰어놀 수 있는 넓은 공간으로 구성한다. 바깥놀이터는 무엇보다 아이들이 마음껏 기를 발산하는 곳으로 아이들이 신명나게 뛰어놀 수 있는 곳이어야 한다. 따라서 지나치게 크고 많은 놀이기구가 아이들의 놀이를 방해하지 않도록 넓은 공간으로 구성한다.

여섯째, 실외 공간 지면은 아이들의 놀이 상황에 따라 다양한 지면을 활용하며 놀 수 있도록 흙, 모래, 잔디, 딱딱한 바닥, 언덕 등으로 다양하게 구성한다.

동물 우리

텃밭

흙산

모래놀이터

잔디밭

아궁이

세면대

목공놀이터

③ 생명의 기운이 가득한 자연물 놀잇감

생태유아교육기관은 자연 소재의 놀잇감을 사용한다. 따라서 의자, 책상, 교구장, 선반, 이불장, 옷걸이 등의 비품은 플라스틱으로 만들어진 것을 피하고, 가능한 목재로 된 것을 구입하는 것이 좋다. 또한 아이들이 가지고 노는 교재 · 교구도 각종 플라스틱, 고무, 코팅 처리된 교재 · 교구 대신에 산책길에 주워 온 나뭇조각, 돌, 조개, 나뭇잎, 나무 열매 등의 자연 소재의 것을 사용하도록 하고, 가능한 전자파를 방출하는 텔레비전, 비디오, 컴퓨터, 카세트 등의 전자제품을 사용하지 않도록 한다.

④ 아이들 스스로 만든 놀잇감

아이들이 자신의 손으로 직접 만든 놀잇감은 돈으로 쉽게 구입한 것보다 더 소중히 여긴다. 아이들은 자신이 정성들여 만든 놀잇감은 보물처럼 오래도록 간직하며 가지고 논다. 가령, 신문 전단지나 상자를 이용해 만든 딱지는 아이들에게 있어서는 보물이다. 산책길에 주워 온 비석치기 용 돌도 단순히 그냥 돌이 아니다. 아이들은 자신의 노력과 애정이 담긴 돌과 하나가 되어 애착을 갖는다.

⑤ 다시 쓰고 오래 쓰는 재활용품 놀잇감

생태유아교육기관에서는 주변 물건에 대한 '섬김'과 '돌봄'의 자세를 중요하게 여긴다. 따라서 꼭 필요한 교재 · 교구를 위해서 가정이나 지역사회의 도움을 얻을 수 있다. 예를 들어, 가정에서 사용하지 않는 주방기구는 아이들이 좋아하는 바깥놀이 도구가 되고, 그 외 소소한 가정용 폐품은 아이들의 놀이 재료로 활용된다.

(4) 행사운영

생태유아교육기관의 모든 행사는 보여주기 식의 행사가 아닌 생명살림의 관점에서 계획하고 운영한다. 즉, 모든 행사는 자연의 순리에 따르고, 아이의 본성을 살리며 사람공동체를 실현하는 방향으로 계획하고 운영한다. 이런 행사를 통하여 아이들은 자연과 하나 되고, 사람들과 어울려 공동체 의식을 가지게 되며, 행복하고 신명나는 아이로 자라게 된다고 본다.

일반 유아교육기관에서 개최하는 재롱잔치는 보여주기식 행사의 대표적인 예라고 할 수 있다. 아이들은 유치원 혹은 어린이집에 다니면서 배운 재롱을 부모 앞에 선보이기 위하여 몇 달 동안 고된 연습을 한다. 짙은 화장을 한 아이들이 몇 번이나 옷을 바꾸어 입어가며 무대를 오르는 재롱잔치에서는 아이의 존재는 찾아볼 수 없고 각본대로 움직이는 아이들을 보며 즐거워하는 어른들만 있을 뿐이다. 재롱잔치는 어찌 보면 지극히 개인적인 성격을 지녔다고 볼 수 있다. 그리고 부자(富者)와 승자(勝者)의 논리에서 비롯되었다고 볼 수 있다. 재롱잔치를 바라보는 부모는 '내 아이'가 주인공을 하면 기쁘다. 더 많은 플래시를 받으면 마음이 뿌듯해진다. 기본적으로 자기 자식에 대한 욕심이 있는 부모들의 욕망에 불을 지피는 것과 다름이 없다.

우리는 조촐하고 소박하더라도 아이들과 교사, 학부모, 지역사회 주민이 신명나게 어우러질 수 있는 행사로 만들기 위하여 노력한다. 그 대표적인 예가 어울림 한마당, 세시 잔치, 한 여름 밤의 가족음악회이다.

(5) 부모교육

생태유아교육기관 부모교육 및 부모 참여의 원칙은 다음과 같다.

첫째, 가정과 원, 부모와 교사는 아이를 함께 키우는 공동체이다. 따라서 생태유아교육기관의 부모교육은 부모를 피교육자가 아닌 아이살림 · 생명살림의 동반자의

부모참여수업

부모강연회

입장에서 계획 · 운영해야 한다.

둘째, 부모들로 하여금 천지부모(天地父母)의 이치를 깨닫게 하는 방향으로 계획 · 운영한다. 천지부모란 아이를 잉태하고 낳고 기르고 가르치는 것은 천지와 부모가 함께 해야 하고, 자연과 사람이 함께 해야 한다는 것으로 생태적 부모의 역할이자, 부모의 참모습이라고 할 수 있다.

결국, 생태유아교육기관에서는 부모 역할의 근본인 생태적인 소양을 갖출 수 있는 방향으로 계획해야 한다. 부모는 근본적으로 아이가 면역력과 적응력을 지니고 있다는 믿음을 갖고, 아이를 모시고 돌보고 섬기고 살리는 일을 해야 한다. 예를 들어, 태교나 자연분만을 통하여 자식을 낳고, 아이에게 모유를 비롯한 생명의 먹을거리를 먹이며, 오염되지 않은 깨끗한 생활공간에서 생활하면서 자연 · 친구와 함께 신명나게 뛰어놀 수 있도록 돕는 방향으로 부모교육을 계획할 수 있어야 한다.

(6) 지역사회 관계

유아교육기관은 지역사회 속에 자리하고 있어서 자연히 지역사회와 네트워크를 형성한다. 따라서 아이들 교육의 범위도 부모와 교사의 범위를 넘어서 지역사회로 확대할 필요가 있다. 유아교육기관이 지역사회 내의 섬이 아니라 지역과 함께 가야 하기 때문이다. 이는 교육이 부모나 교사의 책임이 아니라 사회 구성원 모두의 책임이며, 지역사회 전체가 아이를 돌보고 기르는 데 참여하고 협력하여야 하는 것을 의미한다.

유아교육기관과 지역사회의 공존, 상생, 그리고 조화는 아이들 몸 · 마음 · 영혼의 조화로운 발달을 위해서는 필요불가결한 조건이다. 우리 동네에는 어떤 사람들이 살고 있고, 어떤 꽃과 나무 · 곤충들이 자라고 있으며, 어떤 산과 강이 있는지를 아는 것에서부터 교육은 시작된다. 동시에 동네 사람들이 아이들의 존재를 인식하고 돌봐주는 자세를 갖는 것에서부터 돌봄과 보살핌은 시작된다고 할 수 있다.

따라서 생태유아교육기관은 지역사회의 특성과 요구를 파악해서 이를 운영에 반영하고, 지역사회 자원을 충분히 활용하여 운영의 효율성을 높인다. 또한 지역

주민에게 교육프로그램을 개방함으로써 지역사회의 발전과 복지에 기여할 수 있어야 한다.

4) 숲유치원 프로그램 운영

(1) 숲유치원의 의미

숲유치원은 영유아들이 숲에서 마음껏 뛰어놀고 오감을 통해 자연만물과 교감하는 체험중심의 활동을 하면서 일정 시간 생활하는 것을 의미한다. 숲유치원은 인가된 유치원이나 어린이집과는 달리 교실, 교재, 교사가 정해진 것이 없다. 영유아들이 신명나게 뛰어노는 곳이면 그 곳이 숲이든, 들이든, 강이든, 바다든 모두가 숲유치원이 될 수 있다. 자연이 최고의 교실이고 교재이고 교사이다. 숲유치원은 어린 영유아들을 위한 숲학교 내지 자연학교라고 할 수 있다.

세계 최초의 숲유치원은 덴마크에서 시작되었다. 덴마크의 엘라 플라타우(Ella Flatau) 부인이 1954년 그녀의 자녀들을 데리고 매일 집 근처 숲으로 가서 놀았는데, 마침 유치원에서 자리를 얻지 못한 이웃주민들이 그들의 자녀들도 함께 숲으로 데리고 가서 교육하기를 부탁하면서 유럽 최초 부모주도 형태의 숲유치원이 창립되었다고 한다. 이렇게 시작된 숲유치원이 지금은 덴마크는 물론 노르웨이, 스웨덴, 영국, 독일, 스위스 등 유럽 지역은 물론 미국과 일본에서도 널리 확산되고 있다.

(2) 숲유치원의 운영방향

① 가르치는 숲에서 스스로 발견하고 배우는 숲으로

영유아는 스스로 놀기를 원한다. 교육목표, 주제와 상관없이 자유롭게 놀기를 원한다. 그리고 실내보다는 바깥에서 놀기를 원한다. 자연의 대명사인 숲은 교육목표와 주제를 비롯한 주도면밀한 교육계획에서 벗어나 영유아들에게 자연과 놀이와 아이다움을 줄 수 있는 대표적인 장소이다.

유아교사라면 숲에 가서도 주제에 맞춘 활동을 해야 할 것 같고 나무, 꽃, 곤충의 이름을 가르쳐주어야 할 것 같은 불안함을 느낄 수 있다. 숲으로 가기 전 이런 불안함과 부담감을 떨쳐버리는 것이 중요하다. 숲에서는 영유아들을 모아서 가르칠 필요가 없다. 숲에서는 주의집중을 시킬 필요가 없다. 영유아 스스로 관심과 흥미를 가질 것이 많아 스스로 집중하고 발견한다.

숲은 영유아 스스로 체험하고 느껴서 지식을 구성해 낼 수 있는 살아 있는 교육의 장이다. 영유아들은 교실에서는 볼 수 없는 것들을 숲에서는 보고 느낄 수 있으며, 더 행복하고 자유롭게 탐구하게 된다. 진정한 교육은 체험하고, 실험하고, 스스로 소화시켜야 한다. 이를 위해서는 지식과 정보를 채워 넣는 가르치는 숲이 아니라 스스로 체득하는 기다림의 숲이어야 한다.

따라서 먼저 영유아들이 조그마한 것부터 스스로 발견하고 배워 나갈 수 있도록 충분한 시간과 공간을 영유아들에게 돌려줄 수 있어야 한다. 백 마디 말보다는 영유아가 자연과 직접 만날 수 있는 충분한 시간, 영유아들 스스로 발견하고 배울 '틈'을 주어야 한다. 한 걸음 뒤로 물러서서 영유아들의 시선을 따라가다 보면 교사는 영유아들이 스스로의 힘으로 깨닫고 배우는 것이 얼마나 많은지 피부로 느낄 수 있다. 오히려 교사는 영유아들이 발견하는 것에 함께 기뻐하고 감동하는 순간들을 많이 만들어야 한다. 생태환경운동의 선구자 레이첼 카슨(Rachel Carson)은 영유아들을 데리고 자연으로 떠날 때에는 지식보다는 감성이 훨씬 더 중요하다고 주장했다. 따라서 가르치는 숲보다는 영유아들이 스스로 발견하고 배우는 숲이 되도록 해야 한다.

② 보여주는 숲에서 영유아들이 마음껏 즐기는 숲으로

수업과 활동의 결과물을 환경으로 장식하거나 파일집을 만들어서 가정으로 보내야 한다는 부담감은 유아교육현장에서 일하는 교사라면 누구나 느낄 것이다. 숲유치원을 운영하면서도 자연물로 교실 가득 꾸미거나 영유아들이 숲에서 한 활동의 결과물을 각 가정으로 보내야 할 것 같은 부담감을 가질 수 있다.

숲유치원은 이런 편견을 버리는 것에서부터 시작되어야 한다. 영유아들이 숲을 마음껏 즐기는 과정 자체를 귀하게 여겨야 한다. 숲유치원은 단지 보여주는 숲이 아니라, 영유아들이 모든 감각을 열어 온몸으로 자연을 오롯이 느끼고 자유롭게 마음껏 놀 수 있는 곳이어야 한다. 제한된 공간인 교실과 영역, 놀잇감을 나누어 쓰기 위해 너무 많은 규칙과 통제가 존재하는 교실을 떠나 영유아들에게 자유와 해방감을 주고자 하는 것이 숲유치원이다. 숲은 공간이 열려 있다. 영역이 없다. 놀잇감이 무진장 늘려 있다. 따라서 숲은 영유아들에게 즐거운 경험을 켜켜이 쌓아갈 수 있고, 무궁무진한 놀이가 가능한 자유로운 놀이터이다. 영유아들은 놀이를 선택하고, 스스로 조직하고 구성해 가는 과정 속에서 '재미'라는 요소와 만나며 놀이를 지속해 나간다. 영유아들이 누리는 자유는 스스로 삶을 조직하고 구성해 나갈 수 있는 생명력으로 이어진다.

영유아는 자기의 눈, 귀, 코, 혀, 손발, 팔다리 등 온몸을 제 힘으로 자유롭게 놀릴 수 있어야 한다. 또한 영유아는 자기의 생각, 느낌, 감정 등을 제 뜻대로 자유롭게 나타낼 수 있어야 한다. 영유아에게 내재된 생명력을 충분히 발휘하고 온 감각을 열어 자연을 오롯이 느낄 수 있도록 마음껏 숲을 즐길 수 있게 해주어야 한다. 영유아들이 마음껏 즐기고 느낀 숲에 대한 감각은 심미적인 이미지로 남아 맑은 감성과 영혼의 원천이 된다.

③ 일회적인 숲에서 생활하는 숲으로

영유아들이 찾는 숲은 어쩌다 한 번 이벤트로 들르는 곳이 아니라 일상의 생활공간이 될 수 있도록 해야 한다. 도시에서 나고 자란 대부분의 요즘 영유아들에게 자연은 굉장히 낯설다. 이런 영유아들은 일회성으로 찾는 숲에서는 익숙하지 않아 제대로 놀지 못한다. 편안함, 안정감, 균형, 조화라는 단어는 찾아볼 수 없다. 그래서 다치기 쉽고, 다치면 안전을 이유로 숲을 더 찾지 않게 된다. 따라서 한 달에 한 번 숲을 찾는 것보다는 한 주 한 번이 좋고, 한 주 한 번보다는 매일이 더 좋다. 매일 밥을 먹듯 숲을 찾으면서 영유아들은 켜켜이 쌓이는 경험과 추억을 통하여 지혜와 배움을 얻어가게 된다.

본래 교육은 일상의 삶이다. 살아보고, 맛보고, 소화시킴으로써 마침내 피가 되고 살이 되듯, 교육은 본디 영유아들의 생활에서 출발하고 생활 속에서 이루어져야 한다. 본래 하나였던 교육과 삶이 분리됨으로써 모든 교육적 문제가 시작되었다고 해도 과언이 아니다. 유아교육의 기본은 영유아들이 잘 먹고 잘 자고 잘 노는 일상적 삶을 바르게 하는 것임에도 불구하고 현대 유아교육은 영유아들의 삶과 생활은 외면한 채 불필요한 일에 더 몰두하고 있는 것은 아닌지 반성해 볼 필요가 있다. 생활은 집에서, 사고하는 법은 학교에서 배우는 까닭에 사고와 삶이 함께 하지 않는다는 비노바 바베(Vinoba Bhave, 2007)의 지적처럼, 교육은 독립된 영역으로 존재하는 행위적인 개념이 아니라, 인간의 전체적인 삶과 함께 살아 움직이는 역동적인 생활이 되어야 한다. 이러한 맥락에서 본다면 숲유치원도 일회적인 체험이 아니라 매일 매일 이루어지는 일상과 삶으로 풀어가야 할 것이다.

④ 이용하는 숲에서 더불어 살아가는 숲으로

요즘 영유아들은 대부분 자연을 잃어버리고 살아가고 있다. 또한 영유아들은 경쟁을 부추기는 바쁜 삶을 살고 있다. 숲은 이런 영유아들에게 넉넉함과 여유로움으로 돌봄, 배려, 모심, 공존, 상생을 묵묵히 가르쳐 준다.

따라서 숲유치원에서는 숲을 교육의 대상으로 이용할 것이 아니라, 영유아들이 더불어 공존 · 상생하는 숲이 되도록 노력을 해야 한다. 사람과 자연은 본디 한 생명으로 서로 분리될 수 없는 존재이다. 달리 말하면 '모든 생명은 서로 연결되어 있는 하나'라고 표현할 수 있다. 이 세상의 모든 존재, 즉 모든 사람과 사물은 정신적으로, 생태적으로 서로 연결되어 공생하고 있다.

지금 꿀벌이 사라지고 있다. 이를 통해 위협받는 생물은 꿀벌만이 아니다. 다른 많은 생물이 사라지게 되며, '꿀벌이 사라지면 인류는 대략 4년 안에 멸망한다'고 한 아인슈타인(Einstein)의 지적처럼, 인간의 생존도 위기를 맞게 된다(남효창, 2011). 반딧불이가 예전보다 많이 보이지 않는다고 걱정한다. 그러나 그들이 사라진 원인인 인간의 생활양식과 편리함은 포기하지 못한다. 이것이 우리 삶의 현주소다. 이는 곧 하나로 연결된 생명 세계에 대한 인식 부족에서 나온 결과라고 할 수 있다.

숲에서 살아 숨 쉬는 모든 생명체는 존재의 이유가 있다. 존재하는 생명을 섬기는 교육을 통하여 영유아들은 생명의 존엄성을 인정하고 더불어 살아가는 법을 모색하게 된다. 오늘날 우리는 전 지구적 환경위기시대에 살고 있는 만큼, 생태적 감수성을 가지고 자연을 더 예민하고 민감하게 받아들이며 함께 더불어 살아가는 방법을 적극적으로 고민해야 할 의무가 있다. 꿀벌이 꽃에서 꿀을 딸 때 꽃을 해치지 않고 따듯이 자연과 더불어 조화롭게 사는 법을 영유아들에게 가르쳐야 한다. 영유아들과 함께 '자연물 훼손하지 않기, 숲 속 동물들 방해하지 않기, 쓰레기 버리지 않기' 등 숲 속에서 지켜야 하는 아름다운 약속들에 대해 이야기할 수 있어야 한다. 자연을 대상화시켜 관조하기보다는 자연의 생명성을 스스럼없이 받아들이고, 돌보는 영유아로 길러야 한다.

(3) 숲유치원의 운영 실제

① 장소 찾기

- **안전한 곳을 찾는다.**

  낭떠러지나 험한 계곡, 급한 경사, 그 외 위해요소가 없는 안전지역인지 꼼꼼하게 살펴서 숲유치원 장소를 선정한다. 숲유치원 장소를 선택하기 위해서는 반복적으로 계절별 변화와 시간대별 변화 상황에 대해서도 숙지를 하고 있어야 한다.

- **접근하기 좋은 곳을 선택한다.**

  영유아들이 생활하는 숲은 적당하게 걸어서 접근할 수 있는 곳이 좋다. 유치원이나 어린이집을 출발해서 20~30분이면 걸어갈 수 있는 숲이면 좋다. 그리고 사람들이 주로 다니는 길과 약간 떨어진 곳으로 정해서 소음이나 불필요한 사람들의 접근을 막아야 한다.

  숲을 찾는 이유 중에는 영유아들의 몸의 움직임과 운동을 위해서도 있다. 더구나 요즘 영유아들이 걷는 경험의 부족으로 다양한 병을 앓고 있으므로, 스스로 일정거리를 걸어서 숲으로 접근하게 하는 것이 중요하다. 거리가 너무 멀다보면 숲에 이르기 전에 지칠 수 있으므로 걸어서 영유아들이 노는 장소까지 가는 데 적어도 20~30분 정도 소요되는 것이 좋다.

- **인위적인 숲보다는 자연의 숲을 찾는다.**

  사람이 인위적으로 조성한 숲보다는 자연의 숲이 영유아들에게 다양한 생태를 경험하게 하고, 풍부한 놀잇감을 제공해 줄 수 있다. 아무리 아름답게 조성한 인공적인 공원도 자연의 숲의 아름다움은 따르지 못한다.

• **다양한 생태가 공존하는 숲이 좋다.**

영유아들이 생활하는 숲은 이왕이면 침엽수, 활엽수, 평지, 경사지, 물 등이 가까이 있어서 다양한 생명을 접할 수 있는 지역이면 좋다. 숲유치원은 자연 생태적이고 다양한 모습을 가지고 있는 곳일수록 좋다.

• **영유아들이 이름 짓게 한다.**

어른들이 만든 숲 속 놀이터 이름은 인위적이고 순수성이 느껴지지 않는다. 오히려 영유아들이 숲의 이미지를 살린 이름을 더 잘 짓는다. 그만큼 영유아들은 숲을 오감으로 받아들이고, 그에 맞는 감각적인 이름을 지어서 부를 수 있다는 말이다. 새들의 노랫소리가 많이 들이는 '노래 숲', 나뭇가지들이 많아서 총 놀이를 많이 할 수 있다는 '총 놀이터', 자신들이 교실처럼 매일 편안하게 생활할 수 있는 '숲속 교실', 매일 환상으로 공룡을 만나는 '쥐라기 공원', 지렁이가 많이 살고 있는 '지렁이 학교' 등 영유아들은 감각적인 이미지를 살려 장소의 이름을 잘 지어 부른다. 따라서 교사가 애써서 이름을 지어 부를 필요가 없다.

• **숲을 한 바퀴 도는 코스도 준비한다.**

영유아들은 자신들이 정한 본부에서 매일 놀다 보면 때로는 다른 장소를 원하기도 한다. 그럴 때는 영유아들이 숲을 한 바퀴 돌 수 있는 코스를 찾아 두는 것이 좋다. 한 바퀴를 돌고나면 으레 "와! 이젠 도착이다"라는 영유아들의 환호성을 들을 수 있다. 운동장 달리기 트랙을 한 바퀴 돌고 나면 완주한 기분이 드는 것처럼, 영유아들도 숲을 한 바퀴 돌다 보면 완주했다는 뿌듯함을 가지게 된다.

• **주로 생활할 장소를 정한다.**

인간에게 있어서 '집'은 편안함과 안정감을 주는 곳이다. 유치원이나 어린이집에서도 영유아들이 '교실'이라는 공간에서 생활함으로써 소속감과 안정감을 갖게 된다. 숲에서도 '우리가 주로 생활하는 공간'을 정해 놓으면 영유아들이 안정감과 소속감을 갖게 되며 공간에 대한 애착을 표현하게 된다. 숲속 생활 공간이 정해지면 "여기가 우리 교실이에요? 대문도 만들어요. 초인종도 만들고 싶어요"라고 표현하는 영유아들을 볼 수 있다.

- **영유아들이 직접 숲지도를 만들면 숲을 더 잘 알게 된다.**

하루아침에 숲지도가 완성되는 것은 아니다. 몇 달을 두고 숲을 다니면서 숲을 경험하다 보면 영유아들의 숲지도는 점차 정교해져 간다. 숲지도가 있으면 숲을 좀 더 눈여겨 보게 되고, 한 번 가 본 장소도 잘 기억을 해 낸다.

② 학부모 오리엔테이션

숲유치원 운영의 성패는 학부모에게 달려 있다고 봐도 무리는 없다. 그만큼 학부모의 협조와 이해가 중요하다는 말이다. 따라서 숲유치원을 운영하기 전 학부모들을 대상으로 구체적으로 오리엔테이션을 실시해야 한다.

- **숲유치원 운영방향을 설명한다.**

숲유치원은 숲에서 영유아들이 자유롭게 뛰어놀면서 스스로 배우고 발견하고, 즐기면서 생활하는 반으로 뭇 생명들과 공존 · 상생하는 태도를 터득하게 하는 방향으로 운영됨을 충분히 설명한다. 원장의 확고한 철학은 학부모를 안정시키고 흔들리는 학부모를 다잡을 수 있다.

- **숲유치원 구성 및 명칭을 구체적으로 설명한다.**

- **일과운영에 대한 안내를 한다.**

- **교육내용 및 방법에 관해서 설명한다.**

- **교사 역할을 설명한다.**

숲유치원 교사는 영유아를 가르치는 교사가 아닌 영유아들과 함께 즐기고, 영유아와 자연을 모시고 섬기며 영유아들과 함께 꿈꾸고, 자연의 소중함을 아는 겸손한 교사임을 설명한다.

- **학부모 협조사항**(준비물, 영유아들 복장, 학부모의 준비)을 **설명한다.**
  - 영유아들이 숲에서 자유롭게 놀 수 있도록 준비물과 복장을 준비할 수 있도록 부탁한다. 숲에서 더럽혀져 오는 영유아 옷을 보고 화를 내지 않고 오히려 숲에서 적극적으로 놀다 온 것을 기뻐하는 마음가짐을 가질 수 있도록 한다. 더러워진 옷을 보고 오히려 어떤 놀이를 했는지 이야기를 나누면서 영유아들의 숲생활을 이해하려는 태도를 갖도록 교육한다.
  - 부모는 선생님에게 영유아의 몸 상태를 알려주어야 한다. 열이 있거나 몸이 아플 때는 집에 쉴 수 있도록 협조해야 한다.
  - 숲생활에 적극적으로 참여시킨다. 일일 자원봉사자로 참여하여 교사의 업무를 돕고, 영유아들이 숲생활을 통하여 얼마나 많은 것을 배우고 터득하는지 체험하게 한다. 부모참여수업, 가족참여활동 등 부모들이 영유아들의 숲생활에 참여할 기회는 많다.

- **각종 서류 준비 : 학부모 동의서 작성**

  유치원이나 어린이집 상황에 맞추어 부모의 협조사항을 기록해서 부모의 동의서를 받아둔다. 특히, 영유아들의 안전사고에 대한 대처방법을 구체적으로 명시하여 부모의 동의 혹은 서약을 받아 두는 것이 좋다.

③ 교육계획

다음은 영유아들의 숲체험을 강조하는 일반 유치원의 사례이다. 연간계획의 주제를 가능한 숲체험과 관련된 주제를 선정하는 것이 특징이다.

표 8-2 만 5세 연간교육계획

월	생활주제	주	주 활동주제
3	7세반이 되었어요	2	새로운 친구들
		3	햇살반에서의 규칙과 안전
	숲에 봄이 왔어요	4	숲의 봄 느끼기 (봄의 변화)
		5	숲에서 들을 수 있는 봄의 소리
4		1	숲에서 볼 수 있는 봄의 생명 1: 곤충
		2	숲에서 볼 수 있는 봄의 생명 2: 식물
	흙이 좋아요	3	우리 주변의 흙
		4	성질이 다른 흙 비교하기
5		1	흙 속 생명
		2	흙을 이용한 놀이
		3	흙을 보호해요
	우리 풀꽃	4	우리 주변의 풀꽃
6		1	우리가 좋아하는 풀꽃의 종류
		2	풀꽃의 생김새
		3	풀꽃으로 하는 놀이
		4	우리가 지어보는 풀꽃의 전설
	비가 내려요	5	비 느껴보기
7		1	비의 생성 원리
		2	나쁜 비, 고마운 비
		3	비를 이용한 과학 놀이
		4	빗소리를 이용한 놀이
8	장수풍뎅이와 사슴벌레	3	장수풍뎅이와 사슴벌레의 발견
		4	장수풍뎅이와 사슴벌레의 성장과정

월	생활주제	주	주 활동주제
9	장수풍뎅이와 사슴벌레	1	장수풍뎅이와 사슴벌레의 생김새와 구조
		2	장수풍뎅이와 사슴벌레의 특징
		3	장수풍뎅이와 사슴벌레 비교하기
		4	장수풍뎅이 사전 만들기
	소나무	1	주변의 소나무 탐색하기
10		2	소나무의 종류
		3	소나무의 생김새와 특징
		4	솔방울로 할 수 있는 놀이
		5	숲유치원의 소나무를 보호해요
11	책 속 탐구	1	책의 제작과정과 종류
		2	동화책 탐구하기
		3	도감 탐구하기
		4	사전 탐구하기
12	자랑스러운 우리 글	1	한글의 역사와 의미
		2	한글의 쓰임 1
		3	한글의 쓰임 2
		4	한글을 사랑해요
1	편리한 숫자	3	수와 우리 생활
		4	재미있는 수놀이
2		1	시계
	초등학교에 가요	2	초등학교는 어떤 곳일까?
		3	졸업
		4	

표 8-3 주제 활동 전개 계획안

<table>
<tr><td>주제</td><td>숲에 봄이 왔어요</td></tr>
<tr><td>주제전개 예상기간</td><td>4주(3월 4주~4월 2주)</td></tr>
<tr><td>주제선정배경</td><td>아이들은 숲에서 놀이를 하던 중 나무와 꽃들이 변화하는 모습을 탐색하며 봄을 발견하게 되었다. 봄이 되어 변화하는 자연과 동식물의 변화를 직접 느끼고 경험함으로써 봄에 대한 흥미와 관심을 더욱 높일 수 있을 것으로 본다. 또한 봄을 찾아가는 과정을 통해 자연의 변화를 더 잘 이해할 수 있을 것으로 보고 '숲에 봄이 왔어요'란 주제를 선정하게 되었다.</td></tr>
<tr><td>목표</td><td>1. 봄이 되어 달라지는 숲의 변화에 대해 알 수 있다.
2. 숲에서 들을 수 있는 봄의 소리에 관심을 갖는다.
3. 숲에서 볼 수 있는 곤충과 식물에 관심을 갖고 탐색해 볼 수 있다.</td></tr>
<tr><td>예상 주제망</td><td>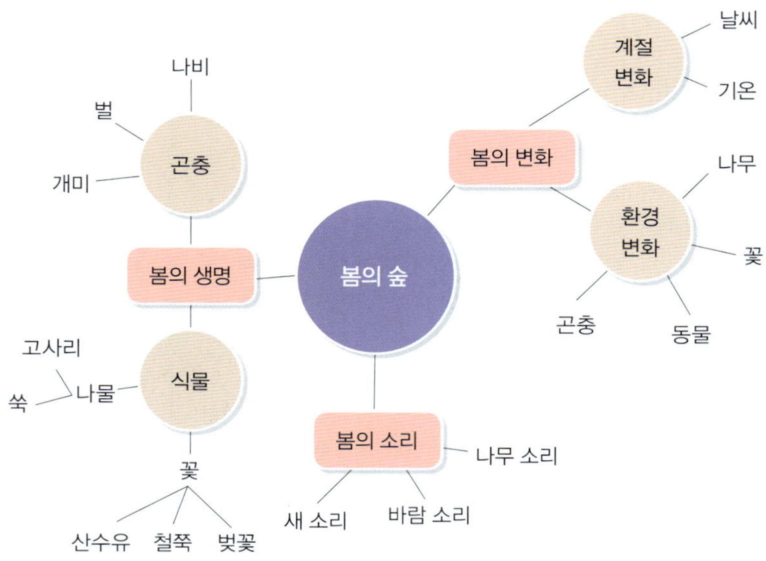
</td></tr>
<tr><td>가정과의 연계</td><td>식물도감과 곤충도감을 찾아볼 수 있는 경험을 할 수 있도록 도와준다.</td></tr>
</table>

④ 일과운영

반일반

반일반은 숲에서 보내는 시간이 3~4시간이며, 점심을 먹기 전 숲에서 돌아오는 반을 말한다.

시간	내용
9:00 ~ 10:00	숲으로 이동
10:00 ~ 11:00	숲 모임 및 자유놀이
11:00 ~ 11:30	오전 새참
11:30 ~ 12:50	자유롭게 놀기
12:50 ~ 13:00	정리하기
13:00 ~	숲에서 돌아오기

종일반

시간	내용
09:30 ~ 10:00	숲에 갈 준비하기, 오전 새참
10:00 ~ 10:30	유치원, 어린이집에서 숲으로 이동
10:30 ~ 12:00	오전 숲 생활
12:00 ~ 13:00	점심
13:00 ~ 15:00	오후 숲 생활 및 숲에서 유치원, 어린이집으로 이동
15:00 ~ 16:00	오후 새참
16:00 ~ 19:30	바깥놀이, 하원

⑤ 프로그램 운영

숲에 가기 전

첫째, 숲에 맞는 복장 및 준비물을 갖춘다.

- 복장 : 운동화, 배낭, 모자, 편안한 옷, 물놀이 때는 반바지와 윗도리
- 교사 준비물 : 휴지, 손수건, 비상약, 물, 컵, 사진기와 기록장, 전화기, 돋보기, 수첩과 필기도구, 식물도감, 곤충도감, 휴대전화, 전지가위, 작은 톱, 칼, 각종 끈, 위생봉투, 여벌옷, 방수깔개, 동화책, 그 외 교육에 필요한 물건 등
- 영유아 준비물 : 마실 물, 지팡이, 도시락, 휴지, 손수건, 관찰 대상을 기록하고 싶을 때 쓸 관찰용 기록지, 필기도구, 채집망, 동화책 등

둘째, 영유아 스스로 숲을 찾는 주체로 만든다.

숲에 가기 전에는 가능한 영유아들 스스로 준비물을 챙기도록 한다. 그리고 언제, 어디, 어떤 방법으로 숲을 찾을 것인지, 숲에서 어떤 놀이를 하고 싶은지 이야기를 나누어 영유아 스스로 숲을 찾는 주체로 만든다.

셋째, 숲으로 가기 전 미리 화장실을 다녀온다.

숲에서는 생리적인 문제를 해결하는 데는 한계가 있으므로 유치원이나 어린이집을 출발하기 전에 반드시 화장실을 다녀오게 한다. 숲을 자주 찾다 보면 아이들의 생리적인 리듬도 생겨나 숲에서는 화장실을 찾는 횟수가 점점 줄어드는 모습을 볼 수 있다.

넷째, 안전교육 및 숲생활 규칙을 교육한다.

안전교육 전문가를 초빙하여 안전교육 세미나를 개최한다. 아이들 상황을 메모해 두었다가 안전교육 전문가에게 묻고, 정확한 대처법을 숙지한다. 다음은 숲에 가기 전 교사가 하는 안전교육의 내용이다. 매번 반복해서 실시할 필요가 있다.

- 숲에서 나무 막대기를 주워서 놀 때 친구를 향해서 휘두르지 않기
- 외길에서 친구 밀지 않기
- 숲길에서는 친구 손 놓고 외길 걷기
- 낭떠러지나 비탈진 곳, 늪 · 웅덩이에 가지 않기

- 선생님이 보이지 않는 곳으로 멀리 가지 않기
- 선생님 목소리가 들리지 않는 곳까지는 가지 않기
- 자연물 훼손하지 않기
- 숲속 동물들 방해하지 않기
- 갈림길에서는 항상 기다리기
- 숲의 물 마시지 않기
- 쓰레기 정리하기
- 숲의 나무와 열매를 함부로 먹지 않기 : 독버섯, 뱀딸기, 옻 등
- 가능한 긴 옷을 입어 독성을 가진 풀 대처하기
- 벌을 만나면 눈을 감고 가만히 제자리에서 기다리기
- 뱀을 만나면 뱀을 자극하지 말기, 미리 나무막대기로 숲 여기저기를 쳐서 뱀에게 신호 보내기
- 너무 높은 곳에서 뛰어 내리지 않기
- 만나는 사람들에게 인사하기

숲 가는 길

첫째, 다양한 길을 통해 간다.

그냥 숲으로 가는 방법, 혹은 동네 어귀를 돌아 숲으로 접근하는 방법 등 영유아들이 숲으로 가는 길은 다양하다. 숲에서 기관으로 내려오는 길도 곧장 내려오는 방법, 한 바퀴 도는 방법, 동네를 통과하는 방법 등 다양하기는 마찬가지다. 가능한 영유아들이 숲으로 가고 오는 길을 다양하게 선택할 수 있도록 돕는다.

숲 가는 길

둘째, 다양한 방법으로 오고간다.

숲을 자주 가다 보면 일정 구간은 차량과 사람 통행이 적어 "뛰어도 되는 곳"이 있다. 때에 따라서는 일정 구간을 정해놓고 토끼뜀, 나비처럼 걸어보기, 뒷걸음질

하기 등 다양한 방법으로 걸어본다. 숲의 언덕길은 기어오르거나 내려올 때는 여지없이 언덕을 미끄럼을 타며 내려오게 할 수도 있다.

셋째, 오고가는 길의 만남과 관계를 귀하게 여긴다.

숲으로 오고가는 길에도 영유아들은 뭇 생명 혹은 사건과의 귀한 만남을 하게 된다. 봄날이면 숲의 목적지를 가다가 반드시 웅덩이에 있는 도롱뇽 알을 만나게 된다. 영유아들은 가는 길을 잊고 도롱뇽 알을 몰입해서 관찰하기도 한다. 이런 경우, 교사는 목적지만을 생각하지 않고, 도롱뇽을 살펴보고 교감할 수 있는 시간을 충분히 주도록 한다.

넷째, 영유아들의 재잘거림과 노래가 있다.

숲을 가면서 친구들과 이야기를 나누기도 하고, 노래를 부르기도 한다. 이전 숲에서 만났던 곤충이나 사건들을 이야기하기도 하고, 어떤 노래를 부르자고 하지 않아도 아이들끼리 평소 불렀던 노래를 흥얼거리기도 한다. 노래 부르며 숲길을 가면 그 길이 더욱 즐거워진다.

다섯째, 중간 중간 쉬면서 간다.

숲길을 가다가 길을 멈추고 잠시 즐기는 여유, 바로 그것이 숲을 찾는 묘미이다. 멈춰 서서 뒤따라오는 친구들을 기다려 주거나 빨리 도착한 아이들은 한숨 돌리는 여유가 필요하다. 더운 날은 숲을 오르기가 힘들 때 중간에 쉬면서 물을 마시고 휴식을 취하기도 한다. 그리고 쉬는 동안 교사는 아이수도 꼼꼼하게 점검한다.

숲에서

숲에서는 다음의 의미를 새기는 방향으로 활동하는 것이 바람직하다고 본다.

첫째, 자유와 해방의 숲

숲을 찾는 근원적인 이유는 아이들에게 자유과 해방감을 갖게 하기 위해서이다. 아이를 교실에 가두고, 가르치고, 부모에게 보여주려고 애써 온 유아교육의 관행에 대한 반성과 새로운 지평을 열고자 하는 것이 바로 숲유치원이다.

숲에 아이들을 데려다 놓으면 처음에는 어슬렁거리고, 나뭇가지를 주워 여기저기를 뒤적이며 탐색을 하거나 뛰고 굴리고 고함지르고 웃고 떠들면서 노는 모습을 볼 수 있다. 교사는 이러한 시간이 무의미한 시간이 아니라 아이들이 마음의 자유와 여유를 느끼는 귀한 시간임을 알아야 한다.

숲에서는 제한된 놀잇감을 나누어 써야 하고, 영역에 맞추어 놀아야 하며 아이들의 주의집중 시간이 짧다는 이유로 토막난 시간대에 맞추어 살아야 하는 아이들의 부담감이 없다. 숲에서는 따라야 하는 규칙이 많지 않고, 교사의 통제가 많이 없다.

아이들은 하늘을 지붕 삼고, 땅을 바닥 삼으며, 숲을 교재 삼아 놀면서 대자유를 만끽하면 된다. 아이들이 숲에서 자유롭게 놀면서 숲을 듣고, 만지고, 맛보고, 오감으로 체험하게 된다. 아이들은 생강나무의 향에 취하고, 이전에 듣지 못하던 새소리에 귀를 곤두세우곤 한다. 봄, 여름, 가을, 겨울을 지나며 자연의 변화를 눈으로 보고 느끼게 된다.

이처럼, 아이들은 자연스럽게 오감으로 숲을 만나게 된다. 눈으로 보는 초록의 향연, 코로 들어오는 숲의 나무와 흙냄새, 귀에 들리는 온갖 새소리와 물소리, 공기의 맛, 발바닥에 와 닿는 울퉁불퉁한 돌부리와 부드러운 흙 느낌, 바스락 거리는 낙엽소리, 발자국 소리에 놀라 도망치는 벌레들, 이 모든 것들이 아이들이 숲에서 자유롭게 놀면서 만나고 느끼는 것들이다.

다음은 교사의 이야기를 통해서 본 숲반 아이들의 노는 모습이다.

숲에 가면 아이들 대부분 자유롭게 놉니다. 남자아이들은 나뭇가지로 땅을 파거나, 톱질을 해서 집을 짓기도 해요. 요즘은 화장실 만든다고 한창이에요. 매일 가는 숲인데도 아이들의 놀이는 무궁무진해요. 그리고 남자아이들은 바위나 나무처럼 높은 곳 오르기를 좋아해요. 높은 데서 아래를 바라보는 세상을 즐기는 것 같아요. 어제는 봉수가 바위에 올라, '선생님이 개미처럼 보여요'라고 외쳤어요. 늘 새로운 곳을 탐험하기를 좋아하고 안 가본 길로 가는 것을 좋아해요. 여자 친구들은 솔방울, 나뭇잎으로 소꿉놀이 하는 것을 좋아해요. 전 늘 아이들이 다치지 않을까 살펴봅니다. 마음대로 놀고 있는 아이들에게 제가 '뭘 하자'라고 하면 짜증을 내기도 해요(어울림숲반 교사 면담).

숲반 아이들은 대부분의 시간을 이렇게 논다. 따라서 교사는 아이들이 숲에서 자연을 듣고, 만지고, 맛보고, 오감으로 체험할 수 있는 시간을 주려고 노력한다. 자연을 충분히 느끼고 탐색하도록 도와준다. 교사의 흐름에 아이를 맞추려 하지 않고 아이의 리듬과 흐름을 따라가려고 노력한다.

이때 교사는 즐기고, 겸손하고, 아이들의 안전을 지켜주는 든든한 교사가 되어야 한다. 즐기는 교사는 교사 자신이 숲 생활을 즐길 수 있어야 함을 의미한다. 논어에 "아는 것은 좋아하는 것만 못하고, 좋아하는 것은 즐기는 것만 못하다"라는 구절이 있다. 풀과 나무와 돌과 흙, 햇살과 바람이 있는 탁 트인 숲에서 생활 수 있다는 것은 얼마나 큰 즐거움이며 가슴 벅찬 축복인가를 깨달아야 한다.

겸손한 교사는 숲의 대자연이 아이들의 주교사이고 자신은 보조교사일 뿐이라는 겸손함을 지녀야 함을 의미한다. 아이들이 숲에서 주워서 노는 나뭇가지 하나가 천태만상의 역할을 하는 것을 볼 수 있다. 숲길에 만나는 도롱뇽 한 마리가 아이들의 영혼을 사로잡는다. 숲은 유아교육을 전공한 교사가 줄 수 없는 다양한 역할을 해내고 있다. 따라서 숲에서 교사는 입에 마스크를 쓰는 심정으로 가르치지 말고 아이들의 노는 모습을 지켜보아야 한다.

든든한 교사는 주변 위험 상황에 대하여 빠른 판단을 하고 즉각 대처해 나갈 수 있는 안전지킴이의 역할을 할 수 있는 든든한 교사가 되어야 함을 의미한다.

숲의 소리를 듣는 아이들

바위에서 노는 아이

둘째, 꿈과 환상의 숲

유아들은 물활론(Animism)적인 특성을 지니고 있다. 그래서 숲에서 만나는 모든 자연을 자신과 같은 생명을 지닌 존재로 인식한다. 달리 말하면, 어른들이 육안만 지녔다면 아이들은 육안(肉眼), 심안(心眼), 영안(靈眼)을 고루 갖춘 존재이다. 그래서 숲에 가면 나무와 인사하고, 공룡을 만나고, 요정, 도깨비, 귀신을 만난다. 늘 다양하게 변화하는 숲은 아이들에게 있어서는 동화의 세계이고 환상의 공간이다. 아이들은 숲에서의 꿈과 환상을 통하여 감성과 영성이 맑아진다. 이는 곧 아이들이 세상을 살아가는 생명력으로 이어지게 된다. 따라서 산림, 치유, 놀이를 가장한 정보, 실용적 가치로 일관하는 숲보다는 아이들이 숲에서 감성과 영성의 복원을 이룰 수 있도록 도와야 한다고 본다. 즉, 교사는 아이들과 같이 꿈꾸고, 아이들의 꿈과 환상에 감탄할 수 있어야 한다.

꿈꾸는 교사는 아이들이 만들어가는 상상과 환상을 예민하게 발견하고 상상의 세계를 점점 확장시켜 나갈 수 있도록 같이 꿈꿀 수 있어야 함을 의미한다.

감탄하는 교사는 아이들이 감탄하는 것에 함께 감탄하고, 아이들의 감탄하는 모습으로부터 감동을 받을 수 있어야 함을 의미한다. 아이들은 교사의 감탄을 먹고 자라기 때문이다.

다음은 숲에서 꿈과 환상을 즐기는 아이들의 사례이다.

아이들이 얼굴에 변장을 하고 숲을 탐험하러 나갔다. 탐험대장은 큰형인 유근이가 하기로 하고, 아이들은 유근이의 뒤를 따랐다. 지금까지 전혀 가보지 않은 길을 따라 갔다. 가파르고, 무덤도 있고 하니 아이들은 "기분이 무서운데요", "으스스하기도 한데요."라며 야단이었다. 그래도 유근이는 대장이라 그런지 자기가 먼저 가 보고 안전하면 동생들과 친구들에게 오라고 손짓을 하였다. 이제껏 한 번도 안 가본 곳이어서 선생님도 바짝 긴장을 하고 유근이 뒤를 따라갔다. 아이들도 긴장을 해서인지 여느 때보다 신중하게 걸음을 옮겼다. 아이들의 진지함에 웃음이 나기도 했지만 정말 숲에 완전 빠진 것 같아 신기하기도 했다. 한참을 숲을 헤메다 이상한 길을 발견했다. 마치 토토로에 나오는 좁은 길 같았는데, 아이들은 처음에는 안 들어가려고 하더니 이

내 용기를 내서 안쪽으로 들어갔다. "여기서 토토로를 만날 것 같은데"라고 하자 너도나도 뛰어 들어갔다. 점점 숲을 탐험하는 재미에 빠져 들었다(어울림 숲반 보육일지 중에서).

숲 탐험을 할 때 아이들의 긴장감과 두려움은 극에 달한다. 그러나 두려움과 긴장감은 그리 오래가지 않는다. 숲을 나와 현실 세계로 돌아오면서 안도의 한숨을 쉬게 되고 바로 이완의 과정을 맞게 된다. 꿈과 환상을 통한 아이들의 긴장과 이완은 주변 세계에 대한 지식을 구성하고 생명력을 갖고 살아가는 데 빠질 수 없는 요소이다. 교사 또한 아이들처럼 꿈꾸고 아이들의 꿈에 감탄하고, 상상력을 더해 주는 역할을 하고 있다.

숲 속 동물을 찾는 아이들

공룡이 된 아이

셋째, 몰입 · 궁리 · 표현의 숲

아이들은 호기심, 모험심, 탐험심으로 충만한 존재이다. 아이들을 숲에 데려다 놓으면 처음에는 산만한 듯 여기저기를 어슬렁거리지만 시간이 지날수록 자신의 놀이에 몰입해 가는 모습을 볼 수 있다. 몰입은 자발성을 전제한다. 자신이 좋아하는 숲의 생명에 집중하고, 자발적 행위를 즐기며 자유로움을 맛본다. 몰입의 대상은 다양하지만, 그냥 서 있는 식물보다는 움직이는 벌레나 곤충일 가능성이 훨씬 높다. 산책길에 만난 도롱뇽이나 개미, 올챙이 한 마리가 아이들의 발걸음을 멈춰 세운다. 멈춰 서서 집중해서 관찰하고, 환호하고, 질문이 쏟아진다. 아이들의 질문에 대비해서 곤충도감, 식물도감, 물고기도감, 야생화도감 등을 미리 준비해 둔다. 때로는 아이, 교사가 함께 탐색하고, 궁리하고, 연구한다. 여기서 필요한 교사 역할은 궁리하는 교사이다.

궁리하는 교사는 아이들이 던지는 질문과 호기심에 대하여 아이들과 함께 궁리하고 연구하는 교사를 의미한다. 또한 아이들의 느끼는 감정과 생각을 표현할 수 있도록 돕는 교사여야 한다.

다음은 만 5세반 아이들이 숲에서 나비를 알아가는 과정을 담은 사례이다.

나비에 관심 가지기

봄바람이 불어오는 5월, 산책지에서나 바깥놀이터에서 나비들이 보이기 시작했고 마침 현장학습으로 나비원에 다녀온 아이들이 나비에 관심을 가지며 반가워했다.

상상 속 '나는 나비'

숲에서 저 멀리 날아가는 나비를 보고 아이들이 '저 나비는 어디로 가는 걸까?' 하는 호기심과 함께 상상의 나래를 펼쳤다. '내가 나비라면'이라는 즐거운 상상을 하며 상상 속 나비를 만들어 보았다. 나비 날개를 만들어 메고 나비가 되어보기도 했다.

내가 너의 이름을 불러주었을 때

아이들이 하나둘 나비의 이름을 알아가며 나비 이름을 불러주는 데 재미를 느꼈다. 숲에서 만난 나비를 그려주는 친구도 많았다.

제비나비다!

어! 날개에 빨간색 있는 거 보니깐 긴꼬리 제비나비 같은데…

그래! 날개가 제비꼬리처럼 길게 생겼다.

배추흰나비다!

모시나비일 수도 있다.

기생나비 같은데…

너는 나에게로 와서 친구가 되었다!

나비에 대한 흥미가 계속되면서 아이들은 나비의 한살이, 나비와 나방의 다른 점, 각 나비들이 사는 때, 사는 곳 등에 대해서도 관심을 보였고 나비와 더 친해졌다. 각 나비들마다 서로 다른 속도와 모습의 날개짓 하는 것을 발견하고는 흥미로워했다.

배추흰나비는 느린데 네발나비는 진짜 빠르다.

긴꼬리 제비나비가 제일 빠르거든!

긴꼬리 제비나비는 숲, 산지의 계곡에 많이 산다.

나비 찾아 천리길

아이들이 그린 숲지도에 만난 나비를 표시하여 나비지도를 만들면 좋겠다는 의견이 나왔다. 봄부터 초가을까지 아이들이 만난 나비들을 표시하여 나비지도가 완성되었고, 아이들은 나비지도가 동생들에게도 도움이 될 거라고 기대하고 있었다.

위 사례와 같이, 숲에서 나비를 만나고, 현장학습 때 나비원을 다녀오면서 아이들은 나비에 집중적인 관심을 갖게 된다. 교사는 아이들이 산책길에 만난 나비에 대한 호기심과 관심을 '내가 나비라면'이라는 즐거운 상상으로 연결짓는다. 아이들의 호기심과 상상력은 몰입과 궁리로 이어지고 산책길에 만난 모든 나비의 생태를 알아간다. 그리고 자신들이 주로 노는 숲의 나비 생태를 지도로 만들어 낸다. 아이들이 몰입 · 궁리 · 표현하는 과정에 교사는 미리 주제를 갖고 아이들을 이끌어 가지 않는다. 다만 아이들의 관심과 흥미를 따라가면서 같이 고민하고 궁리하는 역할을 하고 있을 뿐이다.

넷째, 활동의 숲

여기의 활동이란 교사가 미리 정한 활동을 의미한다. 주제에 따른 활동일 수도 있다. 숲유치원 하면 떠올리는 무수한 활동이 여기에 속한다. 뱀눈 체험하기, 청진기로 나무 물소리 듣기, 나뭇잎으로 미술활동하기, 색상환에 맞추어 자연의 색 찾

도롱뇽 알을 관찰하는 아이들

도감을 보는 아이들

기, 그림 그리기 등의 활동이 속한다. 숲을 찾는 교사들이 반드시 준비해야만 할 것 같은 활동이다. 그러나 실제로 교사가 준비한 활동에는 아이들이 의외로 관심이 없거나 주의집중시간이 짧다는 것을 알 수 있다.

> 교사가 뭔가 활동을 준비해서 하자고 하면 아이들은 더 놀고 싶다고 짜증을 내요. 얼마 전 나무놀이터에 가방걸이를 만들자고 했더니 톱질은 재미있어 했지만 어린이집으로 돌아가려고 하자, "오늘은 많이 못 놀았어요"라고 아쉬워했습니다. 교사가 중요하다고 생각해서 준비해 가는 활동은 아이들은 놀이라고 생각하지 않고 의외로 관심이 없습니다(어울림숲반 교사 면담).

아이들은 교사가 주도한 활동은 놀이로 인정하지 않는다. 아이들의 '지금 여기'에서의 흥미, 발견과는 무관한 활동이어서 관심이 없다. 교사가 정한 활동은 아이들에게는 일(work)일 뿐, 놀이(play)로 인식하지 않는다. 따라서 아이들의 자유를 위해서는 교사가 의도한 활동은 가능한 줄이는 것이 좋다.

숲을 다녀와서

일반적으로 숲을 다녀오면 정리하기, 휴식하기, 이야기 나누기, 추후활동으로 이어진다.

• 정리 및 휴식

숲에서 돌아온 후에는 외투, 산책조끼, 가방을 벗어 정리하고 화장실을 다녀온다. 그리고 물을 마시고 잠시 낮잠을 자거나 누워서 휴식을 취한다. 잠시 명상의 시간을 가져 마음의 안정을 취하기도 한다.

• 이야기를 나누기

숲에서 보고, 느끼고 놀았던 일들을 이야기 나눈다. 무엇을 하고 놀았는지, 무엇을 봤는지, 주워 온 것이 무엇인지 등을 이야기 나누기도 한다. 새로운 것을 발견하였다면 소개하고, 궁금한 것이 있으면 함께 해결하는 시간을 갖는다.

• 추후활동

추후활동을 할 때는 교실과 숲이 상호적, 순환적인 관계가 되도록 한다. 예를 들어, 아이들이 숲길의 도롱뇽에 한창 몰입했을 때는 교사와 아이들이 교실로 돌아오면 백과사전과 동물도감을 보면서 도롱뇽을 연구하는 시간을 보낸다. 연구한 내용을 토대로 이루어지는 다음 숲 활동은 훨씬 깊이 있는 발견으로 이어지게 된다.

나뭇잎 탁본하기

나뭇잎 빙고놀이

아이들이 숲에서 우연히 발견한 거미는 교실에서 거미 연구, 거미줄 만들기로 이어지고, 다시 숲으로 가서 거미줄을 만들어 게임을 하고 놀기도 하면서 거미의 세계는 더욱 확장된다. 그리고 다시 교실로 돌아와 거미가 좋아하는 친구, 싫어하는 친구 만들기 등 거미 관련 활동이 순환적으로 이어지기도 한다.

숲을 다녀온 이후에는 요리활동을 하기도 한다. 숲에서 캔 쑥으로 쑥버무리 만들기, 진달래 화전, 밤 삶기 등이 대표적인 요리이다.

목공놀이도 많이 이루어진다. 자신이 원하는 모양의 나무를 주워서 돌아와 공룡이나 자신이 원하는 모양의 동물 혹은 인형을 만들기도 한다. 숲에서의 경험을 토대로 동화, 그림, 숲지도 등을 만들기도 한다.

PART 3

현대 사회변화에 따른 영유아 프로그램

Chapter

09

종일제 프로그램

01 ······ 종일제 프로그램의 개념 및 유형

1) 종일제 프로그램의 개념

현대 사회의 두드러진 특징 중 하나는 여성들의 활발한 사회 · 경제활동 참여로 인해 맞벌이 가정이 증가하면서 육아에 대한 부담과 스트레스는 저출산이라는 국가적 문제로 이어지고 있다는 것이다. 이러한 변화는 저출산과 육아에 대한 책임이 가정에 국한되는 개인적인 문제가 아니라 국가나 사회 전체가 책임져야 할 공적인 문제로 대두되었고 현세대의 부모들은 육아에 대한 책임을 전문가가 함께 해주기를 요구하면서 종일제 프로그램의 필요성이 증가하게 되었다.

사회적 분위기와 부모들의 요구에 따라 종일제 프로그램의 중요성과 관심은 종일제에 대한 개념의 변화를 초래하였다. 즉, 과거 취업모 자녀의 신체적 보호만을 목적으로 하던 최소한의 의미에서 벗어나 유아의 모든 발달영역을 통합하는 포괄적인 에듀케어(educare)의 개념으로 인식되기 시작한 것이다. 종일제 프로그램의 가장 큰 특징인 운영시간과 기능으로 구분하여 개념을 살펴보면 다음과 같다. 운영시간의 측면에서 반일반은 하루 3시간 이상 5시간 미만을, 시간연장제는 5시간 이상 8시간 미만을, 그리고 종일제는 하루 8시간 이상 운영하는 프로그램을 의미한다. 기능적 측면에서 종일제 프로그램은 교육과 보호가 통합된 프로그램이다. 즉,

종일제 프로그램을 운영하는 학급에서는 반일제 프로그램에서 이루어지는 활동을 모두 포함하고 유아의 기본적인 욕구충족과 전인적 발달을 목적으로 하는 교육활동과 점심, 휴식, 낮잠 등 다양한 일상생활이 함께 제공되어야 한다. 따라서 종일제 프로그램이란 지역의 특수성과 기관의 실정 및 유아의 상태를 고려하여 발달적 보육, 종합적 보육, 질적 보육에 기초한 사회, 건강, 영양이 포함된 종합적인 보호의 기능과 전인적인 교육의 기능을 통합한 포괄적인 교육의 기회를 제공하는 프로그램으로 정의할 수 있다(교육부, 2009).

2) 종일제 프로그램의 유형

종일제 프로그램은 제6차 유치원 교육과정 개정에서 유치원 교육시간의 다양화를 위한 지침을 토대로 지역과 유아교육기관의 실정, 교육적 필요에 따라 다양하게 운영할 수 있도록 되어 있다. 우리나라에서는 프로그램 운영방식에 따라 독립 종일반과 오후 재편성 종일반, 학급 집단의 구성, 대상연령 등에 따라 동일연령 종일반과 혼합연령 종일반으로 구분하고 있다.

① 독립 종일반

별도의 종일제 학급을 구성하여 유아들이 등원시간부터 오후 귀가시간까지 8시간 이상을 동일한 교실에서 1명 이상의 담임교사와 함께 하루 일과를 보내도록 운영한다. 이는 종일반을 원하는 유아들이 20명 이상일 경우 운영될 수 있는 형태로 오후 교육활동에 유아의 발달적 특성을 고려하여 낮잠과 휴식을 제공한다. 유아들은 안정된 환경과 분위기에서 교육과 보호적 활동을 제공받을 수 있고 교사와 충분한 상호작용과 질적인 유대감을 형성할 수 있다는 장점이 있으나 교사의 근무시간이 길어 업무가 과중해 질 수 있으므로 교사 배치 및 운영에 효율을 기해야 한다.

② 오후 재편성 종일반

오전에는 반일반으로 구성되어 각기 다른 학급에서 반일반 담임 교사와 오전 일과를 보내고 오후에는 종일제 프로그램에 참여하는 유아들로 종일반을 구성하여 오후 일과를 보내도록 운영된다. 이 경우 오전과 오후의 교육 및 보호 담당교사를 별도로 지정하여 교사들은 자신이 맡은 역할에 충실할 수 있고 반일반과 종일반이 갖는 특성을 고려하여 전문적으로 운영할 수 있는 장점이 있는 반면 유아들이 반일반과 종일반을 동시에 생활하면서 자신이 속한 반에 대한 소속감이 부족하게 되거나 교사들 간의 교육 및 보육에 대한 활동 연계가 어려울 수 있다는 단점이 있다.

③ 동일연령 종일반

같은 연령의 유아들을 한 학급으로 구성하는 형태로 만 3, 4, 5세 유아들을 각 연령별로 한 학급을 구성할 수도 있으며, 각 연령별로 발달에 적합한 동일연령 집단의 교육활동을 원하는 유아교육기관에서 계획하여 운영할 수도 있다. 동일연령으로 반을 구성하게 되면 유아들의 발달수준과 요구가 유사하여 일과 계획 및 환경 구성, 활동 전개가 용이하고 또래 간 상호작용이 활발하게 이루어질 수 있는 장점이 있으나 개별적인 편차에 대한 배려가 어려울 수 있다.

④ 혼합연령 종일반

동일연령의 유아 수가 부족한 경우 발달적인 요구를 고려하여 만 3, 4세반 또는 만 4, 5세반, 만 3, 4, 5세반으로 집단을 구성하여 운영하는 것을 혼합연령 종일반이라 한다. 혼합연령으로 운영할 경우 유아들이 현대 가족에서 경험하지 못한 형제관계 속에서 사회적 기술과 능력을 자연스럽게 배울 수 있다. 그러나 교사는 학급에 구성 연령별 유아들의 발달적 차이와 능력을 고려한 놀이와 교육활동을 제공하고 환경을 구성해야 하는 어려움이 있다.

02 종일제 프로그램의 운영

종일제 프로그램은 맞벌이 가정의 요구와 지원을 위해 국가적인 차원에서 시작되었으며, 1일 8시간 이상의 교육과정을 운영하는 프로그램으로 다른 프로그램에 비해 장시간의 운영시간이 명시되어 있다는 특징을 갖는다. 그러나 양육자의 따뜻하고 민감한 보호를 요하는 영유아기에 오랜 시간 기관에서의 보육은 정서적 건강에 부정적인 영향을 미칠 수 있다는 우려의 목소리도 있다.

올젠(Olsen)과 지글러(Zigler)는 영유아의 건강한 성장을 위해 종일제 프로그램은 유아들이 유아교육기관에서 더 오랜 시간 머무는 것뿐 아니라 현재 필요한 기술을 발달시킬 수 있는 더 많은 시간과 기회들이 주어져야 하며 이를 위해서는 안정적이고 질 좋은 환경 및 충분한 시간과 다양한 활동이 제공되어져야 한다고 설명한다. 또한 오후까지 긴 시간 동안의 일과에 대한 적응 정도가 유아마다 차이가 있으므로 이를 충분히 고려하여 융통성 있게 운영해야 한다. 영유아의 심신의 건강과 효과적인 종일제 프로그램 운영을 위해서는 다음과 같은 기본사항이 고려되어야 한다(이기숙, 강숙현, 2014).

- 다양한 유아의 발달 능력과 요구수준, 선행지식과 경험, 기술수준 등을 고려하여 발달에 적합한 교육과정을 구성한다.
- 신체적 안전, 심리적 안정을 느낄 수 있는 따뜻하고 편안한 보호와 풍부한 교육경험을 위한 다양한 교육활동과 자료가 제공되어야 한다.
- 교육내용과 일과운영에서 건강과 영양, 안전, 위생과 여가 등 기본적인 신체적 요구에 대한 배려가 필수적이다.
- 개별적으로 기본생활욕구를 충족하고 기본생활습관 태도의 기초를 가정과 연계하여 형성할 수 있도록 한다.
- 개별 유아 및 부모의 요구와 지역사회의 특성 등이 프로그램에 반영되어야 한다.
- 유아의 성장 · 발달원리를 고려하여 건강, 안전, 편안함 등을 고려한 교육환경을 제공한다.

- 종일제 학급의 교사 대 유아 비율을 적정하게 유지한다.
- 가정과의 연계와 상호작용이 활발할 수 있는 기회를 제공한다.

1) 교육과정

종일제 프로그램을 운영할 때에는 유아들이 하루의 대부분을 기관에서 생활하고 있다는 점을 고려하여 유아의 발달적 요구와 개인적 편차에 대해 세심한 배려가 포함되어야 한다. 특히 유아들이 기관에서 식사를 하고 낮잠, 휴식, 배변 등의 기본적인 생활을 하게 되므로 기본적인 생활 욕구까지 충족시켜 주면서 전인적인 발달을 촉진할 수 있어야 한다.

필드(Field, 1991)는 종일제 프로그램 효과에 대한 종단적 연구에서 2세 이전부터 유아기까지 양질의 안정적 종일제 프로그램을 경험한 유아는 사회적, 정서적 발달에 긍정적인 영향을 준다고 하였으며, 이영 · 김미령(1990)은 종일제 프로그램의 경험이 유아의 신체 발육과 의사소통, 사회성, 지적인 면에서 의미 있는 발달을 촉진할 수 있다고 설명한다. 이러한 종일제 프로그램의 긍정적인 결과를 이끌어 내기 위해서는 양질의 교육과정 계획이 앞서 이루어져야 한다. 유아의 신체적, 심리적 성장을 지원할 수 있는 종일제 프로그램의 교육과정을 계획할 때는 다음과 같은 점이 충분히 고려되어야 한다.

첫째, 각 유아의 발달수준을 반영하여야 한다. 특히 혼합연령으로 프로그램을 운영할 때에는 특별히 각 연령의 발달적 특성과 요구를 고려하여 각 연령마다 적절한 교육과정을 구성하도록 한다.

둘째, 종일제 프로그램의 교육과정에는 반일제에서 이루어지는 교육적 활동과 함께 기본적인 욕구 충족과 신체적인 보호를 위한 기본생활 측면이 일상생활 속에 통합되도록 해야 한다.

셋째, 유아들이 하루 종일 기관에 있게 되므로 오후에는 가정에서 느낄 수 있는 따뜻함, 안정감, 편안함이 고려되도록 해야 한다.

넷째, 일과 계획에 융통성을 부여하여 유아가 기관에서 피로가 쌓여서 심신의 건강을 해치는 일이 없도록 유의해야 한다.

다섯째, 유아들이 건강, 안전, 위생에 관련한 올바른 기본생활습관과 사회생활에 필요한 기술과 태도의 기초를 형성할 수 있도록 해야 한다.

여섯째, 종일제 프로그램을 이용하는 부모와 유아의 특성 및 요구를 반영할 뿐 아니라 지역사회의 특성을 교육 계획에 적절히 반영하도록 한다.

표 9-1 종일제 프로그램의 하루 일과 구성

시간	활동내용
08:00~09:00	등원 / 원아 건강상태 살펴보기
09:00~11:00	자유선택활동 계획 및 놀이 / 오전 개별 간식
11:00~11:10	정리정돈 및 화장실
11:10~12:00	소그룹활동 및 대그룹활동
12:00~12:10	정리정돈 및 화장실 다녀오기
12:10~13:10	점심 준비 및 점심 / 이 닦기 / 실외자유선택활동
13:10~13:40	소그룹활동 및 대그룹활동
13:40~15:00	낮잠 / 조용한 놀이
15:00~16:00	자유선택활동 / 오후 개별 간식
16:00~16:50	실내 · 외 자유선택활동
16:50~17:00	귀가지도

출처: 교육부(2000). 종일제 운영의 하루 일과.

우리나라의 종일제 프로그램 유형 중 가장 많은 비중을 차지하는 오후 재편성 종일반의 경우, 각 유아의 반일반에서 이루어지는 생활주제에서 크게 벗어나지 않는 범위 내에서 연관 있는 주제를 선정하여 심화할 수 있도록 편성 · 운영하되 반일반의 활동내용과 중복되지 않도록 한다. 그러나 각 유아들의 반일반에서 진행되고 있는 생활주제가 다르다면, 오전과는 다른 독자적인 주제를 선정하여 운영하고 반일반 학급에서 시간적 제약이나 많은 원아 수로 인해 할 수 없었던 주제나 특별한 활동이 있었다면 이를 중심으로 운영할 수 있다. 혼합연령 집단 종일반의 경우, 선정한 생활주제 및 주제에 맞게 계획하고 운영하되, 특히 각 연령에 따른 구체적인 교육내용을 세심하게 배려하여 계획하고 각 연령별로 활동이 중복되지 않게 계획 · 운영하도록 한다(교육과학기술부, 2011).

또한 효과적인 프로그램 운영을 위해 하루 일과 활동들 간의 균형을 고려하여 계획하고 오후 시간에는 대집단 활동이나 오랜 시간 집중을 요하는 활동보다는 비구조화된 개별 활동을 장려하도록 구성한다.

2) 건강·영양·안전관리

종일제 프로그램을 이용하는 유아들은 하루의 많은 부분을 기관에서 보내게 되므로 유아들의 건강과 안전, 영양에 대해 가정과 일관성 있고 균형적으로 운영되어야 한다. 종일제 프로그램 운영 시 유아가 하루에 섭취해야 할 영양소 및 총 열량의 1/2을 기관에서 제공하게 되므로 1회의 점심식사와 2회의 간식을 통해 영양을 고르게 제공할 수 있도록 계획해야 한다. 또 유아기의 영양은 건강과 성장에 영향을 주는 중요한 요소이므로 단백질과 칼슘이 충분히 제공되도록 하면서 음식의 종류와 조리방법을 다양하게 선택하고 유아의 기호와 개인적인 체질을 고려하도록 한다.

유아의 영양관리와 함께 건강상태를 체크해야 하며 유아의 일일 건강 관찰 검사표를 가까이 두도록 한다. 유아들과 접촉하는 모든 교직원도 정기적인 건강검진을 받도록 하여 성인으로 인한 감염이 발생하지 않도록 주의한다.

또한 유아들은 상황을 판단하고 사고의 가능성을 예측하여 예방하는 사고능력이 미흡하므로 시설이나 설비가 유아에게 적합하고 안전한지 살펴 사고를 방지할 수 있도록 주의해야 하며 화재 등의 긴급사태에 대비한 안전훈련도 실시하여 만약의 사태에 안전하게 대피할 수 있도록 정기적으로 안전교육을 실시하도록 한다.

3) 부모교육

종일제 프로그램 운영에서 부모와의 지속적인 연계와 소통은 프로그램을 성공적으로 이끌어 가는 매우 중요한 요인이 된다. 그러므로 종일제 프로그램에서는 부모들의 취업과 핵가족화로 인해 야기되기 쉬운 가정의 교육기능 약화를 보완하기 위해 부모가 양육에 대해 느끼는 고충을 격려하고 효율적인 부모 역할 지원을 강화할 수 있는 부모교육이 제공되어야 한다.

종일제 프로그램을 이용하는 부모를 위한 참여방법은 부모의 근무유형이나 참여의사 등에 따라 강연회 및 토론회, 부모면담, 서면통신, 수업참관, 가정방문과 같은 부모 역할 강화를 위한 보완적이며 간접적인 유형을 활용할 수도 있고 보조교사, 워크숍, 부모회 위원, 교육자원의 보조자 및 자원봉사 등 유아교육기관 활동에 부모를 개입시키는 참여적이며 직접적인 방법 등 다양하게 운영할 수 있다(교육부, 2000). 부모교육은 일하는 부모들의 스케줄에 맞추어 계획하며 유아발달과 가족발달 간의 상호의존적인 관계를 지원할 수 있는 정보 제공이 포함되도록 한다. 또한 부모교육을 통해 맞벌이 가정의 생활환경과 자녀양육의 어려움을 공감하고 지원해 줄 수 있도록 하며 유아의 발달에 긍정적이고 일관성 있는 교육을 위해 교사와 부모가 좋은 협력관계를 가져야 함을 알린다.

종일제 프로그램을 이용하는 부모들을 위한 안내와 교육에서 고려해야 할 사항은 첫째, 기관의 교육철학과 교육 내용, 학급운영 등에 대해 충분히 이해하고 부모의 상황과 연결지어 검토해 본 후 입학을 결정할 수 있는 사전 오리엔테이션을 제공한다. 둘째, 부모의 개별적인 요구와 필요를 조사하여 프로그램 운영에 반영한다. 셋째, 일정기간 계획되어 실시하는 부모면담 이외에도 필요한 상황마다 개별면담을 통하여 그날 그날 유아의 생활과 문제점에 관한 정보를 주고받는다. 마지막으로 프로그램에 대한 안내문이나 전달사항 등을 서면뿐 아니라 다양한 통신매체를 활용하여 편리하게 접근할 수 있도록 함으로써 부모가 유아의 성장과 경험에 관심을 갖도록 지원하고 귀가 후 가정에서도 양육방식에 자연스럽게 연계되도록 한다.

03 종일제 프로그램의 교사 역할

유아기는 다른 어느 시기보다 교육환경과 교사에 의해 많은 영향을 받게 된다. 이에 종일제 프로그램에 있어 교사는 기본적인 교사 역할 이외에도 가정의 양육자, 훈육자로서의 역할도 수행해야 하기 때문에 교사 역할의 중요성이 강조되고 교사에게 요구되는 기대도 커지고 있다. 그러나 장시간의 업무로 인해 교사의 심신의 건강과 직무만족도가 낮아지지 않도록 교사 간 역할분담과 상호 협조체제를 만들어 가는 일도 프로그램의 질을 향상할 수 있는 요인이 된다.

종일제 프로그램에서 교사는 유아가 정서적으로 안정감을 느끼고 기본적인 욕구를 충족하도록 하는 동시에 유아의 학습과 발달을 돕는 역할을 수행해야 하므로 그 역할이 매우 다양하고 복잡하다. 안성실(2001)은 종일제 프로그램의 효율적 운영을 위한 교사의 역할에 대해 다음 6가지로 설명하고 있다.

① 교사는 학습활동의 조성자로서 세심하고 치밀한 교육과정을 계획하고 안내해야 하며, 오전의 학습활동과 오후의 활동이 연계되도록 해야 하며 보호와 교육이 생활 속에서 통합되도록 해야 한다.

② 교사는 물리적 환경의 준비자로서 유아들이 활동에 대해 흥미를 느낄 수 있도록 풍부한 물리적 학습 환경을 제공하여 학습의 자극이 될 수 있도록 해야 한다.

③ 교사는 유아의 사회적 행동 모델로서 유아의 사회적 지식, 태도, 믿음 등에 영향을 줄 수 있는 행동적 상황에 민감해야 하며 삶의 과정에서 부딪치는 문제를 해결하는 방식에도 세심한 노력을 기울여 유아를 위한 바람직한 행동 모델이 되도록 노력해야 한다.

④ 교사는 유아와의 직접적인 상호작용자로서 유아가 좀 더 적극적이고 반응적이며 자연스럽게 자신의 생각을 표현할 수 있도록 비지시적이고 개별적인 상호작용의 기회를 제공하도록 해야 한다.

⑤ 교사는 영양과 건강관리뿐 아니라 따뜻한 애착형성자로서 안정적이고 따뜻한 분위기를 형성하여 유아의 정신적인 건강과 사회 · 정서 발달을 지원하도록 해야 한다.

⑥ 교사는 종일제 이용 부모의 입장과 요구를 이해하고 수용할 수 있는 자세를 통해 부모와 좋은 관계를 유지도록 연구하고 노력해야 한다.

04 종일제 프로그램의 실제

동주대학교 부속유치원의 종일제 프로그램 운영에 대한 사례를 제시함으로써 종일제 프로그램의 이해를 돕고자 한다. 동주대학교 부속유치원의 종일제 프로그램은 오후 재편성 종일반으로 운영하고 있으며, 누리과정의 생활주제를 중심으로 반일반과 연계하면서 그림책을 중심으로 생활주제에 대해 좀 더 깊이 있게 탐구해 가는 활동으로 운영하고 있다. 여기에 제시된 내용은 종일제 프로그램의 연간교육계획과 주간교육계획, 가정과 연계하고 있는 교사의 저널 자료에서 발췌한 종일반 활동들이다.

1) 종일제 프로그램의 연간교육계획

월	생활주제	주	주제	그림책 제목	표현
3	유치원과 친구	2, 3	즐거운 방과후 과정반	난 유치원이 무섭지 않아	언어
		4, 5	우리는 친구	나랑만 놀아	신체
4	봄	1, 2, 3, 4	봄의 곤충 '개미'	개미나라에 간 루카스	과학
					미술
5	나와 가족 · 우리 동네	1, 2	집안일을 도와요	집 안 치우기	상황극
		3, 4	행복한 우리 마을	행복한 주스나무	요리
6	동물	1, 2	세시풍속 '단오'	청개구리 큰 눈이의 단오	신체
		3, 4, 5	공룡	공룡이 공짜!	미술
					전시회
7	환경과 생활	1, 2	비오는 날	비오는 날의 소풍	과학
		3, 4	즐거운 여름휴가	건물들이 휴가를 갔어요	언어
8	여름	1, 2	하늘 이야기	구름나라	신체
		3, 4, 5	물	도깨비를 빨아버린 우리 엄마	상황극
9	우리 나라	1, 2, 3, 4	우리의 땅 독도	우리 독도에서 온 편지	언어
					미술
					전시회

월	생활주제	주	주제	그림책 제목	표현
10	가을 · 교통 기관	1, 2	추수	바빠요 바빠	미술
		3, 4	교통안전	아침부터 저녁까지 차 조심	신체
11	기계와 도구	1, 2	생활의 도구	안경공주	과학
		3, 4	생활의 기계	꼬마 재봉사 니테치카	미술
12	겨울	1, 2, 3, 4	나누는 마음	이야기 담요	언어
					신체
					미술
1	우주 · 새해	1, 2	아름다운 별	별자리를 만들어줄게	과학
		3, 4	설날	이제 곧 설날이에요	언어
2	형님이 되어요	1, 2	자신감을 가져요 I	괜찮아 넌 할 수 있어	상황극
		3, 4	자신감을 가져요 II	난 발표가 정말 싫어	언어

2) 종일제 프로그램의 주간교육계획

반 이름	방과후과정반 (만 4, 5세)	시기	4월 3주
생활주제	봄	주제(그림책)	개미(개미나라에 간 루카스)
목표	• 개미의 천적과 공생관계를 안다. • 개미가 우리에게 주는 이로움을 안다.		

활동	날짜(요일)	15(월)	16(화)	17(수)	18(목)	19(금)
자유선택활동	쌓기놀이영역	먹이가게(4, 5)				
	역할놀이 영역	알에서 개미까지(5) 나는 여왕개미(4, 5)				
	언어영역	개미 글자 탑(4, 5)				
	수 · 조작영역	개미 퍼즐 맞추기(4) 먹이를 찾아라(5)				
	과학영역	개미집 관찰하기(4, 5)				
	미술영역	개미 모자이크(5) 개미 색칠하기(4)				
	음악영역	'거미' 따라 부르기(4, 5)				
휴식 및 낮잠		☺ 휴식 및 낮잠을 요하는 유아는 개별적으로 실시 ☺				

활동	날짜(요일)	15(월)	16(화)	17(수)	18(목)	19(금)
대 · 소집단활동	이야기 나누기	개미마다 하는 일이 달라요	개미의 천적	개미의 친구들	개미는 왜 줄 지어 다닐까?	개미가 우리에게 주는 이로움
	동화/동시			동시) 개미와 이슬	동시) 개미와 이슬 동시 재구성	동화) 개미와 비둘기
	미술/음률	미술) 개미 2차 표상하기			미술) 개미집 그리기와 개미 접기	
	게임/신체		게임) 개미 · 벌 카드 뒤집기			신체) 일개미가 되어 보아요
	과학		과학) 개미와 거미 벤다이어그램			
	전이/주의집중					어느 날
	귀가지도	복도에서 뛰지 않기	가방 속 정리하기	손 깨끗이 씻기	신발 구겨 신지 않기	차 밖으로 손 내밀지 않기

3) 종일제 프로그램 활동

생활주제	봄	주제	개미
목표	• 개미에 대해 흥미와 관심을 가진다. • 개미의 성장과정, 먹이, 습성에 대해 안다. • 개미의 천적과 공생관계를 안다. • 개미를 통해 협동심과 질서에 대해 안다.		

제목	**개미나라에 간 루카스**
저자	John Nickle
역자	조세현
출판사	비룡소
연도	2006

그림책 이야기

웃긴 안경과 특이한 모자를 쓰고 다니는 루카스는 골목대장 시드에게 괴롭힘을 당하고 개미에게 화풀이를 합니다. 개미들은 더 이상 참을 수가 없어 힘을 합쳐 루카스를 개미나라로 데리고 옵니다. 여왕개미는 그동안 루카스가 개미를 괴롭힌 일에 대해 이야기하며, 마법사 개미에게 루카스를 아주 작게 만들어 재판을 열게 하라고 명령합니다. 재판관 개미는 루카스에게 무지막지한 벌을 내립니다. 하루 종일 일을 하고 음식도 모아야 했고 개미를 공격하는 말벌과 싸우고 커다란 거미도 물리쳐야 하며 여왕개미 시중드는 일도 하게 합니다. 그러던 어느 날, 여왕개미는 루카스에게 집에 가서 달콤한 젤리를 가지고 오면 자유롭게 풀어주겠다고 합니다. 한밤 중 젤리를 가지고 가다가 아빠에게 들키고 개미친구들이 아빠에게 잡히지 않도록 도와주자 마법이 풀리며 루카스가 다시 커진다는 내용의 동화입니다.

교사: 아이가 무엇을 하고 있니?
유아: 개미에게 물총을 쏘고 있어요.
교사: 왜 개미에게 물총을 쏘는 걸까?
유아: 심심해서 장난치는 것 같아요.
교사: 개미들의 마음은 어떨까?
유아: 화가 나요, 깜짝 놀라서 도망갈 거 같아요.
교사: 이 아이가 무슨 이유로 개미에게 그렇게 하는지 우리 동화를 들어볼까?

(1) 미술활동 : 개미 표상하기

교실활동 엿보기

우리는 유치원, 산책길, 놀이터 등 많은 곳에서 개미를 자주 보게 됩니다. 자주 보아오던 개미였지만 개미의 색과 모습을 떠올리며 개미를 표상해 보려니 멈칫하는 아이들! “어떻게 생겼더라? 다리가 어떻게 생겼지? 다리는 몇 개였지?” 1차 표상활동에서는 아이들이 알고 있는 개미의 모습을 곰곰이 회상해 보는 시간이 되었습니다.

1차 표상 후, 산책길에서 만난 개미들을 주의 깊게 관찰한 뒤 2차 표상활동을 하였습니다. 개미의 생김새는 어떠한지, 어떻게 움직이며, 먹이를 가져갈 때는 어떤 방법으로 가지고 가는지 등 꼼꼼히 관찰하고 2차 표상활동을 해보니 개미의 모습을 제법 정교하게 표현할 수 있었습니다.

개미에 대한 1차 표상

개미에 대한 2차 표상

(2) 과학활동 : 개미의 생김새와 구조의 명칭

교실활동 엿보기

개미의 생김새와 구조, 각 구조의 명칭에 대해서 알아보았습니다. 개미의 모습 중 머리 부분의 명칭을 살펴보면서 침샘, 모이주머니, 턱 조각, 입술, 혀, 뇌, 독선 등의 기관에 대해 소개하였고 새롭게 알게 된 정보들에 신기해하는 아이들이 많았습니다. 점점 개미의 종류에 대해 관심이 많아지고 있는 아이들을 위해서 개미의 이름, 개미가 사는 곳, 먹이, 생김새, 특징 등을 소개하는 '개미'에 대한 작은 책도 만들어 보았습니다. 자유선택활동시간마다 친구들이 만든 작은 책을 보면서 개미에 대해 궁금했던 정보들에 관심을 갖고 더욱더 흥미를 느끼고 있습니다.

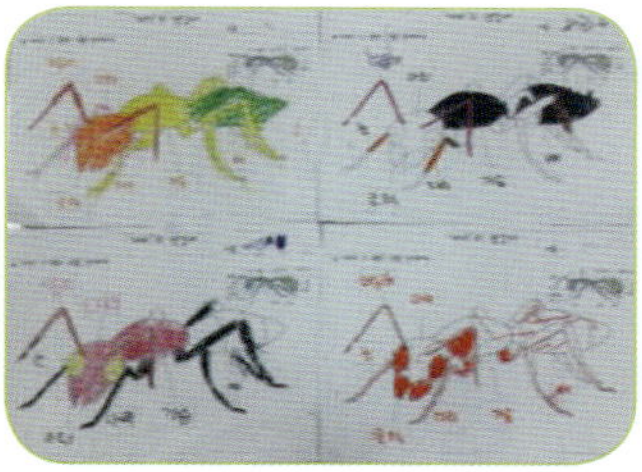

(3) 실외활동 : 개미 찾으러 출발!

교실활동 엿보기

지난 겨울, 개미들은 추위를 이겨내기 위해서 땅속에서 보내다 따뜻한 봄이 되면 땅속에서 먹이를 찾으러 나옵니다. 열심히 먹이를 찾는 개미를 관찰하기 위해서 아이들은 이리저리 개미를 찾으러 다닙니다. 개미를 찾을 때는 손으로 잡지 말고 나뭇가지를 이용하거나 개미에게 손가락을 갔다대고 손으로 올라오기를 기다리자고 약속을 하였습니다. 아이들은 개미를 만나서 신나는 마음에 "개미가 여기에 많아요. 개미들이 개미집에 꽃잎을 가지고 들어가요. 개미가 내 손 위에 올라왔어요. 간지러워요."라고 말하며 개미에 대한 자신의 생각을 다양하게 표현하였습니다.

(4) 미술활동 : 개미 집 만들기

교실활동 엿보기

개미를 찾으러 간 산책길에서 개미친구들을 유치원으로 데려왔습니다. 병 속에 개미를 넣고 개미가 어떻게 땅속에서 집을 짓는지는 관찰한 후, 친구들과 함께 개미집을 그려보았습니다. 땅위에서 구멍을 파고 흙을 파서 올리고 집을 짓는 모습을 보고 난 뒤라 아이들이 개미집을 더 자세하게 표현하였습니다. 그리고 개미들처럼 친구들과 협동하여 개미집을 그리니 협동심도 기를 수 있었습니다.

힘을 모아 만든 개미집에 개미들을 초대하였습니다. 색종이를 이용하여 개미를 접고 미리 만들어 놓은 개미집에 개미를 붙이니 멋진 작품이 완성되었습니다. 아이들은 자신들이 만든 것에 뿌듯해하며 다른 모둠의 친구들도 살펴보았습니다.

(5) 게임활동 : 개미와 벌 카드 뒤집기

교실활동 엿보기

개미와 공생하는 곤충과 천적이 되는 곤충은 누구일까요? 개미와 서로 돕고 살아가는 곤충과 천적인 곤충에 대한 이야기 내용을 게임으로 하였더니 아이들이 더욱더 적극적으로 참여하였습니다. 개미 팀과 벌 팀으로 나누어서 주어진 시간 동안 서로 자기 팀의 곤충이 많이 나오도록 열심히 뒤집었습니다.

(6) 탐구활동 : 내가 좋아하는 개미

교실활동 엿보기

산책길에서 데려온 개미들! 좁은 병 속이지만 개미들은 서로 힘을 모아 집을 만들고 과일 껍질 먹이를 갈아먹으면서 살아갔습니다. 개미가 턱에 돌과 흙을 가지고 올라가며 구멍과 길을 만드는 모습에 아이들은 신기해하고 호기심이 가득한 얼굴로 살펴봅니다. 오늘은 어떤 먹이를 먹을지 어떤 모습으로 길을 만들었는지, 개미가 어떻게 흙을 들고 위로 올라가는지 아이들은 개미를 관찰하는 재미를 느꼈습니다. 산책길에서 데려온 개미가 어떤 종류인지 개미의 종류에 대해 회상하며, 우리가 좋아하는 개미를 그래프로 표현해 보았습니다. 아이들이 좋아하는 개미는 1위 여왕개미, 2위 일개미, 3위 병정개미 순서였습니다. 여자아이들이 많아서 그런지 여왕개미를 좋아하는 수가 많은 것 같습니다.

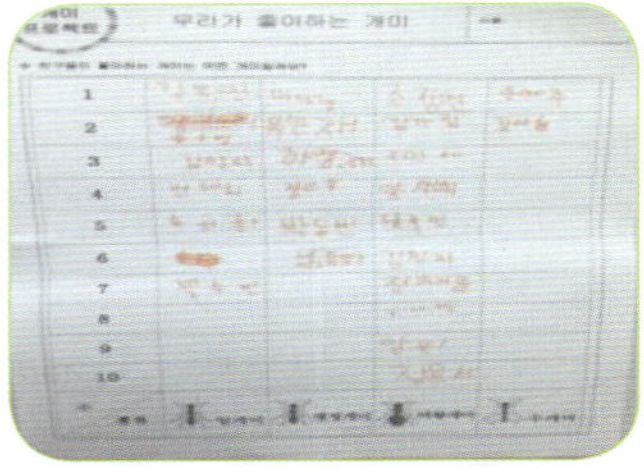

(7) 미술활동 : 지문으로 개미 그리기

교실활동 엿보기

손가락 지문을 이용하여 개미를 표현해 보았습니다. 아이들에게 개미를 표현하는 방법을 물어보니 “종이접기, 재활용품으로 만들기, 그리기”를 이야기하였으나 찍기를 이야기하는 아이는 없었습니다. 스탬프를 보여주며 이것을 어떻게 활용하여 개미를 표현할지 다시 물어보니 ‘손가락 찍기’를 이야기하는 아이들이 있었습니다.

고사리 같은 손가락을 스탬프에 찍어 개미의 ‘머리, 가슴, 배’를 표현하고 더듬이 · 다리를 그리니 멋진 개미들이 완성되었습니다. 자신이 표현한 개미가 너무 귀엽다며 친구들끼리 자랑하는 모습이 너무나도 귀여운 아이들입니다.

Chapter

10

포괄적 보육 프로그램

01 포괄적 보육 프로그램의 배경과 개념

1) 배경

가정과 양육에 대한 개념은 시대의 변화에 따라 많은 변화가 있었다. 기혼 여성의 취업률 증가와 가족구조의 다양한 형태 생성은 양육의 개념이나 방법에도 변화를 가져왔다. 여성의 경제활동 참여 증가로 기관에서 보육하는 보육시설들이 증가되었고 보육의 의미도 보호와 교육이라는 두 가지 목표를 가지게 되었다. 더구나 출산율 감소는 국가적인 차원에서의 보육에 대한 필요성을 강조하게 되었다.

그러나 이러한 보육의 의미는 핵가족화나 결손가정의 증가와 같은 현상과 함께 사회복지의 의미로서의 보육 서비스에 대한 다양한 관심이 요구되었다. 보육기관에서의 보육만으로는 충분하지 못하고 보다 폭넓은 인식이 필요하게 되었다. 효율적인 영유아의 발달을 도모하는 보육의 입장에서는 가정에서의 소극적인 의미뿐만 아니라 보육기관과 지역사회가 연대적 책임을 지는 보다 포괄적인 사회 전반의 보육 서비스가 필요함을 인식하게 된 것이다.

이런 시대적인 변화에 따라 부모가 사회 · 경제생활을 충분히 할 수 있도록, 또한 가정에서 자녀를 믿고 맡아서 양육할 수 있도록 가정을 지원해 주는 사회적 지원체제에 대한 요구가 생겨나게 되었다. 가정에서 해결되지 않는 부분을 지원해

보건복지부
출처: http://www.mohw.go.kr/kids/index.jsp

주고 보육시설에서 충족할 수 없는 부분을 지역사회를 포함하는 더 나아가 국가적으로 확장된 범위에서 보육이 이루어져야 할 필요가 있다.

더구나 빈곤가정의 경우나 해체된 가정의 경우에는 여러 가지 면에서 불이익을 당할 수 있는 영유아와 그 가정에 공평한 기회와 환경을 제공하여 중요한 생의 초기 발달에 긍정적인 영향을 미칠 수 있는 보상적 개입의 필요성이 대두되었다. 모든 영유아는 가정 안에서 건강하고 행복하게 자랄 권리가 있다. '아동의 보호자는 아동을 가정 안에서 건강하고 안전하게 양육하여야 하고, 모든 국민은 아동을 건강하게 양육하여야 한다'(아동복지법, 법률 제6151호, 2000.1.12일 개정). 아동의 기본적 인권과 존엄성 및 가치를 인정하고 여러 가지 인종적, 정치적, 사회적, 문화적 조건의 차별 없이 보호 및 양육되어야 한다(유엔 아동권리협약 27조, 28조, 29조). 그리고 이러한 책임을 다하도록 정부는 지원해 주어야 한다(아동권리협약 제18조).

결국 보육 서비스는 영유아뿐만 아니라 가족, 지역사회를 대상으로 하며, 이에 영유아의 발달과 교육을 위해 보육교사에 의해 제공되는 직접적인 프로그램 외에 이들 영유아의 부모와 가정을 대상으로 하는 부모교육, 부모상담 등의 서비스와 지역사회의 자원을 발굴하고 연구하는 지역사회 개방 프로그램이 포함되어야 한다. 또한 보육 서비스는 영유아의 단순보호와 교육 프로그램을 제공하는 기존의 기능에서 벗어나 지역사회 내에 있는 모든 영유아의 양육을 지원하는 공공보육 서비스의 역할을 수행해야 한다. 즉, 보육시설은 지역사회 내의 열린 공간으로서 영유아 양육에 대한 정보 제공, 지역사회의 보육 욕구 수렴, 지역주민의 참여 등을 유도하는 사회복지기관의 역할을 수행하여야 할 것이다. 특히 저소득 가정은 경제적 어려움으로 인해 보육료의 부담 문제를 갖고 있으므로, 보육시설은 이들 영유아와 가정의 심리사회적 문제를 해결하고 복지를 향상시키는 사회복지기관의 역할도 수행하는 것이 필요하다(양연숙, 2003). 이러한 광범위한 의미를 포함하는 보육이 포괄적 보육 프로그램이라 할 수 있다.

국가 차원에서 저소득 가정의 영유아 양육지원정책은 소외 영유아에 대한 국가적 지원으로 빈부계층 완화를 시작한 미국, 영국, 일본 등에서 예를 찾아볼 수 있다. 저소득 가정의 영유아를 위한 국가수준의 포괄적 보육 프로그램은 미국에서 1965년 시작된 헤드 스타트(Head Start) 프로그램과 영국의 슈어 스타트(Sure Start) 프로그램이 대표적인 사례이다. 저소득층 영유아와 가정을 대상으로 보육과 더불어 건강, 영양의 포괄적 서비스를 실시하고 있다. 우리나라의 경우에 삼성복지재단이 저소득층 가정 영유아를 대상으로 포괄적 보육 프로그램을 실시했었고, 우리나라의 빈곤계층 영유아를 위한 보육 프로그램으로는 위스타트와 드림스타트가 있다.

위스타트(We Start) 프로그램은 저소득층 가정과 아이의 복지와 교육을 위해 개별사례 관리를 통해 알맞은 지원을 제공하고 요구하는 전문인력, 지역사회의 자원봉사 체계 그리고 자치단체의 지원 등을 통하여 삶의 공정한 출발을 도와 저소득층 아동에게 주어질 가난의 대물림을 끊어주는 것을 목적으로 하는 정부 차원이 아닌 민간과 지방자치단체가 주도로 하는 시민운동이다. 2004년 5월 대한민국의 언론사인 중앙일보와 사회공동모금회, 한국복지재단 등 여러 단체가 모여 위스타트 운동본부를 창립하였다. 이 운동의 기본 사업은 위스타트 마을 사업으로 위스타트 마을본부를 중심으로 하여 자원봉사자, 지방자치단체 또는 사회복지관, 교육기관, 사회단체, 기업, 의료기관 등과 주민이 서로 협력하여 아동복지 체계를 구성해서 만 12세 이하 저소득층 아동들을 돕는 것으로 부모와 가정을 모두 포함한다. 기본 사업인 '위스타트 마을 만들기'와 '방과 후 교실'을 열고 무료교육을 시행하여 학업이 부진한 아동들을 지원하며, 학과 및 특기 교육을 통한 '교육출발선 만들기', 무료 건강검진과 예방접종 또 치료를 포함한 지원인 '건강 지킴이', 1:1 아동과 후견인을 맺어주는 '후견인 맺기', 방과 후 갈 곳이 없거나 부모의 보호를 받지 못하는 아동들에게 휴식을 취하거나 학습의 공간을 제공해 주는 '희망의 집 꾸미기' 등을 5대 사업으로 진행하고 있다. 프로그램의 시행 후 건강상태, 유아의 자신감 향상, 친사회적 행동 증가, 학업성취도 향상 등의 효과가 있었다. 부모와 자녀 간의 상호작용, 애착 정도가 증가하고 자녀 교육 정도에 대한 기대감 증가, 양육태도의 변화 등이 나타났다고 한다.

드림스타트(Dream Start) 프로그램은 정부 차원의 거시체계를 지닌 것이 특징이다. 아동과 가족에 초점을 둔 통합사례관리를 통해 모든 아동에게 공평한 출발기회를 보장하는 것으로 대상은 0세(임산부)~만 12세(초등학생 이하)로 아동 및 가족으로 국민기초수급 및 차상위계층 가정, 법정한부모가정(조손가정 포함)이 포함된다. 학대 및 성폭력피해아동 등에 대한 우선 지원을 원칙으로 한다. 시 · 군 · 구단위로 한 Dream Start 전담조직으로 사회복지, 간호, 행정 1인씩 공무원으로 배치하여 맞춤형 통합아동 서비스 설계 및 지역사회 협력 파트너십을 구축하는 역할을 한다. 연계한 맞춤형 서비스 지원, 주기적 재사정 및 지속적인 모니터링 등 통합사례관리 실시로, 가정방문 양육 상담 및 발달 스크리닝, 건강검진, 정신보건, 영양지원 등의 보건과 학교사회복지, 소집단 협동학습, 기초학습증진, 문화체험, 가족캠프 등의 복지, 영유아 사례관리, 보육중재, 교사교육, 부모 양육지원 등의 보육, 부모교육 및 직업훈련 · 고용촉진 서비스 등과 연계, 자립촉진 등의 가족지원, 그리고 기타 아동학대 방임 및 안전사고예방 서비스 등으로 구분하여 볼 수 있다(대한민국, 2006).

2) 개념

포괄적 보육 프로그램은 아동의 발달을 위해서는 아동뿐 아니라 아동에게 영향을 미치는 가족, 지역사회까지도 대상으로 보아야 한다는 광범위한 보육 프로그램을 의미한다. 이런 포괄적 의미는 생태체계이론에 근거를 두고 있다. 브론펜브레너(Bronfenbrener, 1979)의 인간발달 생태학을 기초로 하는데 개인이 성장해 가면서 접하는 즉각적인 장면(immediate setting)의 변화와 개인 간의 상호 조절 과정, 즉 맥락 내에서의 발달에 관심을 둔다. 유기체를 환경과 분리할 수 없으며 상호작용하는 체

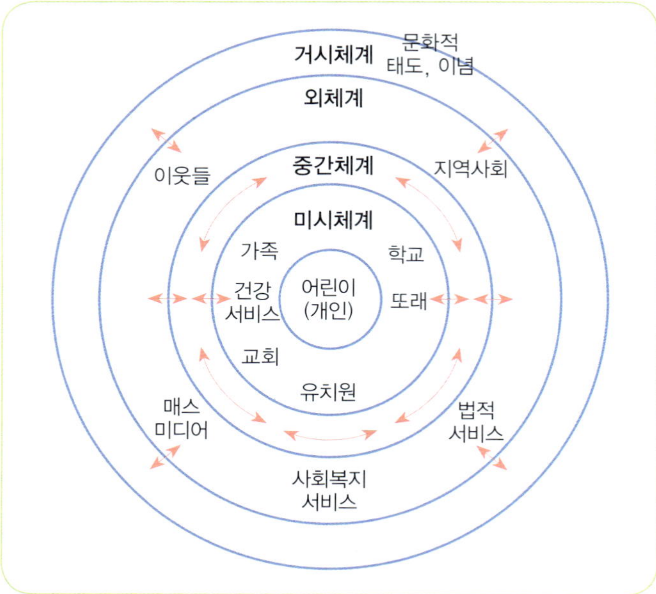

생태체계이론

계라고 보기 때문에 개인과 환경을 이분화하는 것을 방지하고(Germain, 1973), 개인의 문제와 욕구를 해결하기 위해 직접적 서비스와 간접적 서비스를 통합할 수 있는 방법을 제시하였다(Germain & Gitterman, 1976; 김동배, 권중돈, 1998에서 재인용).

생태체계를 기초로 한 포괄적 보육 프로그램은 개인을 둘러싸고 있는 생태학적 환경을 미시체계(microsystem), 중간체계(mezosystem), 외부체계(exosystem), 거시체계(macrosystem)로 구분한다(Bronfenbrenner, 1979). 미시체계는 개인이 발달하는 독특한 물리적 · 물질적인 특성을 가진 환경 내에서 경험하는 활동, 역할 및 대인관계의 유형을 뜻한다. 여기서 환경이란 가정, 보육시설, 놀이터 등과 같이 사람들이 쉽게 얼굴을 마주 대하는 상호작용에 참여할 수 있는 장소를 말한다. 중간체계는 발달하는 개인이 적극적으로 참여하는 둘 이상의 환경들 간의 상호관계로 이루어지는데, 아동의 경우 가정, 학교와 이웃, 동료집단 사이의 관계가 중간체계일 수 있다. 곧 중간체계는 미시체계들로 구성된 하나의 체계이며, 개인이 새로운 환경으로 이동할 때마다 형성되거나 확대된다. 외부체계는 개인이 적극적인 참여자로 관여하지는 않으나 개인이 속한 환경에서 일어나는 일에 영향을 주거나 영향을 받는 사

중앙육아종합지원센터

출처: http://central.childcare.go.kr

건이 발생되는 하나 또는 그 이상의 환경을 의미한다. 예를 들면, 어린 아동의 경우에는 부모의 직장, 손위 형제가 다니는 학교 학급, 부모의 친구 조직망, 지방 교육청의 활동 등이 포함될 것이다. 마지막으로 거시체계는 기본적인 신념체계가 이념과 함께 하위체계들(미시체계, 중간체계, 외부체계)의 형태와 내용에서 나타나는 일관성으로서, 특정 문화나 사회경제적, 인종적, 종교적 체계들을 의미한다(황미혜, 2002).

따라서 생태체계적 관점에서의 보육은 아동뿐만 아니라 주변의 환경과 끊임없이 영향을 주고받으며 변화, 발달하는 존재로서 아동을 바라보고 접근해야 한다는 것을 기본원칙으로 한다. 따라서 아동의 개별적 욕구와 부모를 비롯한 가족, 지역사회 등의 상황과 변화까지의 다양한 체계들 간의 역동성과 상호의존을 고려하여 다차원적인 체계적 접근을 시도하는 것이다. 특히 서비스 간의 통합, 연계, 공동협력과 제휴를 통해 새로운 체계를 창조하는 전략을 통한 접근방법이 요구된다. 따라서 보육시설과 아동, 가정, 지역사회, 다른 보육 및 복지 관련 기관들과의 상호작용과 협력을 통해 가장 효과적인 프로그램을 제공할 수 있어야 한다(이혜숙, 2001).

이처럼 생태체계적 관점은 보육아동과 가정이 겪고 있는 문제나 성장발달을 체계적으로 이해하고, 이들 문제를 해결하고 성장을 도모하기 위해서 필요한 서비스가 무엇인지를 파악하는 데에도 도움을 준다. 한편으로 보육기관의 개별적 특성을 파악하여 보다 효과적인 서비스를 제공하는 데에도 필요하며, 보육기관과 지역사회와의 상호작용을 이해하는 준거틀이 되기 때문에 보육기관의 시설과 환경, 활용 가능한 자원의 양, 보육교사의 역할 등이 아동보육에 미치는 영향을 파악하는 데에 도움을 준다(김향숙, 2001).

포괄적 보육의 개념을 살펴보면, 우리나라 영유아보육법에서는 아동보육사업의 목적을 영유아에 대한 적정한 환경과 전문적인 보육 서비스를 제공함으로써 영유아의 건전한 육성과 보호자의 경제적 · 사회적 활동의 지원을 통하여 가정복지 증진을 도모하는 것으로 규정하고 있다. 목적과 관련하여 동법 시행규칙에서 보육의 기본원칙으로서 보호, 교육, 영양, 건강, 안전, 부모에 대한 서비스 및 지역사회와의 교류를 제시하고 있으며, 보육사업지침에서는 보육계획의 수립, 영양관리, 건강관리, 안전관리, 지역사회 복지 도모 등 5가지를 보육의 내용으로 하여, 보육시설과 가정, 지역사회가 협력하는 보육 서비스를 추구하고 있다. 김기환(2001)은 포괄적 보육 서비스는 아동만을 대상으로 하여 이들의 연령에 의해서만 차별화 되고 있는 기존의 보호, 양육, 교육적 서비스에서 벗어나, 개별 아동과 가정 및 지역사회의 특성을 고려하여 이들의 개별적 욕구와 문제를 해결하면서 보육의 목적을 달성하는 사회복지 서비스라고 하였다.

여러 가지 개념을 하나로 정리해 보면, 포괄적 보육 서비스란 유아, 부모, 가정, 지역사회를 포함하는 생태체계적 관점에서 영유아의 보호와 교육의 발달을 위하고, 영유아의 삶을 둘러싼 제반 환경이 상호 교류하여 교육뿐만 아니라 복지 차원으로 통합하는 폭넓고 적극적인 보육 서비스의 개념이라 할 수 있다.

02 포괄적 보육 프로그램의 구성요소

포괄적 보육이라 함은 보육을 제공하는 데 있어 필요한 것이 통합적으로 이루어지는 보육 서비스로 구성되어야 할 것이다. 포괄적 보육에 대한 의견이 달라질 수도 있으나 기본적인 보육의 기능인 보호 및 교육 외에도 가족 서비스, 사회 서비스 등의 다양한 영역이 필요하다.

영유아의 신체적, 정서적 건강과 안정을 도모하기 위한 보호, 생애 초기에 이루어져야 할 지적, 언어적, 사회적 발달에 긍정적 영향을 주기 위한 다양한 경험의 제공 측면에서의 교육기능을 기본으로 한다. 또 충분하고 균형적인 영양공급과 식습관을 지도하고 신체의 균형적 발달을 위한 운동을 통하여 건강을 유지하기 위한 서비스의 제공이 이루어져야 한다. 한편 성인과 달리 위험에 대하여 자신을 보호할 수 있는 능력이 낮은 아동을 안전하게 보호할 수 있어야 하며, 부모참여, 부모교육 등을 통한 부모에 대한 서비스 제공이 필요하다. 지역사회 자원의 효과적 활용 등을 통하여 효율적인 보육 프로그램의 운영이 요구된다(박세경, 2004). 포괄적 보육 프로그램의 좀 더 구체적인 요소를 살펴보면 크게 네 가지로 나누어 볼 수 있다.

1) 영유아를 위한 포괄적 보육 서비스

영유아의 신체적, 인지적, 사회적, 그리고 정서적 발달이 통합적으로 이루어지도록 하는 포괄적 보육을 위한 것이다. 영유아의 연령에 적합한 교육과정을 필요로 하며 개별 유아의 욕구도 충족되도록 계획 실시되어야 할 것이다. 특히 생애 초기에는 애착형성이나 긍정적인 정서감을 갖는 중요한 역할을 하므로 적절한 양육이 이루어지기 위한 보육교사의 전문성이 필요하다.

또한 가정환경에 따른 심리, 사회, 경제적 문제로 부적응이나 발달상의 어려움을 겪고 있는 아동에 대한 적절한 조치도 필요하다. 보육교사나 양육을 하는 타인과도 애착형성이 긍정적으로 이루어지도록 질적인 서비스를 제공해야 한다. 가정의 빈곤, 결손 등으로 인한 발달상의 욕구를 갖고 있거나 방임과 학대, 가정의 해체현상 등으로 위기에 처한 아동에게 치료적이고 교정적인 서비스를 제공하는 것이 중심이 되는 구성내용이다(Kadushin & Martin, 1988). 발달에 맞는 전반적인 교육 제공, 위기상황에 맞는 전문적 서비스 제공, 부모와의 협력관계, 유아 문제행동 발견과 해결방안 등 다양한 보육을 지원해야 한다. 또한 장애, 성, 문화, 인종에 대한 편견을 극복할 수 있는 도움을 제공함으로써 영유아의 욕구와 권리를 옹호해야 한다(ANTA, 1996; 백선희, 1999에서 재인용).

포괄적 보육 서비스는 개별 영유아의 양질의 보육 환경을 제공하는 적절한 교육을 하고 영유아 가정환경에 대한 파악과 지원, 부모의 역할에 대한 교육과 지원 등을 통하여 영유아의 종합적인 보호와 교육, 치료적 서비스를 하는 것이다.

2) 부모를 위한 포괄적 보육 서비스

영유아 부모의 질적인 양육을 위해서는 부모의 양육 기술과 지식이 중요하다. 부모의 양육태도도 양육의 질에 영향을 끼친다. 부모를 위한 보육 서비스는 부모 역할에 관한 교육을 지원하고 유능감을 촉진하는 것이다. 부모의 역할을 지원하는 방법으로는 오리엔테이션, 가정통신, 가정방문, 세미나 등이 있다. 부모교육은 가족 구성원으로서 긍정적인 역할을 할 수 있도록 도와주고, 자녀의 성장과 발달에 대한 지식을 학습할 기회를 제공해 준다. 이런 지식들은 효율적인 양육에 대한 이해와 적용을 돕는다. 부모 역할에 대한 인식 부족이나 기대에 대한 부담감은 스트레스로 작용하고 양육에 부정적인 영향을 갖게 된다. 특히 일하는 부모는 시간 부족과 함께 양육의 어려움을 갖는 경향이 있다. 부모들에게 보육 프로그램에 대한 내용, 방법, 서비스에 대한 정보 제공과 이해를 돕도록 안내할 필요가 있다.

10대 부모나 가정학대, 방임 등에 대한 지원이 필요한 부모에게는 자기증진 프로그램 같은 것을 제공한다. 보육 프로그램에 부모가 참여하는 것은 보육 효과를 증진하고 부모와 교사 간의 상호작용을 통하여 질적인 양육을 할 수 있도록 지지할 뿐만 아니라 상호 간의 신뢰를 구축하게 된다. 부모참여의 형태는 프로그램에 대한 의사결정, 자원봉사, 유급 교육원 참여, 실무자와 아동을 위한 구체적인 교육 대행자로서의 참여 등이 있다.

무엇보다 부모 자신이 포괄적 보육 서비스의 주체로 필요한 지원을 받고 참여한다는 인식이 중요할 것이다. 부모 자신의 긍정적인 경험이 자녀양육에 긍정적인 영향을 미치기 때문이다.

3) 가정을 위한 포괄적 보육 서비스

생태학적 관점에서는 개인을 그가 처해 있는 환경적 맥락과 가족 내에서 이해해야 한다고 보며, 부모가 행하는 부모 역할을 효과적으로 수행할 수 있는지의 여부는 다른 환경들에서 발생하는 역할기대, 스트레스, 그리고 지원 등에 달려 있다고 한다(Bronfenbrener, 1979).

포괄적 보육 서비스는 가족을 지지하고 보호하는 서비스로 가족의 강함과 건강성을 유지하기 위해 제공된다. 가족지지서비스(family support services)는 모든 가족에게 제공될 수 있는 핵심적 서비스이며, 가족보존서비스(family preservation services)는 심각한 스트레스나 자녀양육에 문제를 느끼는 가족을 지원하고, 가족 안에서 그 자녀들의 안전을 지키도록 하는 가족중심의 지역사회에 기반한 서비스이다. 좁게는 위기에 처하였거나 위기에 직면한 가족들을 위해 고안된 서비스를 의미하기도 한다(Roditti, 1995; 황미혜, 2002에서 재인용).

4) 지역사회를 위한 포괄적 보육 서비스

포괄적 보육 서비스는 지역사회의 특성을 반영하여 욕구를 충족하고 문제를 해결하기 위한 서비스를 제공한다는 기본 전제에 기초하여 아동의 발달적 욕구에 대한 서비스 외에도 지역사회의 참여, 지역사회지원 활용, 지역사회봉사, 지역사회 연계를 통해서 보육 서비스의 질적 발전과 지역사회 발전을 도모하고자 한다(이혜숙, 2001).

지역사회 참여는 지역사회의 자원을 활용하며, 지원을 동원해 문제해결을 위한 조직과 연대를 통해 보다 향상된 서비스를 제공하는 것이다. 예를 들어, 지역의 식품이나 생활용품 후원, 병원의 프로그램 보조 및 기술 보조, 지역 조직을 활용한 교사교육 등 지역 내 자원을 다양하게 개발하여 보육대상이나 가정 혹은 지역 주민들에게 제공할 수 있다(Kinch & Schweinhart, 1999). 지역사회의 인적 · 물적 자원을 활용하여 지역인사를 보육활동에 참여시키거나 필요한 기관의 도움을 받아 활용하는 것도 필요하다.

지역사회의 보육시설은 포괄적 보육 서비스를 적용하여 지역의 문제해결에도 도움을 제공한다. 지역사회 시설 활용과 대중매체를 통한 지역사회와의 의사소통 등을 통하여 효율적인 보육 프로그램 운영으로 봉사기능을 하고 보육시설 · 가정 · 지역사회 모두의 복지에 공헌하도록 한다. 이러한 지역사회와의 다방면의 연계를 위한 협력체계를 구축하는 것이 포괄적 보육 서비스이다.

03 포괄적 보육 프로그램의 내용

포괄적 보육 프로그램의 내용은 대상과 기능에 따라 달라질 수 있지만 보호, 교육, 보건, 영양, 부모교육 지원, 정보 및 의뢰, 지역사회로 나누어 본다.

1) 보호

보호는 보육시설의 기본적인 기능으로, 돌봄(care)과 보호(protection)라 할 수 있다. 아동의 육체적 욕구에 대해 제공되는 것으로서, 그들 자신이나 다른 사람에 의해 다치지 않도록 보살피는 것을 의미한다(Morrison, 1988: 142). 보호는 위험으로부터 생명보호라는 상대적이고 소극적인 최저 수준의 보호를 의미하는 것이라고 할 수 있다. 실생활에서의 보호는 먹이고, 입히고, 재우고, 씻겨 주는 활동을 포함하여 아동이 건강하고 안전하고 적절하게 잘 성장할 수 있도록 배려해 주고, 나아가 스스로 자신의 생활을 잘 관리할 수 있도록 도와주고 자신의 안전을 보호할 수 있는 능력과 기술을 가지도록 지도하는 것, 즉 올바른 식습관, 이 닦기, 몸 청결하기 등의 위생습관, 옷 입고 벗기 및 정돈하기, 교통 및 주변의 다양한 사고로부터의 예방을 위한 정보의 전달 및 예방 기술의 습득 등이 보호의 기본내용이 될 것이다(김진이, 1999).

2) 교육

영유아의 발달에 적합한 교육은 영유아의 전인적 발달을 도와주는 것이어야 하는데 이것은 영유아의 생활환경을 고려한 넓은 의미의 교육적 활동을 포함한다. 신체적, 인지적, 정서적, 사회적 발달을 골고루 자극할 수 있고, 긍정적 발달을 지지할 수 있는 기회를 제공한다. 일반적인 교육에 대한 측면만이 아니라 보육에 있어 환경적으로 결함이 있는 영유아가 부족할 수 있는 생활습관 지도나 자아정체감을 육성할 수 있는 다양한 측면의 교육이 필요하다.

3) 보건

종일제 보육 프로그램을 운영하는 보육교사는 영유아를 긴 시간 동안 보육하는 동안 건강을 관찰하고 안전하게 보호하며 정확한 기록을 남길 책임이 있으며 필요시 전문적인 건강관리나 영양관리는 다른 전문가의 도움을 받아야 한다.

신체적 건강과 정신적 건강을 체크하며 질병과 사고를 예방하고 응급처치의 기술을 가지고 있어야 한다. 교직원과 영유아 모두 정기적으로 건강검진을 받으며 예방접종의 경우도 부모와 함께 상의하여 방법을 정하되, 반드시 실시하거나 확인하여야 하며, 건강상의 문제가 있는 아동은 전문가와 연결시켜 주어야 한다.

4) 영양

1~6세의 유아는 영아기 이후 활동량의 증가, 두뇌의 완성, 신체의 제반 기능 조절 및 사회인지적 능력의 발달시기이다. 그러므로 유아기 영양은 이 시기의 정상적인 발육을 위해 특히 중요하며, 간접적으로 일생에 걸친 식습관에 장기적인 영향을 주게 된다(이영, 김미령, 1996).

종일제 프로그램에 참여하는 아동들에게 영양은 건강과 성장발달에 영향을 주는 중요한 요소이므로 이들의 영양필요량을 고려한 균형 있는 식사계획과 합리적인 급식관리를 통해 아동들에게 균형 있는 식사와 간식을 제공할 수 있도록 식단을 개발하여야 한다. 특히, 저소득층 아동의 영양 결핍을 고려하여 성장발달에 있어 장애가 없도록 배려해야 한다.

5) 부모교육 지원

보육시설에서는 아동뿐만 아니라 부모의 정신건강도 함께 관심을 가져 주어야 한다. 부모에게 있어 자녀보육에 대한 만족도는 직무 스트레스를 완화하며, 부모 역할을 지지하는 것은 자아충실도와 자녀와의 관계를 강화한다. 부모들의 부모 기술에 대한 재확신을 시키고 긍정적인 부모-자녀관계를 강화시킴으로써 올바른 양육은 가능해진다.

가족구조의 변화와 가정기능의 다양한 형태를 가져온 시대에는 이혼, 별거, 도산, 사고, 해고 등 불안정 가정 요인이 항상 존재한다. 육아에 대한 과잉 정보 지식의 증가와 빠른 확산은 육아에 대한 관심과 혼돈을 함께 야기한다. 아동의 양육에 자신을 잃어가고 있으며, 고립된 가정육아, 모성육아에 대한 불안도 높아지고 있다. 이러한 보육 요구에 대응하는 서비스로서 자녀양육 가정의 육아불안에 대한 상담지도, 육아지원, 보육상담, 긍정적인 부모-자녀관계 기술교육, 자녀양육서클 지원, 보호자회, 위기 개입 등의 실시가 필요하다.

6) 정보 및 의뢰

정보 및 의뢰 서비스는 부모들과 보육을 담당하는 보육교사, 시설장, 가정보육자 등을 지지하는 서비스를 의미한다. 보육을 위해서는 영유아의 성장과 발달에 대한 지식, 문제행동에 대한 진단과 처치방법, 보육시설의 종류와 위치 등에 관련된 정보를 필요로 한다.

부모, 아동, 보육 서비스 제공자 모두에게 정보 제공의 욕구가 증가하고 있으며 아동의 성장, 문제행동에 대한 해결, 보육기관에 대한 정보, 보육과 관련된 정보를 원한다. 이러한 욕구를 충족시켜 줄 수 있는 방법은 입학과정에서의 정보교환, 부모와 직원 간의 지속적 관계 유지, 부모들의 그룹활동, 개별적 접촉, 부모와 가까워지기가 있으며, 구체적인 정보 교환을 위한 의사소통 방법으로는 부모활동, 개별면담, 가정방문, 유아생활조사, 연락장, 간담회, 보육참관, 부모교실, 부모교육 등과 같은 다양한 것이 있다.

포괄적 보육 서비스에서는 다양한 정보를 접하기 위해 지역사회 조직에 의뢰하는 것이 더욱 요구된다. 하나의 기관이 의료적, 교육적, 치료적 욕구를 모두 충족하기는 어렵다. 따라서 지역 관련 기관과의 협력이 요구되고 보다 나은 질적인 서비스를 실시하기 위해서는 정보 교환, 공공의식, 자격 심사와 확인, 사례관리, 유아발견과 의뢰, 서비스 전달, 부모참여, 직원 자기계발, 프로그램 평가라는 구체적 프로그램이 제시되기도 한다.

7) 지역사회

가정과 보육시설은 지역사회와 연대하여 유아를 위한 효과적인 보육을 가져올 수 있다. 지역참여를 통해서는 지역사회 홍보, 지역사회 행사참여, 주민조직 참여, 지역사회 문제해결에 대한 참여 등이 있다. 지역사회 지원활용으로는 지역사회기관 활용, 지역사회 전문인력 및 조직 활용, 지역사회시설 및 자연자원 활용이 있다. 지역사회봉사는 지역사회주민교육, 육아상담, 시설 개방, 자료 제공, 사회복지기관 봉사, 봉사활동, 지역주민 대상의 행사개최가 있다. 지역사회 연계조직은 지역사회 전문기관과의 연계, 유관단체와의 연계, 개인 및 단체 후원 연계, 지역사회 공동모금, 연계 서비스 네트워크 구축이 있다.

04 포괄적 보육 프로그램 사례

1) 미국 헤드 스타트 프로그램(Head Start Program)

미국의 헤드 스타트 프로그램은 저소득층을 대상으로 한 교육과 복지를 종합한 보육 프로그램의 대표적인 사례로 들 수 있다. 특히 저소득층 유아는 일반아동에 비해 인지발달이나 건강상태가 뒤처지는 경향이 있는데, 이는 청소년기의 학업성취도 부진과 직결돼 결국 성인이 됐을 때도 가난을 면하기 어렵게 된다. 어렸을 때 일반아동과 빈곤아동 간의 격차를 최소화해야 빈곤을 막을 수 있다는 취지에서 시작된 것이다.

1965년 존슨 행정부에서 빈곤타파운동의 일환으로 시작된 헤드 스타트는 '예방접종'의 성격을 가지고, 초기 헤드 스타트 프로그램은 빈곤계층 가정의 취학 전 유

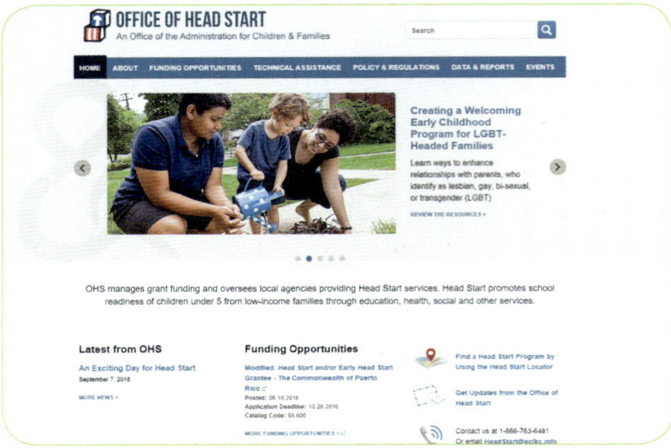

헤드 스타트 홈페이지

출처: http://www.acf.hhs.gov/programs/ohs

아들에게 아동발달 서비스를 제공하기 위한 6주간의 실험용 여름 프로그램으로 시작되었다. 현재는 미국 전역에 빈곤계층 유아와 가정들을 지원하고 있다. 주요 목표는 저소득가정 아동의 사회성, 학습능력, 건강 및 영양수준을 개선하여 일반가정 아동들과 동일한 선상에서 출발할 수 있도록 지원하자는 것이다. 저소득층 가정의 아동에게 인지 및 언어발달 서비스, 의료 · 치과 · 정신보건 서비스, 영양 및 사회 서비스를 제공하고 있다. 헤드 스타트 프로그램 구성요소는 교육, 부모참여, 건강진단, 사회봉사, 영양, 교사진과 부모들을 위한 진로지도의 6가지로 이루어진다. 주요 대상은 학생부부, 실업상태에서 직업훈련을 받거나, 다시 직장에 나가게 된 저소득층 자녀이다. 교육 내용은 초등학교 입학 전에 필요한 글자, 숫자, 사회성, 문화 등을 일반 유아원에서 가르치는 것과 동일하다.

헤드 스타트 프로그램의 결과는 첫째로 진학률이 증가했다는 것이다. 헤드 스타트 프로그램을 받은 아동은 받지 않은 아동에 비해 IQ나 학업성적 면에서 높았으며, 문제아를 위한 특수학급에 배치되는 비율이 낮았고, 유급되는 비율이 낮았다. 고등학교를 졸업하는 비율에 있어서도 헤드 스타트 프로그램을 받은 아동이 높았다(Barnett, 1993). 두 번째로 범죄율이 급격히 감소하였다. 범죄율이 낮거나 저지르더라도 중범죄로 되는 비율이 낮았다. 셋째로 국가 경제적 이익이다. 프로그램을 하는 데 드는 비용은 한 가족당 1만 2,356달러지만, 교도소 건설, 재판비용 등과 같은 사법비용, 범죄 피해비용 등을 감소시킬 수 있을 뿐만 아니라 빈곤아동이 사회의 건전한 노동력으로 자라나서 내는 세금이 증가하기 때문에 이 프로그램을 통해 얻는 이득은 10만 8,002달러로 나타났다.

헤드 스타트는 즉각적이고 단기적인 효과는 있으나, 아동의 지적 · 정적 발달을 위한 지속적인 효과는 보이지 않고 있다고 보았다. 그러나 지글러(Zigler, 1973)는 헤드 스타트 프로그램의 공헌을 높이 평가하고 다음과 같은 효과를 밝히고 있다. 개입(intervention)의 노력은 부모활동과 부모교육을 통해 프로그램의 성공을 높일 수 있다는 것이 1960년대 후반 동안 점점 더 명확하게 되었다. 헤드 스타트가 다양한 사회적 배경의 아동들을 위한 가장 적당한 학습 자료를 고안하는 방법의 혁신에 박차를 가했으며, 정신적 · 신체적 건강에 문제가 있는 아동들과 무시되고 버림받은 아동들의 조기진단을 가능케 했다는 것이다. 그리고 전문적인 직원뿐 아니라 부모와 같은 비전문인에게도 새로운 진로를 창출했다. 또한 저소득층과 소수민족 중 9,000명 이상이 헤드 스타트의 결과로 대학 수준 정도의 훈련을 받았으며 저소득층에 대한 지역사회 기관들의 인식들이 직접적으로 바뀌었다. 이상의 결과들이 암시하고 있는 것은 보육 프로그램을 단기적으로 보는 것보다 좀 더 장기적이고 포괄적인 관점에서 보고 이해되어야 한다는 것을 할 수 있다.

2) 영국 슈어 스타트 프로그램(Sure Start Program)

영국의 슈어 스타트(Sure Start)는 영국의 교육 · 기술부와 노동 · 연금부의 아동보육 프로젝트로 정부 주도하에 아동 빈곤과 사회적 배제를 퇴치하는 대표적인 정책이다. 1999년 시작된 슈어 스타트는 헤드 스타트와 마찬가지로 빈곤 · 소외계층의 아동들과 일반 아동들의 차이가 성인이 되어서도 지속 내지 확장된다는 문제의식으로부터 출발했다.

슈어 스타트는 이런 가난의 대물림을 없애기 위해 빈곤 · 소외계층의 아동들을 도와 인생의 '확실한 출발'을 보장하고, 더 나아가 영국 내 모든 아동이 보육시설을 이용할 수 있도록 돕는 것을 주 내용으로 한다.

슈어 스타트는 11개 정부 부처의 합동으로 구성된 위원회가 책임자이지만 실질

슈어 스타트, Norfolk County Council
출처: http://surestartnorfolk.co.uk/

적인 집행은 지방 정부에 의해 이루어진다. 각 지방 정부는 슈어 스타트 지역 프로그램을 구성한다. 이 지역 프로그램은 슈어 스타트 프로젝트를 발전시키기 위한 총체적 역할 모델을 제시한다. 영국에서 524개의 지역 프로그램이 운영되고 있다. 지역 프로그램이 각 조기 우등센터(early excellence centres)로 전달되면 우등센터에서는 그 프로그램을 실행할 인력을 교육시키고 장비를 마련하여 각 아동센터와 탁아소에 프로그램의 실행지침과 인력, 장비 등을 보낸다. 프로그램의 주요 대상은 5세 미만 아동, 특히 저소득층으로서 사회적 지원으로부터 배제된 아동 및 가족을 주요 집단으로 하고 있다. 영국에서는 이 프로그램 운영을 지역을 단위로 하고, 보편적인 서비스로 확대하여 서비스 대상이 낙인을 갖게 되는 것을 최대한 방지하고 있다.

슈어 스타트 프로젝트는 정부의 예산 지원을 받는다. 본격적으로 시작된 것은 1999년부터 2003년까지 19억 파운드(약 3조 8000억 원)의 정부 예산이 들어간 것을 비롯하여, 해마다 10억 여 파운드가 예산으로 배정되고 있고, 그 금액 또한 계속 늘어나는 추세이다. 또 지역에서 이뤄지는 개별 프로그램마다 민간 펀드를 두어 재원을 확보 운용하고 있다.

슈어 스타트 프로젝트는 가난한 아이들이 학교 안에서 높은 성취감을 갖고, 부모들이 가난으로부터 벗어날 수 있는 직장을 구할 수 있도록 하며, 그들의 건강상태를 향상시키고, 결국 범죄를 줄이는 데 도움을 주고 있다는 평가를 받고 있다. 슈터 스타트 프로젝트가 시작된 지역의 실업률이 그렇지 않은 지역보다 많이 낮으며 생계를 위해 정부보조금을 받는 비율도 전체적으로 낮아진 것으로 나타났다. 그리고 3세 이하의 영유아가 사고나 병으로 병원에 입원하는 비율 역시 프로그램이 진행 중인 지역이 상대적으로 낮은 것으로 나타났다. 게다가 슈어 스타트에서는 종전의 빈곤아동 교육 서비스가 흔히 저지른 동정하거나 비하하는 방법의 잘못을 피하기 위해 노력하였다.

영국의 슈어 스타트 사업은 가난을 벗어나게 해주는 방식의 지원을 해주는 데 의의가 있다. 정부 차원의 예산이 배정되고, 개별 프로그램마다 민간펀드로 재원을 쉽게 확보할 수 있도록 한 장점이 있다.

3) 캐나다 페어 스타트 프로그램(Fair Start Program)

캐나다의 페어 스타트 프로그램은 18개월부터 취학 전까지의 아동에게 시력, 청력, 사회성, 언어능력, 체력, 손놀림 등 여섯 가지 검사를 무료로 받게 하는 프로그램이다. 뇌의 75% 이상이 5세 이전에 발달하기 때문에 문제를 빨리 발견하여 치료해 주로 빈곤 아동에게 '공정한(fair)' 출발을 보장한다는 것이다.

페어 스타트는 1996년 캐나다 온타리오주 썬더베이시의 자발적인 노력으로 시

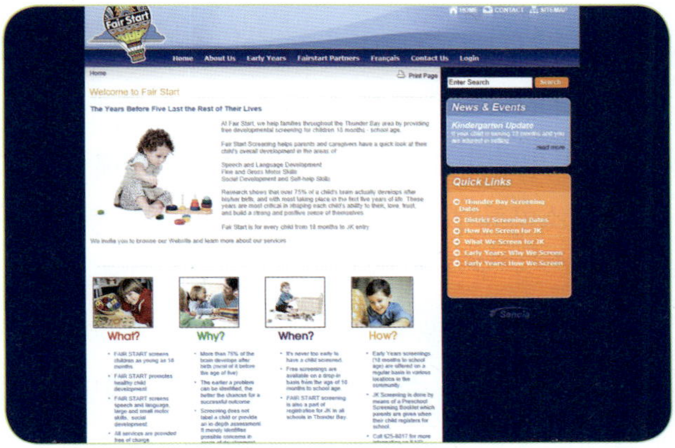

페어 스타트

출처: http://www.fairstart.ca/

작되었다. 페어 스타트를 처음 제안한 것은 레이크헤드 구역 학교협의회, 이후 보건협회, 가족센터 등 지역 아동, 의료단체들이 파트너로 참여하고 자원봉사자, 교육자, 경찰협회, 기업 등이 결합하면서 페어 스타트는 지역복지 모델로 자리 잡았다.

페어 스타트는 기본적으로 지역 단체들의 기존 인력과 시설을 기반으로 자원봉사자들이 적극 참여한다. 단, 온타리오 보건복지부의 '건강한 아이, 건강한 아동' 기금을 받아 페어 스타트 소개 책자를 만들고 참여를 독려하는 광고를 낸다. 보건소 내에 두 명의 프로그램 조정자도 두어 주민들에게 정보를 제공하고 단체들의 활동을 돕는다. 지역아동센터나 일시검사고 등에서 감사를 받고 페어 스타트 데이터베이스 프로그램에 입력되고, 보건소는 정밀검사를 하거나 치료병원을 연결해 준다. 검사 결과 및 치료내역은 부모 동의하에 온타리오 학생 자료 프로그램에 고등학교 졸업 때까지 보관한다. 이 결과는 교사들이 학생들을 적절히 지도하는 것을 목적으로 하는데, 검사는 보안망 기술에 의해 보호된다.

페어 스타트는 자발적인 봉사와 체계적인 아동의 정신적 · 신체적 검진, 그리고 철저한 사후관리를 통해 성장과정에서 심각해질 수 있는 문제들을 조기에 발견하여 치료한다는 점에서 시사하는 바가 크다.

4) 일본 엔젤 플랜(Angel Plan)

일본의 보육시설은 1970년대까지는 보육 수요의 증가 추세에 맞춰 꾸준히 증가되어 왔으나 지속적인 출생률의 저하로 인한 정원 미달이 문제시되기 시작했다. 저출산으로 가정이나 사회의 어린이 수가 줄어드는 경향에 대해 '소자화(少子化)'라는 용어를 사용하게 되었다. 소자화에 대한 사회적인 심각성과 중요성을 인식하고 다양한 대책을 내놓게 되었다. 즉 여성의 취업 형태가 다양해짐에 따라 연장보육, 야간보육, 3세 미만아, 장애아, 병아(病兒)보육, 임시보육, 일요보육, 축일(祝日)보육, 데이케어 보육, 방과후 보육 등에 대한 보육 수요가 증대되고 있고, 상담, 육아지원 등과 같은 보육소 기능 확대 사업에 대한 욕구도 늘어나고 있어 수요자의 요구에 대응하는 양질의 서비스를 제공하는 자녀양육지원정책이 요구되었다.

이와 같은 과제에 대응해서 일본 정부는 21세기를 향해서 일본의 활력 있는 사회복지를 구축한다는 가치 아래 고령화정책과 더불어 어린이 양육지원을 위한 종합적인 계획으로서 '엔젤 플랜'을 제정하여 아동의 양육지원 시책의 기본 방향과 중점 시책을 결정했다.

1994년 12월 문부성, 후생성, 노동성, 건설성의 합의에 의해 책정된 엔젤 플랜은 같은 해 3월 '21세기 복지비전: 아동 인구의 감소와 고령화사회 대비'에서 제시한 바와 같이 출산과 육아에 대해 안심할 수 있는 환경을 만들고 사회적 지원체제를 정비하기 위한 종합적인 계획이다. 엔젤 플랜은 10년간의 육아에 대한 사회적 지원을 종합적이면서 계획적으로 추진하기 위한 목표를 가지고 보육, 고용, 교육, 주택 등에 관련하여 육아지원시책의 기본 방향과 중점 시책을 언급하였다. 엔젤 플랜은 기본적으로 자녀를 원하는 사람이라면 누구나 안심하고 아이를 낳고 기를 수 있는 환경의 정비, 가정에서의 육아 지원을 위해 모든 사회 구성원이 협력하는 시스템 구축, 그리고 유아의 이익을 최대한으로 존중하는 육아지원시책을 기본 방침으로 하고 있다. 엔젤 플랜은 저연령아(0~2세아) 보육이나 연장보육, 일시보육, 방과후 아동 클럽의 양적 확대, 보육소의 다기능화를 위한 정비로서 다기능화보육소의 시설 · 설비의 정비, 양육지원을 위한 기반 정비로써 지역양육지원센터의 정비를 촉구하였다.

1998년에는 '소자화 대책 추진 기본방침'에 기초하여 소자화 대책의 구체적 실시계획(신엔젤 플랜)을 책정하였다. 보육 서비스 등 양육지원 서비스의 충실, 일과 양육 양립을 위한 고용환경 정비, 근로방식에 관한 고정적인 성별 역할분업이나 직장우선기업풍토의 시정, 모자보건의료체계정비, 지역에서 어린이를 양육하는 교육환경 정비, 어린이가 여유 있게 성장할 수 있는 교육환경 실현, 교육에 드는 경제적 비용 경감, 가정 만들기나 마을 만들기에 의한 양육지원 등 8개 분야가 있다.

신엔젤 플랜에서 하고자 하는 구체적 내용은 저연령아 보육소 확대, 연장보육, 휴일보육, 영유아건강지원 일시보육 실시, 다기능보육소 정비, 지역양육지원센터 정비, 일시보육 추진, 패밀리 · 서포트 · 센터 정비, 방과후 아동클럽 추진, 양육지원상담 전화사업 정비, 재취직 희망등록자 지원사업 정비, 의료네트워크 정비, 소아 구급의료지원 사업추진, 불임전문상담센터 정비, 어린이센터의 전국적 확산, 어린이방송국 추진, 어린이 24시간 전화상담 추진, 가정교육 24시간 전화상담 추진, 종합학과 설치, 중고일관교육교(中高一貫敎育校) 설치 촉진 등이다.

2003년에는 양육지원정책만으로 해결가능한 것이 아니라 세대 간 계승의 문제라는 것을 강조하여, 자녀양육지원의 차원을 넘어 차세대육성지원대책을 내놓았다. 이에 기초하여 '어린이 · 양육응원플랜(신신엔젤플랜)'과 '행동계획책정지침'을 책정하여 다양한 서비스를 실천하게 되었다. 꿈과 희망이 넘치는 젊은이로 성장하여 가정을 이루고 안심하고 즐거운 마음으로 양육하는 일을 사회 전체가 응원하는 환경이 정비될 수 있도록 강력하게 추진해 나갈 것을 밝히고 있다.

2004년 12월「어린이 · 아동양육응원플랜」에서는「아동양육에 대한 새로운 지지와 연대, 구체적인 지역아동양육지원의 전개」의 일환으로 '직업의 유무와 관계없이 아동양육을 지역에서 지원하고 가정 안에서만 이루어지는 고독한 육아활동을 줄여간다'고 하는 문제의식 하에「지역아동양육지원센터 사업의 추진」과「교류방사업 추진」을 통해「편하게 이용할 수 있는 아동양육지원의 거점 정비」가 구체적인 정책으로 책정되었다. 지역아동양육지원센터에서는 다음의 5가지 사업 중 지역의 실정에 따라 세 가지(소규모형에서는 두 가지)를 선택하여 실시하도록 하고 있다(여성가족부, 2005).

① 육아불안 등에 대한 상담지원
② 육아서클 등의 육성 · 지원
③ 특별보육사업 등의 적극적 실시 · 보급 촉진의 노력
④ 보모(baby-sitter) 등 지역의 보육자원에 관한 정보 제공 등
⑤ 가정적 보육을 행하는 자에 대한 지원

지역아동양육지원센터의 예를 보면 동경도 후추시 아동가정지원센터는 사회복지법인 다모동포회에서 운영하고 있으며, 당초 모자생활지원시설로 시작된 기관으로 전쟁 후 모자가정이 줄어들면서 시설활용방법을 모색하다가 지역 내 아동을 지원하는 아동가정지원센터를 추가하여 운영하고 있다(여성가족부, 2005).

특히 1995년 시설을 재건축할 당시 동경도 '아동복지심의회'에서 아동지원에 대한 방법이 논의되면서 동경도에서는 처음으로 아동가정지원센터로 인가를 받았다. 이러한 관계로 아동가정지원센터는 입소시설에서 이용시설로 변화하고 있으며 학대아동 선구형 특화사업을 추진하고 있다.

또한 후추시역에 메인센터를 설치하여 이용자의 편의를 높이고 있으며 시내와 지역센터를 이원화함으로써 지역 수요에 맞는 서비스를 운영하고 있다.

사회복지법인 다모동포회에서는 건너편에 노인홈을 같이 운영함으로써 3세대를 모두 지원하는 가족사업을 추진하고 있다.

(1) 내용

① 단기입소사업

- 보호자가 출산 등의 이유로 자녀의 양육이 일시적으로 곤란해졌을 때 단기간 자녀를 맡아서 식사 · 통원통학을 돕는다.
- 대상 : 18세 이하의 시민(2세 미만 아동은 상담)
- 이용기간 : 7일간 이내
- 비용 : 2세 이상－1,800엔(1일 1박, 생활보호수급자세대 등은 면제/식사비용은 실비)

② 야간(24시간)입소사업

- 맞벌이나 야근 등으로 귀가가 늦는 가정의 아동을 저녁 때부터 돌봄
- 대상 : 초등학교 6학년 이하의 시민(2세 미만 아동은 상담)
- 이용기간 : 6개월 이내로 오후 5시부터 10시
- 비용 : 2세 이상－600엔(1일 1박, 생활보호수급자세대 등은 면제/식사비용은 실비)

  * 단기입소사업, 야간(24시간)입소사업은 사전면접이 있음. 픽업서비스(실비부담)도 행하고 있음

③ 육아 · 가정 종합상담

- 육아나 가정의 고민을 전문직원이 상담

- 대상 : 일반주민
- 이용기간 : 연말연시를 제외한 매일(휴일 포함), 오전 10시~오후 10시
  ＊ 긴급 시는 24시간 접수
- 비용 : 무료

④ 지역아동양육그룹지원사업

- 간호사나 보육사가 지역에서 친구 만들기를 위한 정보 제공, 가사 육아에 대한 공부모임 등을 지원
- 대상 : 시민 혹은 시내근무자
- 이용기간 : 월요일~금요일
- 비용 : 무료

5) 한국 삼성어린이집 포괄적 프로그램

삼성아동교육문화센터
출처: http://child.samsungfoundation.org/

우리나라의 경우는 삼성어린이집에서 저소득층 지역에서 실시한 것이 대표적이다. 삼성어린이집에서 실시하고 있는 포괄적 보육 프로그램을 소개하면 다음과 같다(출처: 삼성어린이집 포괄적 보육프로그램, pp.264~281).

(1) 삼성어린이집의 하루 일과 운영의 특징

① 기본생활습관 형성을 강조하고 지속적으로 실행한다.

② 정서적 안정감을 획득하도록 돕는다.

③ 유아의 흥미에 따라 놀이계획에 융통성을 고려한다.

④ 주제 외 개념을 흥미영역과 하루 일과 중에서 반복하여 의미 있는 활동이 되도록 통합 운영한다.

⑤ 개인적인 요구나 생리적인 욕구를 충족할 수 있는 충분한 시간을 고려해 준다.

⑥ 정적인 활동과 동적인 활동을 균형 있게 계획하고 실행한다.

⑦ 각 영역이 고루 계획되어 균형 있는 발달을 이룰 수 있도록 계획하고 실행한다.

⑧ 대그룹활동의 시간을 구조적으로 계획한다.

(2) 교육 서비스

① 아동교육 서비스

㉠ 교육 목표

- 기본생활습관을 바르게 형성하고 자조능력을 기른다.
- 친사회성을 증진하여 또래와의 친근한 관계를 지속하도록 한다.
- 놀이에 몰입하는 경험을 갖고 협동 및 극화놀이를 즐기도록 한다.
- 효과적인 의사소통능력을 기른다.
- 읽고 쓰기에 대한 관심을 갖도록 한다.
- 기본적인 수 · 과학 개념을 형성한다.
- 정서적인 안정감을 갖고 적절하게 자신의 감정을 표현함으로써 자기통제 능력을 기르도록 한다.
- 새로운 것을 학습하는 것에 대한 관심과 흥미를 갖도록 한다.
- 주변을 주의 깊게 관찰하는 태도와 탐구하는 자세를 갖도록 한다.
- 집단의 한 구성원으로서 자신의 역할을 알고 책임을 다하는 태도를 기른다.

㉡ 교육 내용

• 교육 내용의 구성

영역	내용
언어영역	• 주변 환경의 글씨에 관심 갖기 • 구어를 사용한 효과적인 의사소통능력을 증진하는 활동과 문해능력을 증진하기 위한 책 만들기, 글자 익히기 등의 활동 구성
사회 · 정서영역	• 기본생활습관을 익히고 자조능력을 기르기 위한 활동과 긍정적인 자아개념을 갖도록 도와주는 활동, 친사회적인 태도와 기술을 익히는 활동 구성
표현생활	• 몸동작과 그림, 음악 등으로 자신의 생각이나 느낌을 자연스럽게 표현하며 즐거움과 긍정적인 분위기를 경험하도록 구성
탐구생활	• 주변에서 쉽게 구할 수 있는 재료로 과학적 활동 경험을 즐김으로써 탐색과 관찰능력을 기르고 다양한 기초과학 및 수 개념을 습득하도록 구성

② 건강, 안전, 영양 서비스

• 아침 시진 : 전담 간호사가 등원시간에 아동의 몸 각 부분을 점검하고 건강을 체크한다.
• 등원 시 개별적인 청결지도 : 간혹 씻지 않고 등원하는 아동에게 이 닦기, 세수하기와 같은 청결지도가 이루어진다.
• 신체발육 발달검사 : 매달 아동의 발육 및 발달 정도를 점검한다.
• 건강검진 : 질병예방 및 조기발견을 위해 다양한 검진과 진료를 연 1회 실시한다.
• 치과진료, 한의원진료 : 지역사회 의료진과 연계하여 치료가 요구되는 아동이나 가족에게 정기적인 치료를 제공한다.
• 이 · 미용 서비스 : 지역사회 자원봉사자들과 연계하여 아동, 가족, 이웃 주민들에게 월 1회 이 · 미용 서비스를 제공한다.
• 목욕 서비스 : 아동의 위생을 위해 주 1회 목욕서비스가 제공된다. 목욕하는 동안 물감놀이나 물놀이와 같은 다양한 활동을 제공한다.

③ 안전 서비스

저소득층 아동은 위험한 환경에 노출되어 있고 사회적 안전이 보장되지 못한 곳에서 생활하므로 아동에게 물리적, 사회적 환경에서의 다양한 안전교육이 필요하다. 소방교육, 교통안전교육, 성교육, 유괴, 납치에 대한 교육을 실시한다.

④ 영양 서비스

- 전문 영양사가 영유아에게 적합한 식단을 구성하여 균형 잡힌 급·간식을 제공한다.
- 저소득층 가정의 영유아들은 새로운 음식에 대해 거부감을 갖고 있으므로 친숙한 반찬과 균형을 이룰 수 있도록 식단을 구성한다.
- 어린이집에서는 오전, 오후 간식과 점심식사가 제공되며 이때 교사는 아동이 올바른 식습관을 형성할 수 있도록 지도한다.

⑤ 특별지원 서비스

- 개별 대상 아동에게 필요한 상담 및 치료 그리고 1:1 지원서비스와 같은 특별 지원을 제공한다.
- 특별 지원 활동을 위해 교사와 사회복지사가 함께 사례회의를 하여 각 아동에게 필요한 서비스를 제공한다.
- 서비스 종류 : 미술치료, 원예치료, 음악치료, 율동치료, 언어치료 등을 실시한다.
- 1:1지원 서비스 : 문해활동, 피아노 지도 등을 한다.

(3) 만 5세 언어생활영역 포괄적 보육계획의 예

① 목적

- 매일 접하는 문해사회 속에서 생활하는 유아는 읽기와 쓰기에 대한 지식을 그들의 주변 환경에서 얻으면서 자연스럽게 문어의 구조나 쓰기의 기능과 친숙해진다.
- 유아기의 문해학습에 대한 연구는 가정은 물론 어린이집이나 지역사회 환경

속에서 수행되어야 한다.

- 유아들의 읽기나 쓰기능력은 실생활의 경험의 결과로 습득되므로 유아 주변의 환경은 문해 발달에 중요한 요인이 된다.

② 목표

- 주변(신문, 잡지, 과자 봉지 등)의 글자에 관심을 갖는다.
- 주변에서 친숙한 글자를 찾아본다.
- 그림이나 사진, 친근한 글자 등과 같은 다양한 형태를 이용하여 자신의 생각을 표현해 본다.
- 읽어주는 글을 이해하고, 말과 글의 관계를 안다.
- 책에 관심을 갖는다.
- 쓰기에 관심을 갖는다.
- 부모님과 함께 활동하는 경험을 갖는다.

③ 만 5세 언어증진 프로그램 연간 계획안

월	주제	활동명	목표
3	어린이집과 친구	내 이름 꾸미기 〈가정〉 나를 소개합니다	• 자신의 이름을 알고 쓸 수 있다. • 자신에 대해 소개하는 경험을 갖는다.
		내가 좋아하는 친구 〈가정〉 친구에 관한 책	• 친구의 이름에 관심을 갖는다. • 친구의 소중함을 안다.
		우리들의 약속 〈가정〉 내 이름과 같은 글자	• 각 영역에 필요한 약속을 정하고 글로 써본다. • 글자에 관심을 갖고 시각적 변별력을 기른다.
		'봄' 하면 떠오르는 생각	• 창의적인 사고력을 갖는다.
4	봄 / 나	같은 글자 말 꽃 피우기 〈가정〉 나무 이름	• 나무에 관심을 갖고 나무 이름을 쓸 수 있다. • 같은 글자로 시작하는 말이 여러 개 있음을 안다.
		암호로 곤충 이름 짓기 〈가정〉 그림 보고 동시 짓기	• 규칙에 따라 모양을 풀 수 있다. • 그림을 보고 느낌과 생각을 동시로 짓는다.

월	주제	활동명	목표
4	봄 / 나	동시를 낚시해요 〈가정〉 그림보고 동시 짓기	• 동시에 관심을 갖고 같은 글자를 식별한다. • 자신의 생각을 글과 그림으로 표현할 수 있다.
		〈가정〉 공룡의 특징은	• 공룡에 관심을 갖고 공룡의 특징에 대하여 알아본다.
		나의 책 〈가정〉 내가 꾸민 식탁	• 책에 관심을 갖고 책에 대한 소개를 할 수 있다. • 자신의 생각을 글과 그림으로 표현할 수 있다.
5	가족 / 지역사회	어버이날 편지 보내기	• 부모님께 감사하는 마음을 갖고 자신의 생각을 글로 표현해 본다. • 아빠(엄마)에게 묻고 싶은 것들을 의문문 형태로 적어 본다.
		나는 이렇게 자라요 〈가정〉 난 할 수 있어요	• 나의 성장과정과 변화를 글로 표현한다. • 가정에서 내가 할 수 있는 일들을 알아보고 실천해 본다.
		시장에 갔어요 〈가정〉 슈퍼마켓 영수증	• 시장에서 파는 물건들의 글자에 관심을 갖는다. • 영수증의 가치와 생활 속 문자의 기능에 대하여 안다.
6	건강한 사회	간판 고리 만들기 〈가정〉 우리 동네 간판 조사하기	• 동네를 돌아보며 가게들의 간판을 읽어 본다.
		(접었다 폈다) 우리 동네 〈가정〉 갖고 싶어요	• 우리 동네를 그림이나 글로 표현할 수 있다. • 문화상품권의 기능을 안다.
		어린이집 주변 약도 그리기	• 어린이집 주변 약도를 보며 어린이집 주위에 어떤 것들이 있는지 알게 한다.
		〈가정〉 최고의 만찬	• 우리가 먹는 음식의 종류에 대하여 안다.
7	여름	시원한 여름	• 여름을 시원하게 보내는 데 필요한 것들을 알 수 있다.
		여러 가지 책 만들기 – 과자와 껌 책	• 과자와 껌 봉지를 이용하여 책을 만들어 본다.

월	주제	활동명	목표
7	여름	– 아이스크림 책	• 유아들이 좋아하는 아이스크림에 대하여 책을 만들어 본다.
		〈가정〉 가고 싶어요	• 가고 싶은 곳을 통해 여러 가지를 알 수 있다.
8	운송기관	저는 자동차입니다.	• 자동차에 대하여 관심을 갖고 들로 표현해 본다.
		지하철 노선표 〈가정〉 지하철 타기	• 지하철 노선에 관심을 가지고 이를 회상하여 표현한다.
9	우리나라 / 세계 여러 나라	한복 입기 〈가정〉 이름에도 예쁜 뜻이 있어요	• 한복을 바르게 입을 수 있다. • 이름에 대한 뜻을 알아본다.
		지혜 담긴 생활 도구 〈가정〉 말 만들어 보기	• 옛날에 사용했던 물건들에 대하여 알아본다. • 동화 속의 장면을 떠올리며 말 만들기를 해 본다.
		추석에 관련된 수수께끼 책 만들기	• 우리나라의 명절인 추석에 대하여 관심이 있으며, 수수께끼를 만들고 풀어본다.
		소원을 빌어봐요 〈가정〉 여러 나라 말 찾기	• 다른 나라 사람들의 소원 비는 방법에 대하여 알아본다. • 우리나라와 다른 나라의 글자가 다름을 안다.
		그림 속의 사람들이 하는 말 〈가정〉 다른 나라의 놀이	• 미술작품에 대한 의미를 알아본다. • 다른 나라의 어린이들도 우리와 비슷한 놀이가 있음을 경험한다.
10	건강한 생활	우리나라 안내 책 만들기 〈가정〉 나뭇잎 그림사전	• 우리나라를 세계에 소개하는 안내 책을 만들어 보며 나라 사랑하는 마음을 갖는다. • 세계 여러 나라 친구들에게 관심을 갖고 편지를 써 본다.
		가을 운동회 포스터 만들기 〈가정〉 나뭇잎 그림사전	• 가족 운동회에 필요한 것을 준비한다. • 사전의 의미를 이해하고 나뭇잎 사전 만들기 실시해 본다.
		〈가정〉 후속 이야기 찾기	• 이야기의 후속 편을 지어 그림이나 글로 써 본다.
		만일 우주여행을 떠난다면	• 자신의 생각을 창의적으로 표현한다.

월	주제	활동명	목표
11	지구와 환경 / 겨울	접었다 폈다 그림책 〈가정〉 우리 가족의 가장 좋아하는 책	• 이야기나 그림책을 통해 재미있는 장면이나 책으로 표현할 수 있다. • 가족들이 좋아하는 책을 글로 표현해 본다.
		아코디언 모양의 책 만들기	• 자신이 좋아하는 그림책의 주인공들을 그려서 특별한 책을 만들 수 있다.
		〈가정〉 디오라마 꾸미기	• 그림책에 나오는 장면이나 주인공을 모델화 하여 입체감으로 만들 수 있다.
		여름과 겨울의 차이점 〈가정〉 선풍기와 보일러	• 여름과 겨울의 계절적 특징을 안다. • 선풍기와 보일러를 비교해 본다.
12	보도기관	눈사람 이름을 지어 주세요	• 자신의 생각을 글로 사용하여 창의적으로 표현한다.
		오늘의 뉴스를 알려 드리겠습니다	• 신문기사를 읽고 자신의 생각을 글로 표현해 본다.
		나만의 프로그램을 만들어 보자 〈가정〉 광고 만들기	• 신문의 TV프로그램에 대해 관심을 가진다. • 주어진 상황에 맞게 자신의 생각을 적절하게 표현한다.
		소녀 가장을 돕는 방법 〈가정〉 산타 할아버지에게 편지 쓰기	• 주위에 도움을 필요로 하는 사람들에 대해 생각한다. • 산타 할아버지에 대해 생각할 시간을 갖는다.
1	도구와 기계	〈가정〉 우리 가족의 띠	• 띠의 특징을 안다.
		여러 가지 도구들 〈가정〉 블록으로…	• 우리 생활에서 사용하는 다양한 도구에 대하여 알아본다.
		여보세요 〈가정〉 세탁기를 사용할 줄 아세요	• 상황에 적절한 말을 할 수 있다. • 세탁기의 사용방법에 대해 안다.
		카달로그 이용하여 이야기 짓기	• 카탈로그의 쓰임새를 안다.
		도깨비 주문 만들기 〈가정〉 도깨비 방망이	• 자신의 생각을 창의적으로 사용할 수 있다.

월	주제	활동명	목표
2	어린이집 졸업	접속어 물고기	• 자신의 생각을 글로 사용하여 창의적으로 표현한다.
		어린이집과 학교의 차이점 〈가정〉 초등학교까지의 약도	• 초등학교와 어린이집을 비교해 보고 차이점을 안다. • 초등학교에 관심을 갖는다.
		어린이집 동생들에게 물려 줄 물건 〈가정〉 초등학교 입학 준비물	
		롤링 페이퍼	

④ 포괄적 보육 프로그램의 교사 역할

- 유아들의 발달수준을 이해하고 그들의 발달수준에 적합한 활동을 계획하고 실행할 수 있어야 한다.
- 안전하고 건강하며 교육적인 환경을 구성하고 유지해야 한다.
- 유아의 흥미에 맞게 놀이활동을 계획하여 구성하고 적극적으로 놀이를 안내하고 개입하여야 한다.
- 유아를 관찰하고 정확히 판단 · 평가하여 개인에 대한 이해를 하고 도움을 줄 수 있어야 한다.
- 온화하고 수용적인 태도로 유아와 행복하고 좋은 관계를 맺을 수 있도록 상호작용을 해야 한다.
- 기본생활습관과 건강한 생활을 유지할 수 있는 활동을 지속적으로 전개하여야 한다.
- 사회적 관계와 태도, 행동에 모델이 되고 적극적인 지도를 하여야 한다.
- 기본적인 개념과 언어발달을 도울 수 있는 흥미로운 활동을 통합적으로 계획하고 실행하여야 한다.
- 유아들의 부모들에 대한 정보와 이해를 가지고 부모를 돕는 역할을 적극적으로 실행하여야 한다.
- 유아가 속한 가족과 지역사회의 특성, 즉 신념과 가치, 가족 문제, 주거환경

등에 대해 적극적으로 이해하려는 자세를 가지고 유아를 둘러싼 환경의 영향을 고려한다.

(4) 포괄적 아동/부모지원 서비스 사례

'희망의 목소리' 사례

다음은 삼성어린이집에서 실시한 아동지원서비스 '희망의 목소리' 사례이다 (출처: 삼성아동교육문화센터 홈페이지).

① 태훈이(가명)와의 만남

만 3세 태훈이는 해맑게 웃으면서도 말은 하지 않고 가끔 "으, 흐" 소리나 울음으로 모든 의사표현을 하는 등 의사소통 문제와 자신감 결여로 담임선생님으로부터 사회복지사에게 의뢰되었다. 의뢰를 바탕으로 아동관찰과 부모면담을 실시하여 두 달간의 고심 끝에 어머니는 포괄적 보육 서비스에 참여하게 되었다.

태훈이의 어머니는 낯선 도시로 시집을 와서 주변에 지인이 없었고, 빠르고 발음이 정확하지 않은 말투로 대인관계가 원만하지 않았으며, 아버지는 태훈이와 신체놀이는 빈번하나 양육에는 관심이 없고, 어린이집 행사에 전혀 참여하지 않은 분이었다.

② 아동지원 서비스 사례

태훈이는 어머니의 동의로 지역사회기관에 의뢰해 아동발달검사를 받았다. 검사 결과 태훈이는 경계선 상의 지능과 사회성, 언어발달 지연으로 특수교육이 필요한 상태였다. 어머니와는 지속적인 상담을 실시하였으며, 어린이집에서는 태훈이에게 언어 및 사회성 증진을 위한 다양한 프로그램을 제공하게 되었다.

㉠ 멘토링

멘토링(mentoring)은 두 사람 사이에 이루어지는 관계로 멘토(mentor), 멘티(mentee), 결연관리자로 구성되어 있다. 멘토와 멘티, 결연관리자가 만들어 내는 관계를 통해 멘티의 정서 및 사회적 지지와 격려를 제공하게 된다. 태훈이에게 2년간 멘토링

활동을 진행하였다.

처음에 말은 한 마디도 없이 웃음, 고개 끄덕이기로만 자신의 의사를 표현하던 태훈이의 마음을 열기 위해 멘토는 풍선 게임, 신문지 게임, 색종이 접기, 가위로 오리기, 점토로 표현하기 등의 소근육 활동과 동화책 읽고 표현하기 등의 언어표현력 증진활동을 실시하였다.

또한, 교구활동을 통한 사전 경험 늘리기, 자신감 가지기, 의사표현 기회를 통한 말하기 기술 습득하기, 그림 그리기를 통한 자기표현능력을 위해 멘토링을 실시하였다. 2년 동안의 노력 끝에 태훈이는 교사, 친구들과 의사소통이 가능해졌으며, 교실에서 주제와 관련된 놀이활동에 친구들과 함께 참여할 수 있었다.

ⓛ 소집단 사회 · 정서지원 활동

소극적인 태훈이에게 '위축행동 해소를 통한 자기표현력 증진'이라는 주제로 소집단 사회 · 정서활동을 포괄전담 교사와 또래 친구들로 구성된 소집단으로 2년 동안 40회를 진행하였다. 초기에는 눈 마주치기, 미소 짓기, 고개 끄덕이기로 표현하던 태훈이가 "예, 아니오"로 대답하더니, 차츰 "이게 뭐야?"라며 궁금한 것을 표현하기도 하였다.

프로그램 후반기에는 손을 들며 "저요, 저요!" 하고 아주 적극적으로 자신의 의사를 표현하려고 하였으며,"내가 설거지할 때 엄마가 '잘했어'라고 했어요."라며 자신의 얘기를 들려주었다. 교사의 칭찬에 입을 가리고 웃으며 즐거워하였고, 교사의 질문에 답하기까지 시간이 오래 걸리기는 하지만 거부하거나, 당황하는 모습이 없어졌으며 끊임없이 웃으며 즐겁게 프로그램에 참석하였다.

ⓒ 사회 · 정서 증진을 위한 미술치료 프로그램 참여

사회 · 정서 증진을 위한 "모자집단 미술치료 프로그램"에 태훈이와 어머니가 함께 참여하게 되었다. 위 프로그램은 미술치료 프로그램을 어머니와 자녀가 함께 참여함으로써 아동은 자신의 정서를 긍정적 방법으로 표현하고, 어머니는 양육에 대한 자신감 등을 길러 긍정적인 가족관계를 형성하는 프로그램으로 4개월간 매주 1회 1시간 30분씩 12회를 실시하였다.

프로그램 진행기간 동안 어머니는 태훈이의 입장에서 이해하려고 노력했으며, 태훈이는 엄마와의 놀이에 즐겁게 참여하였다. 매 시간마다 칭찬하기, 발표하기가 이루어졌으며 처음 태훈이는 자기 차례가 되면 숨거나 이야기를 하는 데 시간이 오래 걸렸지만, 회기가 거듭할수록 여러 사람 앞에서 자신의 주장을 작은 목소리로 말하기 시작하였다. 그리고 더 나아가 발표하기에도 적극적으로 참여하게 되었다. 마지막에는 누구의 도움 없이 태훈이가 혼자서 처음부터 끝까지 색소금 화분을 만드는 모습을 보였다.

③ 그 외의 지원들

㉠ 지역사회 연계 언어치료

인근 복지재단에 연계하여 언어치료 바우처에 장기간 참여하면서 부정확한 발음이 나아지고 어휘가 늘어남으로써 또래 간 의사소통에 도움이 되었다.

㉡ 가정연계활동 지원

어머니의 적극적인 양육태도와 아동의 자조적 기본생활습관 향상을 위해 어머니와 함께하는 활동으로 동화책 읽기, 퍼즐활동, 가위 사용 활동방법을 안내하여 지원하였다.

㉢ 부모도서 릴레이

자녀양육 관련 도서와 DVD를 대여하면서 어머니에게 복지사와 만나는 기회를 가지면서 상담과 긍정적인 소통이 이루어졌다. 어린이집에 대한 신뢰와 관심을 가지고 참여하는 계기가 되어 태훈이를 이해하게 되었고, 책과 DVD를 통해 올바른 자녀양육에 대한 방법을 알아가게 되었다.

④ 세상을 향한 새로운 출발

태훈이는 이제 3년간의 어린이집 생활을 마치고 초등학생이라는 새로운 도전을 준비 중이다. 소극적인 성격과 언어발달 지연으로 인해 다른 사람에게 말을 거는 것이 어려웠던 태훈이. 초등학교 사전 면담을 다녀오신 어머니가 초등학교 선생님이 "조금 크게 이야기를 하면 좋겠다"고 하신 말씀 외에는 특별한 것이 없었다고 전달해 주시며 기뻐하셨다. 어린이집 졸업식장에서 "선생님 고맙습니다"라며 눈물을 글썽이던 어머니를 보며, 태훈이를 향한 2년간의 노력이 보람되었음을 다시 한 번 느끼게 되었다. 그동안 지역사회기관, 자원봉사 멘토링 선생님, 여러 프로그램에 협력한 어린이집 교직원, 각 프로그램에 적극적으로 참여하신 어머님의 긍정적인 변화가 한데 모아져 지금의 밝은 태훈이, 자신의 목소리를 찾은 태훈이로 성장하였다. 이제 앞으로 더 씩씩하고 용기 있게 자기주장을 하는 희망의 목소리를 가진 자신감 있는 태훈이를 소망하며, 태훈이의 새로운 출발을 축복한다.

'엄마랑 아빠랑' 사례

다음은 삼성어린이집에서 실시한 가족지원서비스 '엄마랑 아빠랑'의 사례이다 (출처: 삼성아동교육문화센터 홈페이지).

본 서비스는 '엄마랑 아빠랑'이라는 명칭으로 진행한 맞벌이 부부 대상의 소그룹 부모교육 프로그램이다. 맞벌이 가정 부모의 역할 수행 어려움과 스트레스를 감소시키며 스스로 문제해결능력, 의사소통능력을 향상시켜 궁극적으로는 건강한 가족 구성원으로 성장할 수 있도록 돕기 위한 목적으로 맞벌이 가정의 부부 10명과 함께 4회기 프로그램을 진행하였다.

'엄마랑 아빠랑' 프로그램은 '부모 자신에 대한 이해를 통한 긍정적 자기인식'에서 '부모의 스트레스 유형과 정도를 파악'하고, '구체적인 해결방법'을 알아보는 내용으로 진행하였다. 다음은 회기별 내용과 진행한 활동에 대한 소개이다.

① 1회기 〈나를 알다? '부모 자신을 알아보는 시간 갖기'〉

주요 내용 : 프로그램 참여자 간 친밀감 형성 및 부모 자신에 대한 이해 도모

활동 1. 사인(sign)을 받아 오세요

- 유사점이 있는 사람을 찾아서 사인을 받고, 서로 인사 나누기
  (예: 같은 취미, 같은 나이, 같은 수의 자녀가 있는 사람 등)

활동 2. 내겐 비밀이 있어요

- 자신의 비밀을 종이에 직접 적어보고, 이야기 나누기

② 2회기 〈나를 알다?〉

주요 내용 : 자신에 대한 이해 도모 및 부부 역할 관련 스트레스 파악

활동 1. 〈자기야–부부캠프〉 영상 시청

활동 2. 연상 단어 찾아보기

- 제시한 특정 단어(예: 여성/남성)와 관련해 떠오르는 단어를 생각나는 대로 적기

활동 3. 성형박수 치기(웃음 유발)

- 자신의 몸에서 바꾸고 싶은 부분을 이야기하고 박수 쳐 보고, 상대방을 과장해서 칭찬하거나 놀려주면서 웃음을 유발해 봄(예: 다리 다리 짝짝!)

활동 4. 부부 역할 중 어려움을 생각해 보기

- 부부간 갈등의 원인이 될 수 있는 혹은 원인이 되는 요인을 찾고 이야기 나누기
  (예: 역할 분담의 어려움, 자녀양육의 어려움, 직장생활의 어려움, 성격차이 등)

③ 3회기 〈부부갈등 해결하기〉

주요 내용 : 부부갈등 해결방안 알아보기

활동 1. 〈자기야–부부캠프〉 영상 시청

활동 2. '가정에서 칭찬해 보기' 과제 결과 공유

- 가족의 이름이 쓰인 카드를 이용해 가족을 칭찬해 본 경험을 공유해 봄

활동 3. 양육태도 설문지 작성

활동 4. 부부 커뮤니케이션 실수 및 갈등해결법 8단계 배우기

- 부부간에 자주 실수하는 대화 유형을 알아봄
- 각자 부부는 어떤 대화 유형에 속하는지 체크해 보고 이야기 나누어 봄
- 좀 더 나은 부부 커뮤니케이션을 위한 어떤 노력을 기울일지 다짐해 봄

④ 4회기 〈의사소통을 원활하게〉

주요 내용 : 효과적인 의사소통 기술 연습하기

활동 1. 〈자기야–부부캠프 中 '그랬구나'〉 편 영상 시청

활동 2. 가정에서 해본 칭찬에 대한 평가

활동 3. 의사소통의 걸림돌 vs 디딤돌

- 가족 간의 대화 중 의사소통의 걸림돌이 되는 상황을 대처할 수 있는 대화법 연습
  (예: 형제 간 다툼, 성적 문제 등)
- 반영적 경청, 나-전달법을 연습해 봄

활동 4. 사랑을 표현하는 방법

- 상대방에게 받고 싶은 것과 해주고 싶은 것을 구분해서 생각해 보기
- 자신의 표현방식이 상대에게도 받아들여지는지, 일방적인 표현은 아닌지 체크
- 사랑을 표현하는 방법과 자신이 표현 받고 싶은 것을 자유롭게 이야기 나누기

⑤ 부모교육 프로그램을 통한 변화

프로그램 참여자를 대상으로 양육 스트레스 사전–사후 검사를 실시한 결과, 교육 참여 후에 스트레스 수준은 더 낮아진 것을 볼 수 있다.

다음은 교육에 참여한 어머니들의 교육 소감이다.

"나를 돌아보면서 우리 아이를 좀 더 이해할 수 있었어요."

"이번 교육을 통해서 상대방은 어떻게 생각할지를 고려하게 되었어요."

"나만 스트레스를 받는 게 아님을 알게 되는 시간이었어요."

Chapter

11

장애영유아 통합 프로그램

01 이론적 배경

통합교육은 "특수교육대상자가 일반학교에서 장애유형과 장애 정도에 따라 차별을 받지 않고 또래와 함께 개개인의 교육적 요구에 적합한 교육을 받는 것을 말한다"(교육인적자원부, 2007). 장애영유아 통합교육의 배경에는 법률의 제정과 더불어 정상화, 최소제한환경 및 완전통합 등과 같은 장애아 통합교육 개념의 변화 그리고 통합교육 효과에 대한 연구 등이 있는데 먼저 법률적 측면에서의 변화를 살펴볼 필요가 있다.

미국은 1975년 「전장애아교육법(Education for All Handicapped Children Act)」을 연방정부법(PL 94-142)으로 제정하면서 5~21세의 모든 적격의 유아 및 아동을 위한 특수교육을 의무화하였다. 1997년 「장애인교육법(IDEA)」(PL 105-17)이 마련되면서 통합교육과 일반교육과정의 적용에 대한 책무가 강화되어 장애아들도 무상으로 공교육을 받을 수 있게 되었으며 가장 최근에는 2004년에 개정되었다.

우리나라는 1949년 제정된 「교육법」에 특수학교와 특수학급 설치에 대한 규정이 있어 법적 장치가 마련되었으나 후속 조치가 없어 특수교육이 외면당하였다. 그러다가 1977년 「특수교육진흥법」이 제정되면서 의무교육 연령에 달한 모든 장애유아에게 무상교육권이 주어졌다.

특히 2007년에 공포된 「장애인 등에 대한 특수교육법」에서는 장애를 조기에 발견하고 진단 · 평가하여 만 3세 미만의 영아부터 무상교육을 지원하도록 하였고, 특수교육대상자의 의무교육 연한을 유치원 과정부터 고등학교 과정까지로 확대하였다. 「장애인 등에 대한 특수교육법」에서는 통합교육의 개념을 '특수교육대상자가 일반학교에서 장애 유형, 장애 정도에 따라 차별을 받지 아니하고 또래와 함께 개개인의 교육적 요구에 적합한 교육을 받는 것'이라고 정의하고 있다.

1) 장애영유아 통합의 개념

장애영유아 통합교육의 목적은 유아의 기본적 능력과는 관계없이 자신이 소속한 환경에 적극적으로 참여하여 폭넓은 경험을 할 수 있도록 다양한 상호작용의 기회를 제공하는 것이다. 통합교육의 개념은 학자마다 차이는 있으나 그 역사적 배경에 정상화, 최소제한환경 및 완전통합의 기본 개념이 있다.

① 정상화의 원리(principle of normalization)

정상화는 1959년 덴마크의 뱅크-미켈슨(Bank-Mikkelsen)에 의해 주창되고 니르예(Nirje)에 의해 전파된 개념이다. 이는 모든 인간이 문화적으로 정상적인 수단을 사용해야 한다는 개념으로, 장애인도 사회의 일반적인 환경이나 생활방식에서 일반인과 동일한 삶의 형태와 생활조건을 제공해 주자는 것이다. 정상화의 원리는 장애유아의 교육환경과 교육방식에도 적용되는데, 장애유아 역시 일반유아의 교육환경 및 교육방식과 같거나 최대한 유사한 환경이나 교육방식을 적용해야 한다는 것을 의미한다. 정상화의 원리는 특수교육에서 가장 중요한 요소로 인식된다.

② 최소제한환경(The Least Restrictive Environment)

미국의 「전장애아교육법」에 명시된 법적 용어로 장애유아를 교육할 때 일반 또래, 가정, 지역사회에서 따로 분리시키는 것을 최소화하자는 것이다. 예를 들어 일반 유아교육기관 특수학급에서 수업이 가능한 유아를 따로 분리된 특수학교나 시설로 배치해서는 안 된다는 것이다. 즉, 장애유아와 비장애유아와의 교류를 최대한 보장하는 최소제한환경을 제공하되 개별 유아가 필요한 특수교육서비스를 받을 수 있도록 연계적이고 다양한 교육서비스 전달체계가 운영되어야 한다는 점을 강조한다.

③ 완전통합(Full Inclusion)

1990년도에 들어서 특수교육 내에서 가장 큰 이슈가 된 개념으로 장애유아의 장애유형이나 정도에 상관없이 일반학급에 참여하게 하자는 것이다(Hallahan & Kauffman, 2003). 그러나 완전통합을 해서 장애아동의 개별적 필요를 충족시켜 주려면 필요한 서비스 체계를 먼저 갖추어야 한다는 주장도 있다(Fuchs & Fuchs, 1994). 이러한 견해 차이에도 불구하고 장애아동을 일반교육환경에서 교육하기 위해서는 학교교육에 대한 제고와 함께 일반교육과 특수교육의 협력을 통해 개별 아동 모두에게 가장 적절한 교육이 제공되어야 한다는 기본 입장은 동일하다.

2) 장애영유아 통합교육의 효과

(1) 장애영유아에게 미치는 효과

통합교육은 장애영유아와 일반 또래, 학급 교사, 학교, 지역사회 모두에게 긍정적인 성과가 있다고 보고되고 있다(Soto, Muller, Hunt, & Goetz, 2001). 장애영유아가 일반영유아들과 통합되었을 때 부적절한 놀이행동을 보이는 빈도가 줄어들었다는 보고가 있다(Guralnick, 1980). 또한 일반 또래들이 장애영유아의 활동 참여 시도에 반응함으로써 장애영유아의 행동을 긍정적으로 강화시키는 결과를 가져오며, 장애영유아가 또래들과 자연스럽게 상호작용할 수 있는 상호작용 기술을 습득하게 된다(Odem & McEvoy, 1990). 장애영유아가 통합교육을 통해 얻는 가장 큰 혜택은 사회적 상호작용과 또래관계의 증진이라고 볼 수 있다(이소현, 박은혜, 2011). 정리하면 통합교육은 장애영유아의 사회성 발달뿐 아니라 기타 발달영역과 행동에도 긍정적인 영향을 미친다고 할 수 있다.

(2) 일반영유아에게 미치는 효과

장애영유아 통합교육을 실시할 때 가장 흔히 나타나는 문제 중 하나는 일반영유아가 장애영유아들에게 부정적인 영향을 받게 되지 않을까 하는 일반영유아 부모의 걱정이다. 이러한 문제는 통합교육을 실시하기 위해 고려해야 할 과제인데 결과적으로 통합 프로그램이 일반영유아에게 미치는 부정적인 영향은 없는 것으로 나타났다(Odem, Deklyn, & Jenkins, 1984).

오히려 장애영유아와 함께 통합교육을 받은 일반영유아들이 통합교육을 받지 않은 일반영유아보다 발달적 성취에서 수개월씩 자신의 연령보다 더 높은 것으로 나타나(Bricker, Bruder, & Bailey, 1982) 장애영유아의 사회적 통합을 촉진하기 위한 프로그램이 일반영유아에게도 긍정적인 영향을 미친 것으로 나타났다(이소현, 2004).

이는 통합교육 프로그램은 교육과정의 조직화와 교수방법의 수정 등의 구체화된 교수방법이 일반영유아에게도 함께 제공되므로 발달과 행동적 측면에서 혜택을 받는 것으로 나타났다. 또한 통합교육을 통해 장애영유아에게도 더 긍정적인 태도를 보이는 것으로 보고되고 있다(Esposito & Peach, 1983).

이상의 연구결과들을 정리하면 통합교육 프로그램은 장애영유아들뿐만 아니라 일반영유아에게도 사회적, 정서적, 발달적 측면에서 긍정적 영향을 미치는 것을 알 수 있다.

02 ····· 장애영유아 통합 프로그램의 이해

1) 개별화 프로그램

(1) 개별화 프로그램의 정의 및 요소

장애영유아를 일반적인 교육과정에 참여시키기 위해서는 개별화 교육이 필요하다. 개별화 교육 프로그램(Individualized Education Program: IEP)은 유아가 지니는 개인차와 장애로 인한 발달상의 개인차로 인하여 단일 교육과정으로는 그들의 필요를 충족시킬 수 없기 때문에 교육을 계획하고 실시하는 데 있어 개별 영유아의 발달에 적절한 프로그램을 계획하고 실행하는 것이다(Allen & Cowdery, 2005). 여기서 개별화란 일대일의 교육 방식이라기보다는 교육 프로그램이 개별 영유아의 교육적 요구에 맞추어지는 것을 의미한다. 장애영유아의 개별적 요구를 파악하기 위해서는 먼저 양육자와의 면담을 통한 특성 파악, 활동 참여나 또래들과의 상호작용에 대한 충분한 관찰 등이 선행되어야 한다. 이렇게 영유아의 현행 수준을 알아보고 그에 따른 교육목표를 세워 교수활동을 계획하고 이를 진행하는 것을 개별화 교육 프로그램(IEP)이라고 한다.

2) 통합교육 교수방법

통합교육 프로그램에서 교사의 가장 큰 역할은 장애영유아가 일반교육환경 속에서 일반영유아와의 사회적 통합이 이루어지도록 하는 동시에 장애영유아의 교육적 필요에 따라 다양한 상황에서 기능할 수 있는 교육목표를 설정하고 가르치는 것이다. 이에 따라 장애아 통합교육에서는 장애영유아의 개별적 상황에 따라 일반교육과정을 수정하거나 일과 안에 목표를 적용하는 작업이 필요하다.

샌달과 슈워츠(Sandall & Schwartz, 2008)는 장애영유아를 위해서 이러한 IEP 목표를 적용하기 위해 질 높은 유아교육 프로그램(High-quality Early Childhood Education Program: High-quality ECE)을 바탕으로 교육과정 수정(Curriculum Modification: CM)을 사용하며, 다양한 삽입학습의 기회(Embedded Learning Opportunities: ELO)를 적용하고 아동중심의 개별·

빌딩블록모델(Building Block Model)의 교수유형

소집단 활동을 하는 교수방법(Child-Focused Instructional Strategies: CFIS)을 제시하였다.

(1) 질 높은 유아교육 프로그램

우수한 유아교육 프로그램은 일반교육 현장뿐 아니라 장애영유아의 IEP를 실현하는 데 중요하다. 1987년 미국 유아교육협회(NAEYC)에서 발표한 '발달적으로 적합한 실제(DAP)'에 기초한 교육과정은 연령적합성, 개별적합성, 그리고 사회문화적 적합성을 강조한다. 즉 유아교육환경에서의 모든 경험이 유아의 개별적 특성 및 전반적인 생활과 긴밀한 관련이 있어야 한다는 것이다. 질적인 유아교육의 목적은 의미 있는 학습에서 유아가 참여하도록 돕는 것을 의미하며 이는 유아가 배우고 있는 것을 이해하고 개념 발달을 풍부하게 해주는 방식과 그들의 경험을 연결시키도록(장혜성 외, 2010) 해주는 것을 의미한다.

(2) 교육과정 수정

교육과정 수정은 장애영유아의 활동 참여를 최대한 촉진하기 위해서 교실에서 진행되는 활동이나 일과를 수정하는 환경 수정 및 적응도구 수정을 의미한다. 즉, 장애영유아를 일과나 활동에 포함시킬 수 있도록 잘 고안된 교육과정을 제공함으로써 유아의 참여도와 상호작용이 증가되어 IEP의 목표 달성이 용이하게 된다.

표 11-1 학습에서의 교육과정 수정 전략

교육과정 수정	정의	전략의 예
환경적 지원	참여와 학습을 촉진하기 위해서 물리적 · 사회적 · 시간적 환경을 수정함	• 물리적 환경의 변경(예: 대집단으로 모이는 장소에 장애영유아 자리에 사진 붙여주기) • 사회적 환경의 변경 • 시간적 환경의 변경
수정도구의 사용	유아의 참여와 학습 지원을 위한 성인의 중재	• 시범 보이기 • 아동의 놀이에 참여하기 • 놀이에 참여할 수 있도록 특별한 도구 사용하기 (예: 빛이 나는 요술봉)

교육과정 수정	정의	전략의 예
교재 사용	가능한 한 독립적인 참여를 촉진하기 위해서 교재를 수정함	• 교재나 교구를 최적의 위치에 배치하기 (예: 높이 조정) • 테이프나 벨크로 등으로 사용한 교재 수정하기 • 반응 수정하기 • 교재를 크게 또는 밝게 제작하기
활동의 단순화	수행 단계의 수를 줄이거나 작게 나눔으로써 복잡한 과제를 간단하게 함	• 작은 단계로 세분화하기 • 수행 단계의 수 줄이기 및 변경하기 (예: 색종이 접기를 단순화하기) • 성공하는 단계에서 종료하기
선호도 활용	주어진 기회를 통해 학습의 효과를 누리지 못하는 경우, 아동의 선호도를 판별해서 활동에 통합시킴	• 좋아하는 장난감 들고 있기 • 좋아하는 활동 활용하기(예: 소리 나는 장난감을 켤 때 이름 넣어 노래 불러주기) • 좋아하는 사람, 사물 활용하기
교사의 지원	유아의 참여와 학습 지원을 위한 성인의 중재	• 시범 보이기 • 아동의 놀이에 참여하기(예: 엘리베이터 숫자만 그릴 때 누르고 '올라갑니다', '타세요'라고 말해주기) • 칭찬과 격려(예: 식판을 정리하면 "식판을 정리를 했구나. 잘했어" 하고 박수치고 강화하기
또래의 지원	중요한 목표 행동의 학습을 도와주도록 또래를 활용함	• 시범 보이기(예: 식사 후 식판 정리하는 모습 보여주기) • 도우미(예: 산책활동에서 손 잡아 주기) • 칭찬과 격려(예: 또래들이 잘했다고 함께 박수쳐 주어 강화하기)
눈에 보이지 않는 지원	하나의 활동 중에 자연적으로 발생하는 사건을 의도적으로 구성함	• 참여의 가능성을 높이는 일련의 차례 설정하기 • 교육과정에서 일련의 활동하기(예: 놀잇감의 수를 부족하게 제시해서 도움을 청하는 상황 만들기)

출처: Sandall & Schwartz(2008)를 재구성.

(3) 삽입학습 기회의 활용

삽입학습의 기회 활용은 일과 중에 이루어지는 다양한 활동에 장애영유아의 목표를 적용하는 방법이다. 유아교육기관에서 자연스럽게 이루어지는 등원, 자유선택활동, 대 · 소집단활동, 급 · 간식 등 일과의 모든 과정 속에 유아의 개별 목표가 삽입될 수 있어야 한다. 교사는 체계화된 계획과 전략을 통해 장애영유아의 IEP 목표를 적용할 수 있도록 해야 한다. 한편, 삽입학습 기회의 활용은 자연스러운 교실 상황에서 이루어지기 때문에 유아의 관심과 선호도를 이용하기 쉽고 유아 스스로 학습 기술을 습득할 수 있다는 장점이 있다. 그러나 사전에 체계화된 관찰을 통해 철저한 계획이 수립되어야 하며 숙련된 교사의 교수 기술이 요구된다.

표 11-2 상황에 따른 IEP 목표 적용 비교

인지영역 목표: 빨강, 파랑, 노랑을 변별할 수 있다.	
분리상황에서 IEP 목표의 적용	• 지도상황 : 교실의 전체 활동이 진행되고 있는 동안 개별 교실에서 교사와 장애영유아가 일대일로 학습한다. • 지도방법 : 교사와 일대일로 앉아 12가지 색연필을 이용해 색깔 구분을 반복 연습한다.
일과의 맥락을 이용한 IEP 목표의 적용	• 지도상황 : 블록 정리시간, 화장실 이용시간 • 지도방법 – 블록 정리시간에 또래와 함께 블록의 색깔에 따라 빨강, 파랑, 노랑 바구니에 블록을 분류하여 담는다(바구니를 빨강, 노랑, 파랑으로 준비하거나 색바구니가 없는 경우 바구니에 색깔 표시를 한다). – 화장실 이용시간에는 교사가 말하는 색깔과 자신이 입은 옷의 색깔이 같은 친구가 화장실을 먼저 간다(너무 어려운 경우 짝의 도움을 받는다).

출처: 장혜성 외(2010).

(4) 아동중심 교수방법

앞에서 소개한 일반적인 교육과정 또는 교육과정 수정, 삽입학습의 기회를 활용하였는데도 학습이 어려운 장애영유아에게는 아동중심 교수방법을 사용한다. 아동중심 교수방법을 사용하기 위해서는 첫째, 교수방법의 목표는 장애영유아에게 유일한가? 둘째, 일반교육과정에 준하는가? 셋째, 연령에 적절한 기본 생활기술인가? 넷째, 삽입학습이나 교육과정의 수정을 사용하였는가? 이러한 여부를 먼저 점검해야 한다(이명희 외, 2011).

아동중심 교수방법은 개별 또는 소집단 형태로 수업이 이루어질 수 있으며 일반 또래 영유아가 부분적으로 참여한다면 보다 효율적인 교수가 될 수 있다.

표 11-3 상황에 따른 IEP 목표 적용 비교

종류	방법	적용의 예
언어적 촉진	유아가 현재 주어진 과제를 수행하도록 지원하는 단순한 설명을 해준다.	빨간색 색연필을 달라고 하는 손짓하는 유아에게 "빨간색?" "빨간색 색연필이 필요해?"라고 말한다.
시범 촉진	유아가 목표행동을 수행할 수 있을 때 주어지는 방법으로 언어나 몸짓 또는 두 가지를 사용한다.	간식을 다 먹은 후 컵을 들고 일어서면서 "선생님이 컵은 들고 갈게. 접시는 네가 들고 와." 하고 말한다.
신체적 촉진	유아가 과제를 수행하도록 신체적으로 보조해 주는 방법으로 부분적이거나 완전한 보조의 형태로 이루어진다.	롤러 밀기를 하는데 물감을 묻혀 가만히 종이에 대고만 있을 때 롤러 잡은 손을 잡고 같이 밀어준다.
공간적 촉진	유아의 행동 발생 가능성을 높이기 위해서 사물을 특정 위치(예: 과제수행을 위해서 필요한 장소, 유아에게 더 가까운 장소)에 놓는 방법이다.	손 씻을 때 수건을 세면대 가까이에 가져다 둔다.
시간적 촉진	그림이나 사진, 색깔, 그래픽 등의 시각적 단서를 사용하는 방법이다.	사물함이나 모이는 자리에 사진이나 유아가 좋아하는 특정 색깔이나 숫자로 표시한다.
단서 촉진	언어나 몸짓으로 주어지는 촉진으로 과제 수행의 특정 측면에 대한 직접적인 관심을 유도하기 위한 방법으로 이때 사용되는 단서는 자극이나 과제를 가장 잘 대표할 수 있는 특성이어야 한다.	칫솔과 치약 사진을 보여주면서 "이 닦기 하자."라고 말한다. 칫솔과 치약이라는 단서를 통해 유아의 독립적인 자조기술을 촉진한다.

3) 협력적 접근

협력교수(cooperative teaching, co-teaching)는 팀티칭(team teaching)이라고도 하는데, 두 명 혹은 그 이상의 교사가 다양한 능력을 갖춘 학생들을 하나의 물리적 공간 안에서 함께 교수하는 것(Cook & Friend, 1955)을 의미한다. 즉, 교사들이 각자의 전문 분야

지식을 가지고 공동의 목표를 달성하기 위해 협력하는 것을 말한다. 성공적인 협력교수를 위해서는 교사들 간의 긍정적인 관계 형성이 중요하다. 협력교수의 유형은 다음과 같이 나눌 수 있다(원종례, 2005에서 재인용).

(1) 그림자교수

하나의 대집단을 대상으로 유아교사가 구체적인 내용을 가르치는 반면, 특수교사는 학습이나 행동문제가 있는 한두 명의 유아를 옆에서 직접 가르치는 형태이다.

(2) 교수 지원

하나의 대집단을 대상으로 한 교사가 수업을 진행하고, 다른 한 교사는 조력자 역할을 하는 형태이다. 유아교사가 전반적인 교수활동을 주도하고, 특수교사는 학급 주변을 순회하면서 개별적인 지원 요구가 필요한 모든 유아에게 지원하는 보조적인 역할을 하게 된다.

(3) 스테이션 교수

교육내용을 몇 개로 나누어 교사가 각 스테이션에서 다른 활동을 교수하고, 학생들은 소집단을 구성하여 스테이션을 돌아가면서 수업할 수 있다. 유아교사와 특수교사는 동일하게 구성된 두 집단에 양분된 교육과정 내용을 각 스테이션에서 교수하고, 교수가 끝나면 유아집단을 바꾸어 다시 교수한다.

(4) 평행교수

대상 유아들을 두 집단으로 나누어 두 교사가 각 집단을 따로따로 교수한다. 이때 두 집단은 학습 능력이 동등한 집단으로 구성되고 동일한 수업 내용을 학습한다는 점이 대안적 교수와 차이가 있다.

(5) 보완적 교수

한 교사가 구체적인 교과 내용을 가르치는 주책임을 맡고, 다른 교사는 학습

내용을 습득하는 구체적이고 기능적인 학습전략(예: 활동지 정리)을 가르치는 책임을 맡는다.

(6) 지원적 교수

한 교사는 구체적인 교과내용을 주로 가르치고, 다른 한 교사는 보충적이고 구체적인 학습활동을 개발하여 교수한다. 즉, 유아교사가 학습 내용을 가르치거나 소개하면 특수교사는 유아교사가 가르친 학습 내용을 보충하고 풍부하게 하기 위해 사전에 논의된 보충적인 프로그램을 적용한다.

(7) 대안적 교수

일반적 수준의 대집단 하나와 수행능력이 평균 이상 또는 이하인 소집단 하나를 만들고, 두 교사가 각 집단을 맡아서 교수한다. 보통 유아교사는 대집단을 맡고, 특수교사는 교육과정의 수정이 요구되는 소집단을 맡아 교수하는데 반드시 그래야 하는 것은 아니다. 사전학습, 사후학습, 심화학습 등으로 활용할 수 있다.

(8) 팀티칭

학급 전체를 단일 집단으로 구성하여 단일 과제로 두 교사가 다른 교수 역할을 수행한다. 두 교사는 동등한 교수활동에 참여하여 교수를 계획하고 실행하며 평가하는 데 책임을 공유하게 된다.

03 장애영유아 통합 프로그램의 실제

1) 장애영유아의 발달특성 이해

최적화된 개별화 교육을 실시하기 위해서는 장애영유아에 대한 이해가 필수적이다. 유아의 강점과 약점에 대한 정확한 이해를 위해서는 다양한 관찰과 평가를 실시할 필요가 있다.

(1) 발달평가

- 자연적인 관찰, 일과 적응 평가, 수행평가 등을 통해 유아의 전반적인 수준을 평가한다.
- 표준화된 도구를 통해 장애영유아의 발달영역별 현행 수준과 목표를 설정한다.
- 전문가 의견, 검사결과는 소견서 등을 참조한다. 소견서에 주로 언급되는 검사들은 덴버발달선별검사(DDST), 사회성숙도 검사, 인물화 간편 지능검사(DAP), 한국-웩슬러 유아지능검사(K-WPPSI), 적응행동검사(K-ABS), 아동기 자폐증 검사(CARS), 교육진단검사(PEP), 언어이해인지력검사, 시지각발달검사 등이 있다.

(2) 프로그램의 수정 적용

통합교실에서 계획되는 활동에 참여할 수 있도록 교육계획안을 수정한다. 활동은 기본 교육계획안을 기초로, 장애영유아의 장기목표와 단기목표를 중심으로 연간안, 월안, 주안, 일안을 수정하는데 교사 간 협력은 필수적이다.

2) 교사 간 협력

통합 프로그램에서 협력교수는 다음과 같이 이루어진다(원종례, 이소현, 2006).

(1) 진단 및 평가활동에서의 협력

특수교사가 주로 직접 서비스 제공자로서의 역할을 수행하게 된다. 특수교사는 장애영유아를 판별하고 아동발달검사를 실시하고 다양한 측면에서 장애영유아의 행동을 관찰한 다음 각 발달영역에서 습득한 기술의 정도, 강점, 약점 등을 평가한다. 특수교사는 이러한 진단과정을 통해 장애영유아의 개별화 교육 프로그램을 개발한다. 이때 일반교사는 장애영유아의 발달을 확장할 수 있는 정보와 지원을 제공하고, 가족은 진단과 관련된 영유아의 다양한 정보를 제공한다.

(2) 교수활동에서의 협력

① 특수교사는 장애영유아의 개별화 교육 목표를 학급활동에 맞도록 수정한다.

특수교사는 학급활동에 맞게 장애영유아의 개별화 교육 목표를 수정하기 위해 6가지 발달영역(신변처리, 인지, 대근육, 소근육, 사회성, 언어)의 교육 목표의 기능성, 일반성, 교수상황, 측정 가능성, 장 · 단기 목표의 위계성의 다섯 가지 질적 측면을 점검한다. 그리고 이러한 장애영유아의 개별 교육 목표가 주간 및 일일교육활동에서 학습 기회가 이루어질 수 있도록 수정한다. 이때 일반교사와 특수교사는 장애영유아와 일반영유아의 교육 목표가 함께 이루어지기 용이한 활동을 선정해야 한다.

② 특수교사는 장애영유아가 학습할 기회를 구성한다.

학습의 기회 구성은 일반교사와 특수교사 간의 협력을 통해 삽입교수가 가능한 기회를 판별하거나 만들고 장애영유아에게 일상적인 일과를 통해 교육 목표를 연습할 기회를 제공하는 것이다. 학습 기회의 구성절차는 첫째, 일반교사가 주간 및 일일활동 계획안을 구성하고, 둘째, 특수교사가 이것을 장애영유아의 학습을 촉진하기 위해 교육과정 수정전략을 사용하고, 셋째, 활동 도표를 작성한다.

③ 일반교사는 수정된 교육활동을 실행한 후 평가한다.

특수교사가 삽입교수를 계획하고, 일반교사는 특수교사의 협력적 모델링과 협력적 코칭을 받아 활동중심의 삽입교수를 실행하며, 평가에서는 두 교사가 모두 자기평가와 협력적 감독을 받는다.

표 11-4 특수교사와 유아교사가 협력하여 수정한 교육계획안 예시

<table>
<tr><td colspan="2">기간</td><td colspan="3">2019년 4월 22일~ 4월 27일</td><td>반/유아명</td><td colspan="2">사랑반 김○○</td></tr>
<tr><td colspan="2">생활주제</td><td colspan="3">봄의 변화</td><td>활동주제</td><td colspan="2">즐거운 봄</td></tr>
<tr><td colspan="2">활동목표</td><td colspan="6">• 봄의 변화에 관심을 갖는다.
• 봄의 변화를 표현할 수 있다.</td></tr>
<tr><td colspan="2">날짜 / 활동</td><td>22(월)</td><td>23(화)</td><td>24(수)</td><td>25(목)</td><td>26(금)</td><td>27(토)</td></tr>
<tr><td rowspan="8">자유선택활동</td><td>쌓기</td><td colspan="6">징검다리 건너기(교사의 신체적 도움으로 북극성 장애물을 한발로 뛰어보기) 대1-1</td></tr>
<tr><td>역할</td><td colspan="6">봄꽃에 나비가 날아가요(또래와 긍정적인 상호작용하기) 사1-1</td></tr>
<tr><td>미술</td><td colspan="6">나비 만들기(교사의 도움을 받아 나비모양 가위로 오려보기) 소1-1</td></tr>
<tr><td>언어</td><td colspan="6">봄과 관련된 단어 놀이(사진자료를 보고 글자 이름을 말해보기) 언1-1
(단어를 말하면 사진자료 들고 오기) 언2-1</td></tr>
<tr><td>수·조작</td><td colspan="6">봄나무 퍼즐(신체적 촉진을 통해 퍼즐 맞춰보기) 소1-1</td></tr>
<tr><td>과학</td><td colspan="6">냄새 구분해서 맞추기(꽃, 흙 이름 말해보기) 언1-2</td></tr>
<tr><td>음률</td><td colspan="6">'씨앗' 노래에 악기연주(또래와 함께 교대로 두드리기) 사1-1</td></tr>
<tr><td>신체</td><td colspan="6">무궁화 꽃이 피었습니다(또래와 함께 신체놀이 해보기) 사1-1</td></tr>
<tr><td colspan="2">대·소집단 활동</td><td>미술) 나비 붙이기</td><td>이야기 나누기) 봄의 변화와 관련된 그림 자료 보고 말하기</td><td>동요) 씨앗</td><td>동화) 산딸기를 따러 갔다가</td><td>신체) 통통통</td><td></td></tr>
<tr><td colspan="2">바깥놀이</td><td colspan="3">얼음 땡
(또래와 함께 신체놀이 해보기) 사1-1</td><td>실내 대체활동</td><td colspan="2">오리오리거위 게임</td></tr>
<tr><td colspan="2">안전교육</td><td colspan="6">소방안전 및 대피훈련(앗! 뜨거워요 / 유도등을 따라 대피해요)</td></tr>
<tr><td colspan="2">귀가 및 가정과의 연계</td><td colspan="6">가방과 옷을 스스로 정리하는 기회를 주세요</td></tr>
</table>

※ 표 안의 붉은 글자는 다음의 약자이다. 대(대근육), 사(사회성), 소(소근육), 언(언어)

3) 통합 프로그램 운영의 기본 원칙

성공적인 통합교육을 위한 교육 프로그램의 기본 원칙은 다음과 같이 정리할 수 있다(총신대학교 부속유치원 편, 2011).

(1) 장애영유아의 발달적 요구와 장애 정도

과잉행동 및 주의력결핍장애를 지닌 영유아의 경우 일반영유아들에게 요구되는 창의적인 그림 표현이 힘들기 때문에 그림 그리기 대신에 종이 찢어 붙이기, 테이프 붙이기, 물감 찍기 등의 반복적인 행동을 긍정적인 방법으로 표현할 수 있도록 한다. 특히 집단활동시간에 착석이나 주의집중이 잘 이루어지지 않으므로 다른 영역에서 장애영유아가 선호하는 활동을 할 수 있도록 배려하여 점차로 착석과 집중하는 시간이 연장되도록 계획한다.

(2) 기존의 놀이도구나 교육활동과 같은 자원 활용

교실의 교재교구를 사용하되 장애영유아의 흥미에 따라 교구를 선택하도록 한다. 퍼즐, 그룹게임, 바느질, 목걸이 만들기, 가위질, 글씨 따라 쓰기, 물놀이, 모래놀이 등이 활용될 수 있다. 또한 극놀이, 노래, 게임, 신체표현 등 다양한 활동이 제공될 수 있다. 교재교구와 활동은 장애영유아와 일반영유아 간 상호작용이 일어나게 함으로써 언어 및 사회적 기술 발달을 돕는다.

(3) 놀이와 모방을 통한 교육방법

또래들이 즐겨하는 소꿉놀이 상황에서 정서적인 안정감을 찾도록 교사와 함께 혹은 장애영유아를 도와줄 수 있는 일반영유아와 함께 극놀이를 한다. 영유아들이 간단히 수행할 수 있는 활동, 예를 들어, 손을 무릎에 올려놓는 행동, 장난감을 활동영역에 갖다 놓기 등을 또래의 모방을 통해 하게 한다. 기본생활습관 중 옷 입기, 신발 신기, 실내화 갈아 신기, 손 씻기, 화장실 사용 후 물 내리기 등은 또래와 함께 활동하면서 모방하게 한다.

(4) 장애영유아에 대한 일반영유아의 사전 교육과 상호작용 훈련

장애영유아와 일반영유아와의 통합의 가장 큰 이유 중 하나는 상호작용을 통해 장애영유아가 자아존중감을 확립하고 일반영유아들로부터 언어발달을 꾀할 수 있으며 사회적 행동, 대인관계, 적응행동 등의 모델을 제공받을 수 있기 때문이다. 이를 위해서는 일반영유아와의 상호작용이 필수적인데 이러한 상호작용은 일반영유아의 장애영유아에 대한 긍정적 태도를 바탕으로 이루어진다. 따라서 사람은 여러 측면에서 서로 다르고 상호작용하는 방법도 다르다는 것을 이해시키고 수용하도록 영상 자료, 그림동화 등을 보여주고 그들이 가져야 할 태도에 대해 토론하는 것이 필요하다.

또한 일반영유아들에게 상호작용과 의사소통 전략을 훈련할 필요가 있다. 대부분의 장애영유아는 또래관계에서 먼저 상호작용을 시도하지 못하므로 일반영유아들의 훈련을 통해 상호작용이 이루어지도록 한다. 또한 놀이 중 장애영유아가 부적절한 행동을 하거나 교실 밖으로 이탈하려고 할 때 행동을 저지하고 장애영유아가 긍정적인 행동을 할 때는 칭찬과 격려를 할 수 있도록 또래를 훈련시킨다. 즉 장애영유아뿐 아니라 일반영유아의 사회적 기술로써 조언, 칭찬, 격려하기 등을 증진시킴으로써 상호작용이 활발하게 이루어질 수 있도록 한다.

4) 환경 구성

준비된 환경 구성은 통합교육을 성공적으로 이끄는 매우 중요한 요소이다. 장애영유아 통합교육을 위해 전체적으로 특별하거나 보조적인 환경이 필요한 것은 아니지만 장애영유아의 필요에 의한 요구가 있을 수 있다. 장애영유아 통합교육을 위한 환경 구성 시 고려해야 할 사항은 다음과 같이 정리할 수 있다(이소현, 박은혜, 2011; Bailey & Wolery, 1992).

첫째, 안전을 고려해야 한다.

장애영유아들은 일반영유아들에 비해 사고위험이 높으므로 안전에 더욱 신경을 써야 한다. 장애로 인해 균형 유지가 어려운 경우뿐 아니라 과잉행동장애의 경우에도 부주의로 인해 사고 발생의 가능성이 있다.

둘째, 영역 구분이 분명해야 한다.

장애영유아는 무질서하고 정리정돈이 되어 있지 않은 환경에서 당황할 수 있다. 교실에 도서, 조작놀이, 쌓기놀이, 역할놀이, 미술, 물놀이영역 등이 잘 구분되어 배치되면 장애영유아는 활동에 더 쉽게 참여할 수 있다. 이때 영역 구성은 모든 영유아의 발달수준과 기술 및 흥미와 적절하게 균형을 이루어 구성하는 것이 필요하다. 장애영유아를 위한 특별한 흥미영역은 읽기/문식성 영역과 감각경험영역 등이 있고 특히 실외놀이영역은 필수적이다.

셋째, 조용하고 충분한 공간이 제공되어야 한다.

일반영유아와 마찬가지로 시끄러운 소리와 환경은 장애영유아들의 주의집중을 방해하고 자극에 대한 과민성으로 인해 공격성이나 문제행동을 증가시킬 수도 있다. 따라서 장애영유아들이 다른 사람과 소음으로부터 떨어져 혼자 있을 수 있는 조용하고 충분한 공간이 제공되어야 한다.

넷째, 물리적, 사회적으로 반응적인 환경을 구성하도록 한다.

반응적 환경은 장애영유아에게 성공감을 통한 즐거움과 자신감을 준다. 이를 위해서 활동과 교재는 적절하게 도전적이어야 하며 너무 어려워서는 안 된다. 또한 충분한 자료를 주어 탐색활동이 촉진되도록 하고 예측 가능한 환경을 제공하되 적절히 변화를 주어야 한다.

5) 일과중심의 통합 실제

학기 초 3월 첫째 주부터 둘째 주까지 장애영유아가 새로운 환경에 적응할 수 있도록 입소 후 2주간 적응기간을 갖도록 한다. 유아의 특성 및 장애 정도에 따라 학기 초 적응 프로그램의 기간이나 시간을 조절할 수 있다(조윤경 외, 2009).

표 11-5 적응 프로그램의 내용

구분	활동내용	비고
기관	• 위치 및 자신의 자리 알기 • 기관의 각 영역 돌아보기(식당, 화장실, 각 학급의 위치 알아보기) • 교실의 여러 영역 돌아보기 • 여러 가지 놀잇감이나 장소에 대한 사용법 알기 • 수업활동에 적응하기	• 기관에서 생활하는 시간 점차 늘려가기 • 친구들의 얼굴 사진과 이름을 준비하여 가정에 보내기
가정	• 학급 친구들과 교사의 사진과 이름 익히기	• 기관에서 자료 받아서 활용하기

구체적으로 하루 일과중심의 교사의 지원방법은 다음과 같다(총신대학교 부속유치원 편, 2011).

(1) 등원

장애영유아의 발달을 지원하기 위한 교사의 역할을 다음과 같다.

첫째, 유아와 눈높이를 맞추어 인사한다.

교사와의 인사하기가 익숙해지면 교사와 손잡기, 고개 숙이기, 손바닥 마주치기 등 다양한 방법으로 친밀감을 표현할 수 있다.

둘째, 개인 사물함 사용을 지도한다.

교사는 장애영유아를 데리고 유아의 이름과 사진이 붙은 개인 사물함으로 가서 자신의 자리를 알려준다. 등원하여 자신의 사물함에 신발과 가방, 겉옷 등을 정리할 수 있도록 지속적으로 연습과 지원을 한다.

셋째, 부모와 헤어지는 것을 돕는다.

학기 초 부모와 강제로 장애영유아를 떼어 놓으면 분리불안을 느낄 수 있으므로 점진적인 방법으로 부모와 헤어지도록 한다. 예를 들어, 장애영유아와 울며 부모와 떨어지지 않을 때는 기관에 한동안 함께 있으면서 심리적으로 안정감을 갖도록 한다. 부모가 가정으로 돌아갈 경우 몰래 가는 것이 아니라 다시 만날 것이라는 사실을 분명하게 이야기해 주고 유아기 보는 데서 가도록 한다. 그리고 유아가 불안해하는 경우 "엄마는 ○○를 데리러 올 거야." 하고 반복하여 분명하게 이야기해 주어 유아가 안정감을 가질 수 있도록 한다.

(2) 자유선택활동

자유선택활동에서는 교사는 장애영유아의 능력과 선호도에 따라 선택할 수 있는 교재 및 교구를 제시하고 개별적인 상호작용이 이루어지도록 지원한다.

첫째, 흥미영역에서 놀이를 지원한다.

장애영유아는 교사의 지원 없이는 활동에 주의를 기울이고 또래와 상호작용하며 놀이하기가 어렵다. 장애영유아가 어떤 놀이를 해야 할지 모르는 경우 장애영유아는 각 영역에 배치된 놀이도구를 천천히 탐색한 후에 어떤 놀이를 할지 결정하도록 한다. 선택한 도구가 퍼즐인 경우 전체를 장애영유아가 맞추도록 하기보다는 대부분은 교사가 미리 맞추어 놓고, 3~4조각만 유아가 맞추도록 하여 성취감을 갖도록 한다.

둘째, 다른 놀이활동으로 전이를 지원한다.

교사는 장애영유아에게 필요한 활동을 참여해 보도록 제안하고, 그 활동을 한 후에 장애영유아가 선호하는 활동을 하도록 한다.

셋째, 또래 협동놀이에 참여하도록 지원한다.

협동놀이를 하고 있는 또래집단에 장애영유아를 동참시키거나 교사와 장애영유아의 놀이에 또래의 참여를 유도한다. 또래와의 놀이 속에서 "같이 놀자", "빌려줘", "고마워" 등의 언어적 상호작용 모델링을 보여주고, 장애영유아가 모방함으로써 점차 주도적으로 상호작용을 시도하도록 지도한다.

(3) 정리정돈

활동이 바뀌는 전이는 장애영유아에게 큰 어려움이다. 정리시간에도 활동을 계속하려 하거나 스스로 정리하지 못하는 영유아들에게는 한 활동에서 다음 활동으로 전이를 알려주는 명확한 단서가 매우 중요하다. 따라서 음악이나 악기 소리 등 청각적 신호를 사용하여 정리하는 시간임을 분명하게 인식하도록 한다. 신호를 주기 전에 미리 장애영유아에게 곧 정리하는 시간임을 이야기한다.

또한 장난감을 모두 정리하지 못할 경우에는 장난감의 일부만이라도 스스로 정리하는 경험을 갖도록 하는 것이 중요하다. 자발적으로 정리하는 양을 점차 늘려가며 스스로 모두 정리했을 때 교사는 영유아를 적극적으로 칭찬하고 격려한다.

(4) 대 · 소집단 활동

장애영유아는 대집단 참여가 어려운 경우가 많다. 대집단 활동이 진행되는 동안 장애영유아가 계속 앉아 있기 힘들어하여 바닥에 눕거나 늘어지는 경우 교사의 무릎에 앉히거나 약속된 장소가 잠시 나왔다가 다시 들어가 활동하도록 한다. 주의가 산만할 때는 신체적(예: 어깨 두드리기) 혹은 언어적(예: 이름 불러주기, 진행 내용 간단히 설명 해주기)으로 촉진한다.

① 이야기 나누기

이야기 나누기 시간은 함께 모이는 시간임을 분명히 인식하게 하고 자리에 앉도록 한다. 이때 대집단 활동 시간을 너무 길게 실시하지 말아야 한다. 처음에는 아주 짧은 시간만 참여해도 격려하고 점차 시간을 늘려가도록 한다.

② 문학활동

동화는 장애영유아가 언어적, 신체적 표현능력 및 사회적 상호작용을 학습하는 좋은 활동이다(정계숙 외, 2006). 의성어와 의태어가 충분히 표현되어 있어 장애영유아의 관심과 흥미를 불러일으킬 수 있는 동화를 선정한다. 동극은 또래와의 신체적 및 언어적 상호작용이 활발하게 일어날 수 있는 시간이므로 다양한 방법으로 장애영유아를 참여시킬 수 있도록 한다.

③ 집단게임 활동

잘 고안된 게임은 장애영유아의 사회적 상호작용과 정서능력을 증진시킨다(정계숙, 노진형, 2006). 편게임, 원게임, 협동게임 등 다양한 게임을 계획하되 개별적으로 승패가 드러나지 않는 활동을 선정한다. 일대일 게임의 경우 장애영유아와 함께 참여하는 유아의 수준을 고려해야 하며, 사전에 게임방법을 시범적으로 보여주어 경험의 기회를 준다. 자신의 팀이 장애영유아로 인해 불이익을 받았다는 인상을 주지 않도록 팀 구성원을 적절히 배치한다.

표 11-6 집단게임 활동의 예

종류	활동 예
편게임	가위바위보, 카드 뒤집기, 볼링게임, 반환점 돌아오기
원게임	토끼와 거북이, 수건 전달하기, 말 전달하기
협동게임	서로 과자 먹여주기, 꼬마야 꼬마야, 박 터트리기

(5) 급 · 간식 활동

식시 시 필요한 규칙이 있음을 알려주고 음식을 받기 위해 줄을 서서 순서를 기다리게 하는 법을 지도한다. 행주로 책상 닦기, 냅킨 갖다 놓기 등의 간식 및 점심 도우미 역할을 할 수 있는 기회를 제공함으로써 장애영유아도 학급의 한 구성원으로서 역할을 수행하도록 한다.

(6) 실외활동

실외활동은 장애영유아의 발달과 교육에 매우 중요하므로 교사는 안전에 만전을 기하여 지도하여야 한다. 장애영유아와 함께 할 유아를 선정하여 장애영유아의 이탈행동을 예방할 수 있다. 또한 약속한 신호음을 사전에 알려주고 장애영유아가 인지할 수 있도록 지도한다.

실외활동은 장애영유아가 자조기술을 익히는 매우 중요한 기회가 되므로 교사는 겉옷 입고 벗기, 신발 신고 벗기 등의 기본생활습관이 자발적으로 길러질 수 있도록 세부적인 목표를 세워서 지도한다.

(7) 귀가

장애영유아가 활동에 대한 회상이나 마치는 시간에 대한 인식을 할 수 있도록 귀가활동을 준비한다. 귀가 시 장애영유아가 자신의 소지품과 옷, 신발을 넣어둔 사물함에 가서 자신의 물건을 챙길 수 있도록 지도한다. 귀가지도를 부모에게 직접 하는 경우 유아교육기관에서의 생활에 대해 자세히 이야기해 주어 기관에서의 생활에 대한 이해를 돕고 가정에서도 일관성 있는 방법으로 지도하도록 한다. 차량을 이용하는 경우에는 일일수첩 등을 활용하여 부모와 의견을 교환하도록 한다.

장애영유아가 학급의 일원으로 소속감을 가지고 학급 내에서 일반 영유아와 어울려 생활할 수 있도록 다음의 몇 가지를 고려할 필요가 있다(조윤경 외, 2009).

첫째, 학급의 전체 유아를 대상으로 프로그램을 계획한다.

장애영유아의 특성을 올바르게 인식시켜 주기 위한다는 명목으로 처음부터 장애영유아를 드러내어 활동의 중심에 두고 활동을 전개할 필요는 없다. 전체 영유아를 대상으로 하여 서로 간의 같은 점과 다른 점, 자신만의 특별한 점을 찾아 인식할 수 있도록 하며 장애영유아도 똑같이 우리와 같은 점, 다른 점이 있고, 장애영유아만이 특별한 점이 있는 것뿐이라는 인식을 가질 수 있도록 간접적으로 접근한다.

둘째, 장애영유아의 장점을 부각한다.

학급 내에서 두드러지게 부적응행동이나 방해행동을 보이는 장애영유아에게도 장점이 있음을 알려주는 활동을 전개하여 일반영유아의 장애영유아에 대한 선호도 및 긍정적 인식을 돕는다. 장애영유아의 장점을 부각시켜 주는 활동으로는 장점 그래프 만들기, 나만의 특별한 별명지어 부르기 등이 있다.

셋째, 일상생활 속에서 '서로 다른 것뿐'이라는 개념을 반복하여 인식시킨다.

프로그램에서 인식한 '서로 다른 것이 이상한 것이 아니다', '우리는 모두 같은 점이 있고 다른 점이 있다'라는 개념을 일상생활 속에서 반복하여 줌으로써 유아가 그 개념을 자연스럽게 내면화할 수 있도록 한다. 예를 들어, 교사가 "오늘은 ○○(장애영유아)와 ○○(일반영유아)가 같은 색의 옷을 입고 왔구나. 옷 색깔이 같네. 하지만 머리모양은 다르구나. 역시 우리는 같은 점도 있고 다른 점도 있네!", "○○는 이런 생각을 하고 ○○는 그런 생각을 했구나. 서로 다른 생각을 하니까 재미있고 참 좋다. 서로 다르다는 건 참 재미있는 거구나!"라고 말할 수 있다.

넷째, 전체 영유아를 대상으로 서로 도움을 주고받을 수 있는 교육적 기회를 제공한다.

장애영유아이기 때문에 일반영유아가 도와준다는 개념이 아니라 우리 모두가 서로 다르고 잘하는 것과 잘 못하는 것이 있기 때문에 서로 도와야 한다는 개념을 인식하도록 해야 한다. 그러므로 일반영유아가 장애영유아를 도와주는 일방적인 도움이 아니라 장애영유아를 포함한 학급 전체 영유아들 사이에 도움을 주고받는 프로그램을 실시한다.

이때 장애영유아이기 때문에 도와준다는 의미에서 무조건 손으로 잡아당기거나 장애영유아가 해야 할 일을 다 해주는 등의 도움은 매우 부적절하다. 장애영유아에게 도움을 줄 때는 "○○야 가자", "○○야 이거 잡아" 등의 언어적 표현을 먼저 시도하고 다음 손으로 잡고 행동하도록 도와주어야 한다. 이것은 학급 전체 영유아들 사이에서 상호 도와주는 방법으로 동일하게 적용되어야 한다. 서로 도움을 주고받는 교육활동의 예로 화초에 물주기, 신발 정리하기, 책상 닦기 등 유아들이 한두 명씩 짝을 지어 도우미 역할이 있다. 이때 장애영유아의 특성을 잘 발휘할 수 있는 역할을 주는 것이 좋다. 또한 각각의 친구들이 잘하는 점을 찾아 서로 칭찬해 주는 칭찬릴레이를 통해 일상생활 속에서 장애영유아의 장점 및 잘할 수 있는 점을 부각해 주면 장애영유아에 대한 일반영유아의 인식을 긍정적으로 심어줄 수 있다.

PART 4

영유아 프로그램의 평가

Chapter 12 영유아 프로그램 평가

Chapter

12

영유아 프로그램 평가

01 영유아 프로그램 평가의 이해

영유아 프로그램 평가는 영유아를 대상으로 하는 교육 프로그램이 교육 목적을 달성하였는가를 확인하는 과정이라고 본다. 영유아 교육 프로그램의 목표, 교육의 내용, 교육의 실제 등을 분석하고 프로그램의 과정에 교사, 유아, 학부모 등의 교육공동체가 경험하게 되는 변화 등을 통합하여 평가가 이루어진다. 영유아 프로그램 평가는 양질의 교육을 실시하기 위해 교사, 유아, 학부모 등 프로그램 관련의 관계자들에게 정보를 제공하고, 환경을 개선하며, 프로그램을 운영하는 과정 속에서도 이루어지는 지속적인 활동이다. 영유아 프로그램 평가의 개념, 필요성, 목적을 살펴보면 아래와 같다.

1) 영유아 프로그램 평가의 개념

영유아를 대상으로 하는 교육 프로그램을 평가하는 것으로 '교육적 의사결정을 목적으로 교육 프로그램의 가치와 효과를 결정하는 과정'이라고 정의한다. 프로그램에서 교육활동이란 교육을 구성하는 내용, 사람, 행위, 물적 자원의 객체와 그 조합을 의미한다. 따라서 영유아 프로그램 평가의 대상은 프로그램의 목표, 내용, 영유아, 교사, 교육행정가, 교수방법, 지원기관, 사회, 가정 모두가 평가의 대상이 된다. 좁은 의미로는 프로그램의 목표가 실제로 어느 정도까지 달성되었는지를 밝히는 과정이다.

2) 영유아 프로그램 평가의 필요성

영유아 프로그램 평가의 필요성은 첫째, 유아의 진단적 기능이다. 유아의 현재 능력이나 적성, 또는 정의적 상태를 파악할 수 있다. 특히 학습곤란점이나 발달장애적 요소를 파악하게 되면 빠르게 조치함으로써 향후의 발달에 긍정적인 효과를 줄 수 있다. 진단적 기능의 부정적 측면으로는 정확한 진단이 아닌 한 가지의 행동으로 낙인의 효과도 볼 수 있다.

둘째, 교수-학습활동을 개선한다. 프로그램이 진행되는 상황에서 평가가 지속되므로 정보를 수집·분석하는 평가활동을 통해서 학습활동을 개선하는 기능을 한다. 평가의 결과에 따라 수업방법을 개선하고 수정하는 활동을 진행한다.

셋째, 영유아의 성취도를 평가한다. 영유아가 프로그램이 지향하는 목표의 달성한 정도를 성취수준이라고 본다. 영유아의 개별적 성취수준은 중요한 평가이다. 그러기 위해 목표가 명료하여야 하며, 평가 가능해야 하며, 구체적으로 진술되어져야 한다.

넷째, 프로그램 요소에 대한 평가이다. 수업절차, 수업자료, 프로그램 내용, 교육적 효과성을 평가한다. 프로그램의 결과는 프로그램에 의한 것이기 때문에 프로그램 내용, 자료, 과정 등에 대한 평가를 통해서 프로그램의 요소를 보완하여 프로그램의 질적 향상을 도모하는 것이다.

다섯째, 프로그램의 문제에 대한 이해와 다음 프로그램 운영에서 활용하기 위해 필요하다.

영유아 프로그램의 평가결과는 다음 프로그램 운영에 반영하며, 특히 문제점이나 보완점은 다음 프로그램에 수정·보완되어 반영된다.

3) 영유아 프로그램 평가의 목적

영유아 프로그램 평가의 목적은 시점에 따라 달라진다. 프로그램 운영 전에 이루어지는 진단평가, 프로그램 운영 중에 이루어지는 형성평가, 프로그램이 마무리되는 시점의 총합평가로 분류할 수 있다. 프로그램 운영에서의 평가는 시점에 따라 적합한 평가 유형이 적용되어야 한다.

(1) 진단평가

프로그램 운영 전에 학습준비도, 흥미, 동기 등을 진단하여 프로그램 운영의 전략을 모색하는 데 있다. 진단평가는 예진적 활동으로 내적 요인들에 대해 일차적으로 진단하고 평가적인 처치를 하는 것이다. 또한 외적 요인에 대한 진단과 평가 처치도 포함해야 한다.

(2) 형성평가

형성평가는 수업을 개선하기 위한 평가라고 하며, 수업 진행 과정에서 유아들의 학습진전도를 확인하고 그에 따른 적절한 피드백을 줌으로써 교수-학습 활동을 개선시키고자 실시하는 평가가 형성평가이다(Scriven, 1967). 프로그램 운영과정에서 수시로 이루어지는 형성평가는 총합평가의 문제점을 보완하는 데 착안된 것이다. 형성평가의 기능은 다음과 같다.

첫째, 프로그램의 진행 속도를 조절한다. 유아의 학습 진전도 상태를 분명히 밝혀주기 때문에 개별 유아들의 학습 속도에 맞추어 학습할 수 있게 한다.

둘째, 프로그램 운영에서의 피드백 기능을 한다. 프로그램 운영에서의 결손이나 곤란 정도를 파악하여 프로그램을 교정 보충하는 피드백의 기능을 말한다.

셋째, 프로그램 활동을 강화하는 기능을 한다. 프로그램 운영과정에 수시로 이루어지기 때문에 학습의 범위가 작다. 그러므로 높은 성취감과 격려로 활동을 강화하게 된다. 유아는 만족감과 성공적인 경험으로 긍정적 자아개념으로 장차 학습자는 관련된 과제에 대해서 더욱 큰 자신감과 도전감을 가질 수 있다.

넷째, 프로그램 운영의 개선 기능이다. 형성평가 시 모든 유아들이 부족한 평가의 영역이 나타났다면, 교수방법의 개선이나 기존의 교육방법에 대한 검토를 해야 한다. 교수-학습 활동의 개선을 위한 교수매체의 보완 등의 다양한 조치가 있어야 한다.

(3) 총합평가

프로그램이 종결된 후 이루어지는 평가로 중간고사, 학기말고사, 학년말고사 등을 통해서 학생들이 학업성취도를 총합적으로 평가하는 것을 볼 수 있다. 영유아 프로그램에서 총합평가는 월별, 학기별, 학년별로 이루어진다. 영유아 프로그램 평가의 목적은 영유아의 전인적 성장과 발달이 총합적으로 평가되어진다. 또한 프로그램의 목적 및 지향하는 교육의 내용 등이 총합평가를 통해 장기적인 질 관리를 도모할 수 있다. 총합평가의 기능을 제시하면 다음과 같다.

첫째, 유아의 최종 성취수준 및 발달수준을 결정한다. 발달영역 간 세분화된 점수화 및 질적 분석자료는 정확한 성취도를 판단할 수 있기 때문이다.

둘째, 총합평가의 결과를 통해 유아들의 미래에 대한 예측을 할 수 있다. 학습부진아 및 현재의 수준을 기초로 다음의 학습지도에 도움을 줄 수 있다.

셋째, 각 연령별 집단 간의 비교를 할 수 있다. 프로그램을 운영하는 집단 간의 차이를 통해 효과성을 판단하고 교육내용 및 활동 준비에 반영한다.

넷째, 프로그램 및 유아지도의 장기적 질적 관리 기능이다. 최종적인 성취도를 통해서 학습지도 방법의 효율이고 효과적인 방법에 대한 개선이나 유지를 판단하게 한다.

02 평가의 적용

1) 프로그램 평가의 영역

프로그램 평가의 영역은 목적, 내용, 참여자, 운영 등 네 가지로 요약할 수 있다.

먼저 프로그램의 성공 여부는 목표의 달성 여부로서 프로그램 과정, 교수방법, 학습활동 등을 평가하는 것이다. 프로그램 평가에서 목표의 중요성을 갖고 있어야 한다. 프로그램 평가의 필수 요소인 교육목표, 프로그램 과정, 교육방법, 교육평가는 유기적이며 상호 관계적이다. 프로그램에서 교육목표는 철학과 교육이념을 중심으로 목적을 만들고 목적달성을 위해 목표가 설정된다. 프로그램 평가에서 목표에 대해서 무엇보다도 우선되어야 하며, 중시되어야 한다. 교수목표는 교육과정과 교수방법을 연결시킴으로써 실천적이고 실제적인 교육의 효과를 평가하는 준거가 된다. 그러므로 목표는 명확하고 구체적일수록 목표의 달성수준을 정확히 평가할 수 있다.

프로그램의 내용에 대한 평가는 프로그램의 질적인 측면에 관심을 가지고 일반적으로 관찰을 통해 현실성, 즉시성, 요구 반영 정도 등을 중심으로 이루어진다.

참여자의 반응에 대한 평가는 만족도 및 호감도 등을 파악하는 것으로 참여자의 프로그램에 대한 인식과 참여를 통해 경험하게 되는 변화에 초점을 맞춘다. 프로그램 운영에 대한 평가는 프로그램이 매끄럽고 원활하게 수행되었는가 혹은 환경적인 부분으로 시설 · 설비 등의 제반 시설에 대한 요인, 교수자의 자질 등을 종합적으로 평가한다.

2) 프로그램 평가의 준거

영유아 프로그램에서 '구체적으로 무엇을 평가해야 하는가?'라는 질문에 대한 답을 찾는 것이 평가자의 과제라고 할 수 있다(김석우, 2015). '무엇을 평가하는가?'란 평가의 준거라고 볼 수 있다. 평가준거란 평가하는 것이 무엇이고 그 기준을 살펴보는 것을 말한다. 배호순(1990)은 프로그램의 평가준거로 효과성, 효율성, 타당성, 형평성, 대응성, 적절성 등을 제시하고 있으며, 그에 따른 질문과 예시적 준거는 〈표 12-1〉과 같다.

〈표 12-1〉을 살펴보면, 첫째 효과성이다. 프로그램 운영에서 교육효과를 평가하는 가장 중요한 부분으로 프로그램의 가치를 산출해 내는 것이다.

둘째, 효율성이다. 얼마만큼의 시간, 비용에 따른 교육의 효과성을 보는 것으로

표 12-1 프로그램평가의 준거와 질문

평가준거	질문	예시적 준거
효과성 (effectiveness)	가치 있는 산출이 성취되었는가?	교육효과 평가
효율성 (efficiency)	교육을 위해 어느 정도의 노력이 투입되었는가?	교육비용 / 수익률
타당성 (adequacy)	교육결과에 의해 문제해결이 어느 정도 이루어졌는가?	문제해결 능력 평가
형평성 (equity)	비용과 효율이 개인 혹은 집단 간에 공평하게 배분되었는가?	교육기회 및 자원배분준거 평가
대응성 (responsiveness)	조직의 목표, 집단의 필요 등을 프로그램을 통해 만족할 수준으로 달성했는가?	조직체의 교육목표 달성 여부
적절성 (appropriateness)	기대된 산출이 실제로 가치 있는가?	적절성을 제외한 모든 준거 검증

출처: 배호순(1990) 재인용.

수익률을 보는 것이다. 즉, 경제성의 관점에서 적은 비용과 노력으로 효과적인 프로그램 운영이 효율적인 프로그램인 것이다.

셋째, 타당성이다. 프로그램을 통해 문제해결력이 신장되었는가를 의미한다. 문제해결능력의 신장은 교육의 중요한 쟁점이다. 예를 들어, 인성프로그램을 운영했다면 프로그램 운영결과에 따라 인성에 대한 문제해결능력이 향상되었는지에 대해 검토해야 한다.

넷째, 형평성이다. 프로그램 운영을 하는 과정에서 개인, 각 반별, 각 유치원별 교육의 기회가 공평하게 배분되었는가를 보는 것이다. 교육의 기회가 주어질 때 지역적 특성이 다르며, 각 유아의 상황이 다르다. 그러한 상황에 적절한 교육 기회가 주어져야 한다.

다섯째, 대응성이다. 프로그램을 통해 프로그램 참여집단들이 만족한 수준으로 달성하였는가를 본다. 각 참여집단의 목표와 만족도를 살펴보는 것이다.

마지막으로 적절성이다. 평가의 결과로 산출되는 내용들이 실제로 가치 있고 의미 있는 것인가를 본다.

3) 프로그램 평가의 절차

교육 선진국의 핵심 기반이 되는 보다 수준 높은 양질의 프로그램을 개발해 나가기 위해서는 프로그램에 대한 체계적인 평가활동을 통하여 프로그램을 개발 및 개선해 나가는 체제를 구축하기 위한 노력이 필수적으로 요청된다(배호순, 2003). 프로그램 평가의 절차는 7단계로 살펴보면, 그림과 같다.

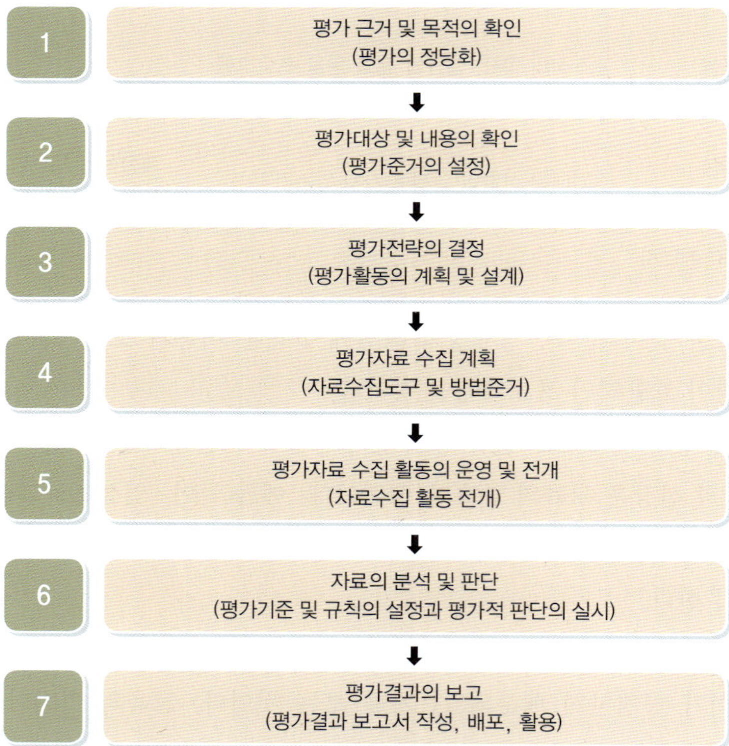

평가활동 단계별 절차

출처: 배호순(1990).

위의 세부적인 단계의 내용들은 일관성, 연계성을 갖고 있음을 알 수 있다. 첫 번째 단계인 평가의 근거 목적의 확인은 프로그램 평가의 중요한 부분으로 프로그램의 목적을 분명히 성취할 수 있는지 근거를 충분히 살펴보아야 한다.

두 번째 단계에서 평가대상 내용의 확인은 프로그램 운영에서 무엇을 어떤 내용을 평가할 것인가를 살펴보는 평가의 준거설정 단계이다.

세 번째로는 평가의 전략을 결정하는 것으로 평가의 대상인 프로그램, 교사, 유아, 부모 등을 어떤 방법으로 평가를 할 것인가에 대한 방향을 모색한다.

네 번째로는 평가의 자료 수집 계획으로 어떤 방법으로 수집할지에 대한 계획을 한다. 포트폴리오 평가, 설문지, 면접, 표준화 검사 등 다양한 평가의 방법과 전략을 모색할 수 있다. 프로그램의 초기는 요구도 조사를 통해 프로그램의 요구에 적절하게 운영을 할 것이며, 프로그램 중기와 말기에는 만족도 조사를 위해 다양한 방법 등을 활용할 것이다.

다섯 번째는 평가자료 수집 활동의 운영 및 전개로서 프로그램을 운영하기 전, 운영과정 중, 운영 후 평가자료 수집 활동을 실행하는 과정을 의미한다.

여섯 번째는 자료의 분석 및 판단 단계로 수집된 자료를 분석하고 이에 따라 판단을 하는 단계이다. 판단결과에 따라서 마지막 단계인 평가결과 보고서의 작성이다.

03 국가 수준 교육과정에 대한 평가의 실제

1) 유치원 평가

2008년도에 제 1주기 유치원 평가가 실시되었으며, 현재 유치원 평가는 제 4주기에 접어들었다. 현재 국가 수준의 교육과정 평가의 실제로는 어린이집 평가와 유치원 평가가 이원화되어 운영되고 있다. 이번 제 4주기 평가는 관계부처 합동 유치원 · 어린이집 평가체계 통합방안에서 제시한 통합지표 평가방식을 반영하여 실시한다. 단, 평가의 세부적인 절차 및 방법, 공개범위 등에 대해서는 시 · 도교육청 자율적으로 추진한다.

(1) 유치원 평가의 목적

유치원 평가의 목적으로는 첫째, 누리과정을 충실히 운영할 수 있는 유치원 운영체계 구축 및 유치원의 책무성 제고를 통해 유치원 교육서비스의 질적 수준 제고 둘째, 유치원 운영 전반을 체계적이고 종합적으로 점검하고 평가 결과 환류 및 맞춤형 지원을 통해 유치원 운영 개선 셋째, 평가 결과 공개를 통해 학부모의 알 권리 및 유치원 선택권 보장으로 학부모의 유치원 교육에 대한 만족도 제고이다.

(2) 유치원 평가의 기본 방침

유치원 평가의 기본 방침은 첫째, 교육부는 평가사업을 지원하고, 유아교육진흥원은 평가를 주관하여 실시한다.

둘째, 평가방법 개선으로 현장 부담 경감 및 객관성, 신뢰성을 제고한다. 서면평가와 현장평가를 반드시 병행하되, 유치원 정보공시 항목과 연계한 공개 정보를 활용해야 한다.

셋째, 유치원 평가 결과를 공개하여 학부모의 알 권리를 충족시킨다. 평가 결과 공개를 통해 학부모가 알고자 하는 유치원의 정보를 제공해야 하며 평가결과는 유치원 알리미를 통하여 알 수 있다.

넷째, 자체평가 및 결과 활용을 강화하여 유치원의 질 향상을 유지한다. 매년 자체평가를 내실화하여 유치원의 자발적인 개선을 유도하고, 유치원은 매년 자체평가를 실시하고 연도별 결과 분성 및 환류과정을 통해 점진적인 유치원 교육서비스를 향상하기 위해 노력한다. 또 평가 결과와 연계한 맞춤형 컨설팅 지원으로 유치원 운영 개선을 도모한다.

(3) 유치원 평가의 절차 및 방법

유치원 평가를 위해 교육부, 시 · 도교육청, 유치원이 평가에 참여하고 지원하고 있다. 현재 제 4주기 유치원 평가에서는 누리과정을 공통 적용하고 있는 유치원과 어린이집에 대한 종합평가를 실시하며, 평가방식 개선을 통한 보고서 작성 간소화 및 결과의 객관성 제고를 위해 노력하고 있다. 추진체계는 다음 그림과 같다.

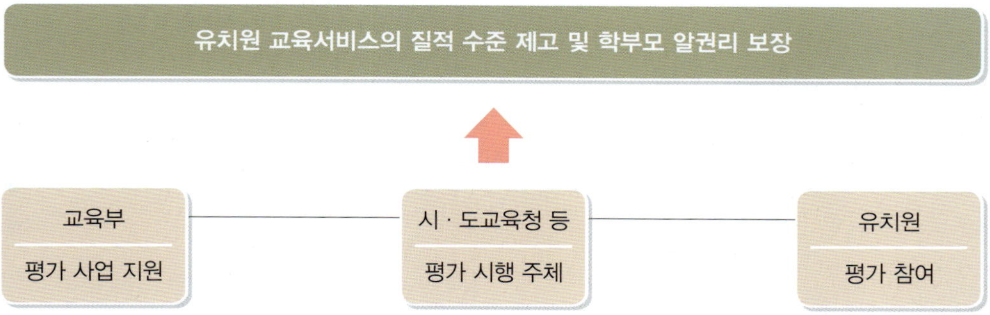

유치원 평가 추진체계

① 평가방법

제 4주기 유치원 평가는 정량평가 방법을 도입하여 객관성과 예측 가능성을 제고하고, 절대평가 방식의 등급제(4등급: A–B–C–D)로 평가한다. 각 평가항목별로 충족 여부에 따라 체크리스트 방식에 의해 '충족(Y)'또는 '미충족(N)'에 체크하며, 평가지표 내 평가항목의 '충족' 개수에 따라 3개 등급(우수, 적합, 개선필요) 중 1개를 부여한다. 또한 유치원 평가결과 등급을 부여하며, 4개 평가영역의 '우수'등급 수에 따라 A, B, C, D 등급 중 1개를 부여한다. 평가영역의 등급에 따른 유치원 등급은 〈표 12–2〉와 같다.

표 12-2 평가 영역의 등급에 따른 유치원 등급

기관 등급	등급 부여기준	예시
A	• 모든 영역에서 우수등급인 유치원	• 우수영역 4개
B	• 3개 영역 이상 우수등급이고, 개선 필요등급이 없는 유치원	• 우수영역 3개, 적합영역 1개
C	• 2개 영역 이하 우수등급이고, 개선필요등급이 없는 유치원	• 우수영역 2개, 적합영역 2개 • 우수영역 1개, 적합영역 3개 • 적합영역 4개
D	• 1개 영역 이상 개선필요등급인 유치원	• 개선필요영역 1개 이상

② 평가절차

평가절차의 과정으로는 첫째, 자체평가를 유치원에서 실시한다. 자체평가의 목적은 유치원 스스로 기관의 운영을 진단하여 현재의 수준과 교육력 제고, 개선방안을 모색 · 실천하며, 유치원에 대한 평가위원의 이해를 돕고 객관적인 평가를 받기 위한 기초 자료를 제공한다. 지표별 평가항목과 요소의 충족 여부를 확인하고 평가지표와 영역별 등급 부여, 평가 총평 작성, 유치원 등급을 부여한다. 원장을 중심으로 자체평가위원회를 구성하여 자체평가를 실시한다.

둘째, 현장평가를 시행한다. 현장평가는 지원청 현장지원 장학 연계로 실시된다. 현장지원 장학 당일 일정표는 원장과의 면담, 수업참관, 유치원 현황, 유치원 환경 파악, 유치원 운영 관련 점검 등으로 이루어진다.

셋째, 종합평가결과서를 작성한다. 자체평가와 현장평가, 기타 확인사항 등을 종합하여 평가한 후 최종 종합평가보고서를 작성한다. 종합평가는 참여기관의 자체평가보고서와 평가위원별 현장평가보고서, 이의제기 사항, 기타사항(법위반, 정보공시 정확성 등) 등을 종합하여 평가하며, 지원이 필요한 부분에 대한 지원형 컨설팅을 실시한다. 이를 토대로 평가결과 조정 및 확정, 영역별 등급 및 소견, 총평, 유치원 등급이 포함된 최종 평가보고서를 작성한다. 평가결과서 통보 후 이의제기가 가능하며, 이의제기가 인정되는 경우 심의를 통해 해당 평가지표, 평가영역 등에 대해 등급 조정이 가능하다.

마지막으로 결과 공시는 영역별 등급과 유치원 등급 공개를 권장하나 시 · 도의 여건 등을 고려하여 교육감이 결정하며, 영역별 소견과 총평은 반드시 공개한다. D등급 유치원의 경우 각 지원청이 지원방안을 적극 추진하며, A등급 유치원 견학 및 컨설팅을 지원한다. 평가 미실시 유치원은 시 · 도 교육청 차원에서 행 · 재정 등의 조치를 취한다. 유치원 평가의 절차 및 방법은 그림과 같다.

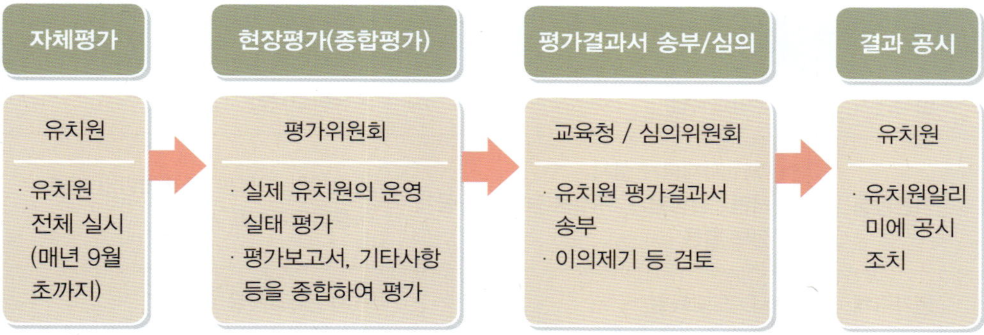

유치원 평가의 절차 및 방법

(4) 유치원 평가지표의 내용

① 평가지표 구성 내용

현재 4주기 유치원 평가지표 영역은 3주기와 비교하면 4개로 개수는 동일하거나 교육환경과 운영관리 영역이 통합되고, 교직원 영역이 추가되었다. 또한 4개 영역, 20개 지표, 77개 항목으로 구성하며, 보육과정 7지표, 교육환경 및 운영관리 4지표, 건강 · 안전 5지표, 교직원 4지표로 구성되었다.

② 유치원 평가의 내용 비교

제 4주기 유치원 평가와 3주기 평가를 비교해 보면, 특징적인 것으로 첫째, 유치원, 어린이집 통합방안을 반영하여 통합평가지표를 사용하는 것이다. 둘째, 평가영역이 교육과정, 교육환경, 건강 및 안전, 운영관리에서 교육과정, 교육환경 및 운영관리, 건강 · 안전, 교직원으로 변화된 것이다. 셋째, 평가 절차에 있어서 자체평가, 서면평가, 현장평가의 순서에서 자체평가, 현장평가, 종합평가로 현장 · 종합평가를 통합 추진한다. 마지막으로 정성평가에서는 총점 100점으로 계산하던 것을 충족(Y), 미충족(N)의 정량화된 항목으로 제시하여 기관등급을 4단계로 부여한다. 제 3주기 및 제 4주기 유치원 평가의 내용을 비교해 보면 〈표 12-3〉과 같다.

표 12-3 제 3주기 및 제 4주기(2019) 유치원 평가 내용 비교

구분	제 3주기	제 4주기
법적근거	• 유아교육법	• 유아교육법
기본방침	• 매년 자체평가 실시 • 서면 · 현장평가, 유치원 정보공시 공개 정보 활용	• 유치원 · 어린이집 통합방안 반영 • 통합평가지표 사용
평가주체	• 시 · 도교육감	• 시 · 도교육감
평가기관	• 시 · 도교육청/유아교육진흥원 등	• 시 · 도교육청/유아교육진흥원
평가대상	• 전국 국 · 공 · 사립유치원	• 전국 국 · 공 · 사립유치원
평가주기	• 3년(2014~2016년)	• 3년(2017~2019년)
평가영역 구성	• 4개 영역, 11개 지표, 30개 요소 – 교육과정(30점, 3지표, 8요소) – 교육환경(15점, 2지표, 5요소) – 건강 및 안전(30점, 4지표, 11요소) – 운영관리(30점, 4지표, 11요소)	• 4개 영역, 20개 지표, 77개 항목 – 교육과정(7지표) – 교육환경 및 운영관리(4지표) – 건강 · 안전(5지표) – 교직원(4지표)
지표구성	• 국가공통지표 • 시도자체지표	• 국가공통지표 • 시도자체지표(자율)
평가위원	• 서면평가위원: 시도별 상이 • 현장평가위원: 3인 1팀	• 현장평가위원: 1인(지원청 현장지원 장학 연계) • 종합평가위원: 3인 1팀

구분	제 3주기	제 4주기
평가방법	• 정성평가: 5점 평정척도	• 정량평가: Y, N 체크
평가절차	• 자체평가 → 서면평가 → 현장평가 – 유치원 정보 공시 공개 정보 활용 자체평가 / 유치원 ↓ 서면평가 / 평가위원회 ↓ 현장평가 / 평가위원회 ↓ 평가결과 송부 및 평가여부 공시 / 평가담당기관	• 자체평가 → 현장평가 → 종합평가 – 현장 · 종합평가 통합 추진 가능 자체평가 / 유치원 ↓ 현장평가(종합평가) / 평가위원회 ↓ 평가결과 송부/심의 / 평가담당기관/심의위원회 ↓ 결과 공시 / 유치원
평정방식	• 요소별 5점 평점(5점척도) – 지표 배점으로 환산 – 지표점수를 합산 영역점수 계산 – 영역점수를 합하여 총점 계산(100점 만점)	• 평가항목에 대해 충족/미충족 체크 – '충족항목'수 반영 지표 3단계 평점 – '우수지표'수 반영 영역 3단계 평점 – '우수영역'수 반영 기관등급 4단계 (A–B–C–D) 부여
결과공개 및 처리	• 결과 공개(총평, 영역별 소견, 이력 등)	• 결과 공개(총평, 영역별 소견 등)

2) 어린이집 평가

어린이집 평가는 2005년 시범 운영하였으며, 2006~2009년 제 1차 어린이집 평가인증을 시행하였다. 현재 제 3차 어린이집 평가인증을 시행하고 있으며 통합지표를 적용하고 있다. 영유아보육법이 일부 개정됨에 따라 현재 임의사항인 어린이집 평가인증이 전체 어린이집 대상의 평가제로 전환하였다(2019. 6. 12. 시행).

(1) 추진 배경

어린이집 평가인증제도는 어린이집의 자발적 신청에 따라 운영되고 있어 질 관리 사각지대에 존재하였다(2019년 1월 말 기준 전체 어린이집 39,219개소 중 7,521개소(19.2%) 미인증). 그리고 인증 어린이집에서의 사고 발생 등 인증제도에 대한 국회, 언론의 지적이 반복 발생하였으며, '보육 · 양육에 대한 사회적 책임 강화' 실현과 영유아의 건강한 성장 및 발달을 위하여 전체 어린이집을 대상으로 하는 어린이집 평가제 도입이 추진되었다.

(2) 추진 목적

추진 목적은 첫째, 영유아의 건강한 성장을 위한 최소한의 질 확보를 위해 주요 핵심지표를 중심으로 질 관리 표준 제시 및 질적 수준을 확인하고자 한다. 둘째, 모든 어린이집의 보육서비스 수준에 대한 주기적 평가 및 지속적 관리를 통해 국가 책무성을 강화하기 위함이다. 마지막으로 보육서비스의 질 향상을 통해 궁극적으로 유아의 안전과 건강, 조화로운 성장과 발달을 도모한다.

(3) 추진 방향

추진 방향을 살펴보면 첫째, 전체 어린이집에 대한 주기적 평가를 통해 보육서비스를 품질관리 사각지대에서 해소한다. 둘째, 영유아의 인권과 놀 권리를 보장하고, 건강하고 행복하게 성장할 수 있는 안심 보육환경을 조성한다. 셋째, 보육교직원이 보육에 집중할 수 있는 여건을 조성한다. 평가를 거부, 방해, 기피하는 경우 시정명령 등의 행정처분을 받을 수 있으며, 통보된 일정에 평가를 받기 어려운 상황(보육교직원 출산, 환경개선공사, 장기입원 등)에 한하여 제한적으로 평가시기를 조정할 수 있다.

(4) 어린이집 평가 운영체계

어린이집 평가체제는 참여확정, 현장평가, 종합평가 3단계를 거쳐 운영된다. 자세한 내용은 다음 그림과 같다.

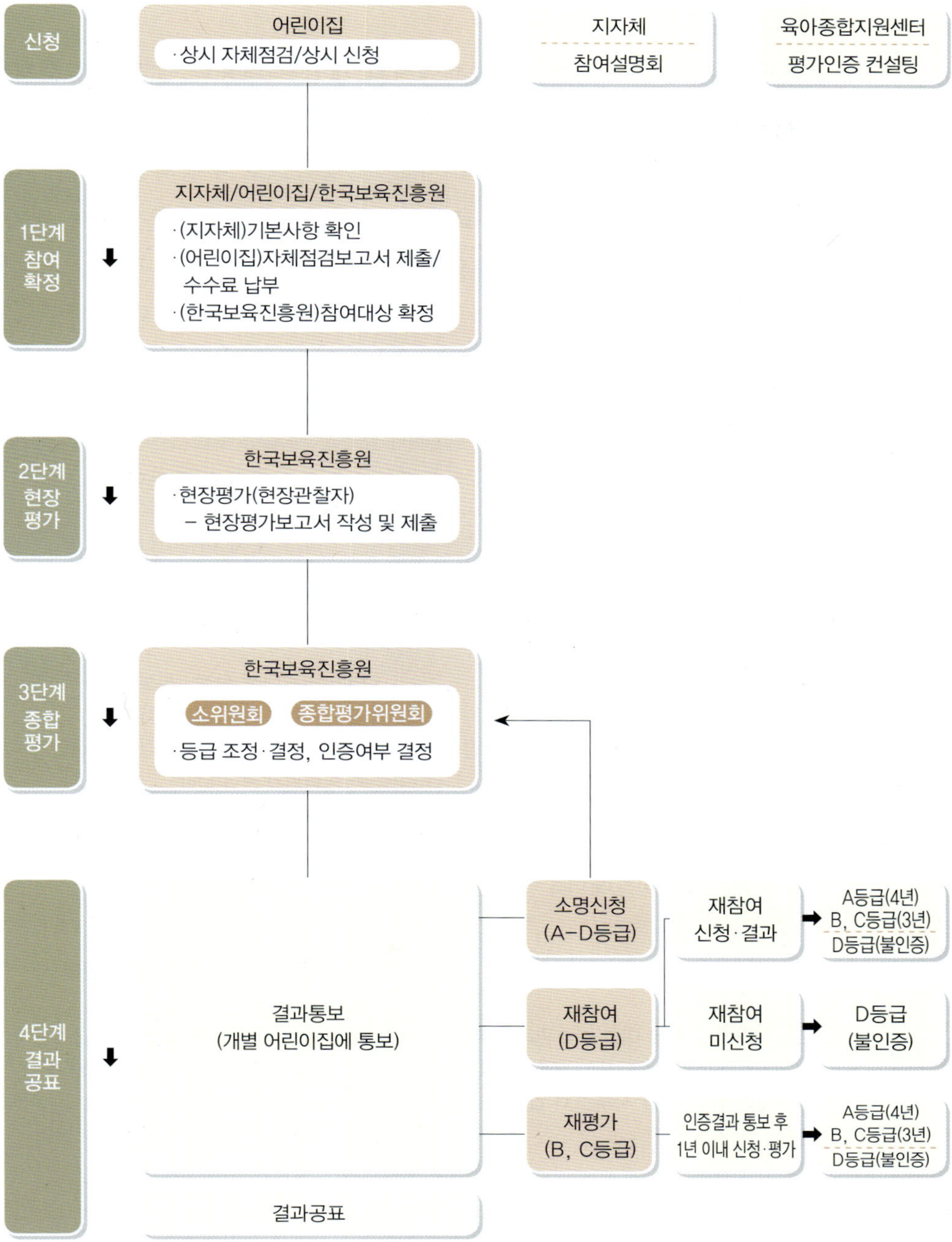

어린이집 평가 운영체계도

(5) 어린이집 평가제의 개선내용

현행 운영하고 있는 어린이집 평가인증제에서의 개선된 내용을 살펴보면 첫째, 신청 어린이집에 한하던 평가대상을 전체 어린이집으로 확대하였다. 둘째, 평가지표는 4영역, 21지표, 79항목에서 4영역, 18지표, 59항목으로 수정되었다. 마지막으로 평가과정에서 의무참여로 참여수수료는 전액 국가 부담으로 운영되며 평가거부 시 행정조치를 받게 된다. 자세한 내용은 〈표 12-4〉와 같다.

표 12-4 어린이집 평가제의 개선내용

구분	현행[As Is]	개선[To Be]
제도	어린이집 평가인증제	어린이집 평가제
대상	신청 어린이집	전체 어린이집
지표	4영역, 21지표, 79항목	4영역, 18지표, 59항목
평가과정	• 자율신청 • 참여수수료 어린이집 부담 • 기본사항 확인 및 자체점검 → 현장평가 → 종합평가(총 4개월) • 미참여 시 제재조치 없음	• 의무참여(대상 선정 · 통보) • 참여수수료 전액 국가 부담 • 기본사항 확인 및 자체점검 → 현장평가 → 종합평가(총 3개월) • 평가거부 시 행정조치
결과	인증/불인증	평가 등급
사후관리 · 결과활용	• 미인증기관에 대한 사후관리 부재 • 법 위반 및 행정처분 발생 시 인증취소 • 불인증에 대한 사후조치 없음	• 하위등급 컨설팅 의무화 등 등급별 사후관리 실시 • 법 위반 및 행정처분 발생 시 등급조정 • 평가결과에 따라 행 · 재정적 지원 등 필요조치 ※ 최하위등급 반복 시 행 · 재정적 불이익 가능

(6) 어린이집 운영기준 확인 업무 흐름도

어린이집 평가제는 한국보육진흥원에서 이루어지며, 시 · 군 · 구, 시 · 도의 협조로 운영되고 있다. 어린이집 운영기준 확인 업무 흐름도는 다음과 같다.

주체	주요업무	상세내용
한국보육진흥원	현장평가	• 어린이집 운영기준 개선 필요사항 발생여부 확인 • 지자체 통보
시 · 군 · 구	어린이집 운영기준 개선 확인	• 어린이집 운영기준 확인 및 개선 결과 시 · 도 통보
시 · 도	어린이집 운영기준 개선 결과 통보	• 어린이집 운영기준 개선 결과 최종확인 및 한국보육진흥원 통보
한국보육진흥원	어린이집 운영기준 개선 결과 확인	• 어린이집 운영기준 개선결과 확인 (단, 운영기준 개선 필요사항 미개선 시 종합평가 회부 등 관련 조치)

어린이집 운영기준 확인 업무 흐름도

(7) 어린이집 평가지표의 세부내용

어린이집 · 유치원은 통합지표로 구성되어 있으며, 어린이집 지표는 보육과정 및 상호작용, 보육환경 및 운영관리, 건강 · 안전, 교직원으로 4개 영역으로 구성되어 있다. 〈표 12-5〉는 각 영역별 등급에 따른 어린이집 등급 평가표이다.

표 12-5 평가영역 별 등급표

<table>
<tr><th colspan="2" rowspan="2">영역</th><th colspan="4">영역 등급</th></tr>
<tr><th>우수</th><th>적합</th><th colspan="2">개선 필요</th></tr>
<tr><td>1</td><td>보육과정 및 상호작용</td><td>□</td><td>□</td><td colspan="2">□</td></tr>
<tr><td>2</td><td>보육환경 및 운영관리</td><td>□</td><td>□</td><td colspan="2">□</td></tr>
<tr><td>3</td><td>건강 · 안전</td><td>□</td><td>□</td><td colspan="2">□</td></tr>
<tr><td>4</td><td>교직원</td><td>□</td><td>□</td><td colspan="2">□</td></tr>
<tr><td colspan="2">소계</td><td>3</td><td>1</td><td colspan="2">0</td></tr>
<tr><td colspan="2" rowspan="2">어린이집 등급</td><td>A</td><td>B</td><td>C</td><td>D</td></tr>
<tr><td>○</td><td>○</td><td>○</td><td>○</td></tr>
</table>

① 보육과정 및 상호작용

보육과정 및 상호작용영역은 보육 계획 수립 및 실행, 일과 운영, 교수-학습방법 및 놀이지원, 교사-영유아 상호작용, 영유아 간 상호작용 시 교사 역할, 평가, 일상생활로 구성되어 있다. 세부적인 내용과 문항은 〈표 12-6〉과 같다.

표 12-6 보육과정 및 상호작용 영역

1-1. 보육 계획 수립 및 실행	
1	국가 수준의 보육과정에 제시된 목표 및 내용을 반영한다.
2	영유아의 발달 수준 및 반 특성을 고려하여 연간, 월간, 주간, 일일 계획안을 작성한다.
3	연간, 월간, 주간, 일일 계획안의 목표 및 내용이 적절하며, 연계성이 있다.
4	표준보육과정(누리과정 포함)의 영역을 반영하여 보육활동을 실시한다.

1-2. 일과 운영	
1	계획에 따라 영유아의 연령에 적합한 놀이, 활동, 일상생활 경험을 균형 있게 통합적으로 운영한다.
2	자유선택활동 시간을 매일 충분히 배정하여 운영한다.
3	바깥놀이 시간을 매일 충분히 배정하여 운영한다.
4	놀이나 활동을 융통성 있게 운영한다.
5	장애영유아를 위한 관련 서비스(치료지원 포함)를 일과 중에 통합적으로 제공한다.

1-3. 교수-학습방법 및 놀이지원	
1	주제에 적합한 활동계획을 수립하고 그에 적절한 교수-학습방법과 자료를 활용한다.
2	교사는 영유아가 활동에 대한 흥미나 호기심을 갖도록 한다.
3	교사는 다양한 놀이와 활동이 영유아의 자발적 선택에 의해 주도적으로 이루어지도록 격려한다.
4	교사는 영유아의 놀이상황을 관찰하면서 놀이를 지원한다.
5	교사는 영유아가 다양하게 생각하여 대답할 수 있도록 발문한다.
6	교사의 태도가 안정되고 자신감이 있다.

1-4. 교사-영유아 상호작용	
1	교사는 신체적 특성, 가족 및 민족 배경 등으로 인한 편견 없이 모든 영유아를 존중한다.
2	교사는 영유아의 기질, 정서적 상태, 놀이 선호 등을 파악하여 적절히 반응한다.
3	교사는 영유아의 개별적 요구나 질문을 주의 깊게 듣고, 적절하게 반응한다.
4	교사는 영유아가 이해할 수 있는 내용으로 눈을 마주치며 이야기한다.
5	교사는 위협, 비난, 조롱 등 부정적 언어를 사용하지 않는다.
6	교사는 칭찬과 격려를 통해 영유아에게 자신감을 준다.

1-5. 영유아 간 상호작용 시 교사 역할	
1	교사는 영유아가 일상에서 또래와 긍정적 상호작용을 하도록 격려한다.
2	교사는 영유아가 자신의 의견이나 생각을 또래에게 말로 표현하도록 격려한다.
3	교사는 영유아가 적절한 약속과 규칙을 알고 지킬 수 있도록 격려한다.
4	교사는 영유아 간 다툼이나 문제가 발생하지 않도록 환경을 마련하고, 발생 시 적절히 개입한다.
1-6. 평가	
1	영유아의 행동을 객관적으로 관찰 · 기록한다.
2	보육과정 목표와 내용을 준거로 영유아의 발달 특성과 변화를 평가한다.
3	영유아 평가결과를 보육과정 편성 및 운영에 반영하고, 부모면담의 자료로 활용한다.
4	보육과정 운영에 대한 평가를 실시하고, 그 결과를 다음 계획안에 반영한다.
1-7. 일상생활	
1	특별활동을 운영지침에 따라 실시한다.
2	영유아의 일상 경험이 편안한 분위기에서 생활화되도록 격려한다.

② 보육환경 및 운영관리

보육환경 및 운영관리 영역은 실내 공간 구성, 실외 공간 구성, 기관운영, 가정 및 지역사회와의 연계, 어린이집 이용 보장으로 구성되었다. 세부적인 내용과 문항은 〈표 12-7〉과 같다.

표 12-7 **보육환경 및 운영관리 영역**

2-1. 실내 공간 구성	
1	보육실 내 흥미영역은 영유아의 연령 및 발달 특성을 고려하여 충분한 공간에 구성한다.
2	영유아의 요구를 충족하는 다양한 공간을 마련하고 있다.
3	실내 시설 및 설비가 영유아의 발달 수준에 적합하다.
4	계획안 주제 관련 활동자료들을 영유아의 연령 수준에 맞게 영역별로 다양하게 구비하고 있다.
5	비품과 활동자료를 보관하는 별도의 공간이 있고, 연령별, 주제별 또는 영역별로 정리되어 있다.
2-2. 실외 공간 구성	
1	옥외놀이터 등을 구비하고 있다.
2	영유아 발달에 적합하고 다양한 놀이기구를 구비하고 있다.
3	실외 공간에 다양한 활동 영역을 제공하고 있다.
2-3. 기관 운영	
1	모든 반을 편성 규정에 맞게 운영하고 있다.
2	개별 영유아의 생활기록부를 작성 · 관리하고 있다.
3	신입 영유아 적응을 위한 지원을 하고 있다.
4	예 · 결산서를 대내외적으로 공개한다.
2-4. 가정 및 지역사회와의 연계	
1	부모와 상호 협의 하에 어린이집을 개방한다.
2	부모교육을 다양하게 실시하고 있다.
3	부모와 개별면담을 하고 가정과의 소통을 다양한 방법으로 실시하고 있다.
4	영유아와 가족의 문제를 파악하고 지원한다.
5	지역사회와 연계한 다양한 활동을 실시하고 있다.

2-5. 어린이집 이용 보장	
1	어린이집 운영계획을 수립하여 부모에게 안내하고 있다.
2	종일반 및 맞춤반을 지침에 따라 운영하고 있다.

③ 건강 · 안전

건강 · 안전 영역은 실내외 공간의 청결 및 안전, 급 · 간식, 건강 증진을 위한 교육 및 관리, 등 · 하원의 안전, 안전교육 및 사고 대책으로 구성되었다. 세부적인 내용과 문항은 〈표 12-8〉과 같다.

표 12-8 건강 · 안전 영역

3-1. 실내외 공간의 청결 및 안전	
1	실내외 공간을 청결하고 쾌적하게 관리하고 있다.
①	실내외 공간을 청결하게 유지한다.
②	실내외 놀잇감을 청결하게 유지한다.
③	개별 침구를 청결하게 유지한다.
④	환기를 자주하여 실내 공기를 쾌적하게 유지한다.
⑤	실내 공간의 온도, 습도, 채광, 조명을 적정하게 유지한다.
2	실내외 공간을 영유아의 안전을 위해 위험요인 없이 관리하고 있다.
①	출입문, 창문, 천장, 바닥, 벽면 등이 안전하여 위험요인이 없다.
②	전기설비 및 전선줄 등이 안전하여 위험요인이 없다.
③	고정식 및 이동식 시설 · 설비가 안전하여 위험요인이 없다.
④	세면대, 정수기 등에 온수 조절 장치가 적절하여 위험요인이 없다.

⑤	성인이 주로 사용하는 실내외 공간에 영유아가 출입하지 않는다.
3	실내외 놀잇감이 안전하고, 위험한 물건을 안전하게 보관 · 관리하고 있다.
①	보육실 내 놀잇감에 파손된 부분이 없다.
②	실내외 공간에 비치된 놀잇감에 파손된 부분이 없다.
③	보육실 내의 위험한 물건을 안전하게 보관 · 관리한다.
④	실내외 공간의 위험한 물건을 안전하게 보관 · 관리한다.
4	안전시설 및 설비를 비상시 효율적으로 사용할 수 있도록 관리하고 있다.
3-2. 급 · 간식	
1	영양의 균형을 고려한 급 · 간식을 제공하고 있다.
①	영유아의 연령 및 영양 균형을 맞춘 식단이 수립되어 있고, 식단에 따른 급 · 간식을 제공한다.
②	인스턴트식품보다 자연식품 위주로 급 · 간식을 제공한다.
③	영유아의 연령 특성을 고려한 급 · 간식(크기, 맛, 조리형태 등)을 제공한다.
④	충분한 양의 급 · 간식을 제공한다.
⑤	식품 알레르기 질환에 대한 지침을 마련하여 실행한다.
2	식자재의 구입 · 보관 및 조리공간을 위생적으로 관리하고 있다.
①	신선한 식자재를 구입하여 사용한다.
②	유통기한 경과 식품(식자재 등)이 없다.
③	식자재를 위생적으로 보관한다(필수).
④	조리실 공간(바닥, 벽, 천장 등)을 청결하게 유지한다.
⑤	조리실 내 시설 · 설비(개수대, 조리대, 식기 수납장, 가스레인지, 후드, 환풍기, 주방가전 등)를 청결하게 유지한다.

3	조리 및 배식과정을 청결하고 위생적으로 관리하고 있다.
①	조리 시 앞치마, 머릿수건, 조리실 전용 신발이나 위생화를 착용한다.
②	조리가 위생적으로 이루어진다.
③	식기류(컵 등)와 조리실 비품(조리도구, 행주 등)을 위생적으로 관리한다.
④	1회 조리된 음식은 당일 소모하고 재배식하지 않는다(필수).
⑤	배식과정이 위생적으로 이루어진다.
⑥	마실 물, 우유 등을 위생적으로 관리한다(필수).
3-3. 건강 증진을 위한 교육 및 관리	
1	손 씻기, 양치질 등 청결한 위생습관을 실천한다.
2	교사는 영유아의 건강상태를 살펴보고 적절하게 지원한다.
①	아프거나 다친 영유아에 대한 지침을 마련하고 있다.
②	교사는 일과 중 영유아의 건강상태를 주의 깊게 살펴보고, 적절히 조치한다.
③	투약의뢰서를 관리하고, 부모에게 투약보고를 한다.
④	비상약품이 용도별로 구비되어 있고, 비상약품을 유효기간 내로 관리하고 있다.
3	영유아와 교직원의 건강 증진을 위한 예방관리와 교육을 실시한다.
①	개별 영유아의 건강검진 서류, 응급처치동의서를 작성 · 관리하고 있다.
②	영유아 및 교직원을 대상으로 다양한 건강 및 영양교육을 실시한다.
③	교직원의 건강검진이 정기적으로 이루어진다.
④	영유아 및 교직원에 대한 감염병 관리수칙을 수립하여 실천한다.
⑤	교직원의 직무스트레스(정신건강)를 예방하고 관리할 수 있는 서비스를 안내하거나 제공한다.

3-4. 등 · 하원의 안전	
1	영유아는 등원부터 하원까지 성인의 보호 하에 있다.
①	영유아의 인계과정에 대한 규정이 있고, 규정에 따라 안전하게 이루어진다.
②	영유아의 보호자에게 받은 귀가동의서를 구비하고 있다.
③	교직원은 영유아의 안전을 위해 항상 전체 상황을 주시한다.
④	영유아를 두고 자리를 비울 때에는 책임 있는 성인에게 인계한다.
2	등 · 하원 차량을 운행할 경우 안전요건을 갖추어 관리한다.
①	차량 내부에 안전수칙을 게시하고, 영아용 보호 장구, 차량용 소화기, 비상약품을 구비하고 있다.
②	매일 차량 안전점검을 실시한다.
③	차량 운행 시 성인이 동승한다.
④	차량기사와 차량에 동승한 성인은 영유아를 안전하게 보호한다.

3-5. 안전교육 및 사고 대책	
1	영유아를 대상으로 안전교육을 지속적으로 실시하고 있다.
①	영유아를 대상으로 발달에 적합한 안전교육을 정기적으로 실시한다.
②	영유아가 정기 소방대피훈련에 참여한다.
③	영유아가 놀이기구와 놀잇감을 안전하게 사용하도록 지도한다.
④	계절 및 날씨 관련 놀이 안전수칙을 준수한다.
2	교직원은 안전교육을 받고 영유아 학대 예방 지침을 준수한다.
①	교직원을 대상으로 기본적인 안전교육을 정기적으로 실시한다(영유아 학대 예방교육 포함).
②	교직원은 안전관리 시설 및 설비(소화기 등)의 사용법을 숙지하고 있다.
③	비상시 교직원의 대처방안과 업무분장이 체계적으로 수립되어 있고, 교직원은 자신의 역할을 숙지하고 있다.

④	교직원 중에 응급처치(심폐소생술) 관련 교육에 참여한 직원이 있다.
⑤	영유아 학대 예방 지침(체벌 금지 포함)을 준수한다(필수).
3	영유아, 교직원 및 시설 보험에 모두 적합하게 가입하고 있다.

④ 교직원

교직원 영역은 원장의 리더십, 교직원의 근무환경, 교직원의 처우와 복지, 교직원의 전문성 제고로 구성되었다. 세부적인 내용과 문항은 〈표 12-9〉와 같다.

표 12-9 교직원 영역

4-1. 원장의 리더십	
1	원장은 자신의 전문성 향상을 위해 노력하고 있다.
2	원장은 교직원을 존중하고, 교직원의 발전을 위해 지원하며, 면담을 실시한다.
3	원장은 정기적인 교사회의 등을 통해 교직원의 의견을 민주적으로 수렴한다.
4	2년 이상 근속한 교사가 전체 교사의 50% 이상이다.
4-2. 교직원의 근무환경	
1	교사실과 개인사물함을 별도로 마련하고 있다.
2	교사의 업무지원을 위한 자료 및 설비를 충분히 구비하고 있다.
3	성인용 화장실을 영유아용과 별도로 설치하고 있다.
4-3. 교직원의 처우와 복지	
1	교직원 인사와 관련하여 공정한 규정이 있으며, 이를 준수하고 있다.
2	교직원의 보수와 관련한 규정이 있으며, 이를 준수하고 있다.
3	교직원의 복지를 위해 노력하고 있다.

4-4. 교직원의 전문성 제고	
1	신규 교직원에게 업무 관련 오리엔테이션을 실시하고 있다.
2	교사의 전문성 제고를 위한 다양한 연수기회를 부여하고 있다.
3	교사의 교수–학습방법에 대한 관찰과 지도를 실시하고 있다.
4	교사에 대한 근무평가를 실시하고 있다.

참고문헌

강란혜, 곽미영(2011). **영유아 프로그램 개발과 평가**. 서울: 창지사.

강지영(2007). Tyler 교육과정이론과 장상호의 교육본위론의 비교 연구. 숙명여자대학교 석사학위논문.

곽노의(1996). 발도르프 유치원의 교육이론과 활동. **유아교육연구, 16**(1), 5-22.

곽노의(1999). **21세기 유아교육 모델로서 자유 발도르프 유아교육**. 서울: 밝은누리.

곽은복(2005). 생태지향적 관점에 근거한 유아환경교육의 전망. **아동교육, 14**(1), 83-96.

교육인적자원부(2007). 장애인 등에 대한 특수교육법.

구병두, 김범준(2010). **교육과정 및 교육평가**. 고양: 공동체.

김동배, 권중돈(1998). **인간행동이론과 사회복지실천**. 서울: 학지사.

김미숙(2002). 루돌프 Steiner의 교육예술론 연구: 오이리트미를 중심으로. 성신여자대학교 대학원 박사학위논문.

김석우(2015). **교육평가의 이해**. 서울: 학지사.

김성림(1995). Tyler와 Bruner 교육과정 이론의 인식론적 배경. 숙명여자대학교 석사학위논문.

김수영, 김수임, 정정희(2008). **영유아 프로그램 개발과 평가**. 고양: 공동체.

김영명, 안소영, 서영숙(2011). **영유아 프로그램 개발과 평가**. 고양: 공동체.

김영숙, 우정한(2012). 다문화가정의 실태와 지원정책 개선방안에 대한 고찰. **다문화콘텐츠연구, 13**(10), 69-103.

김유라(2015). Steiner 사상에 기초한 발도르프 유아교육과정. **교육혁신연구, 25**(2), 133-150.

김정임(2003). 발도르프 유아교육 원리에 대한 고찰. **교육과학연구, 34**(2), 117-130.

김진규(2015). **교육과정과 교육평가**. 서울: 동문사.

김진이(1999). 포괄적 보육 프로그램의 개발을 위한 보육욕구에 관한 연구. 연세대학교 대학원 박사학위논문.

김학실(2015). 여성의 경제활동 지속 요인에 관한 연구: OECD국가를 중심으로. **한국자치행정학보, 29**(1), 111-130.

김향숙(2001). 포괄적 보육프로그램 실천에서 사회복지사의 역할. 부산대학교 대학원 석사학위논문.

김혜경(2009). **영유아프로그램 개발과 평가**. 서울: 창지사.

김회용, 노재화, 방선욱, 송선희, 신붕섭, 이병석(2014). **교육학개론**. 파주: 양서원.

김희정(2005). 일본보육정책의 최근동향(1990년-2005년을 중심으로). **유아교육학논집, 9**(4), 261-275.

김희정(2008). 일본 자녀양육지원정책의 현황 탐색. **유아교육학논집, 12**(6), 377-399.

김희진(2006). **포괄적 보육 서비스 부모 지원 프로그램 – 진행자 매뉴얼**. 서울: 다음세대.

남효창(2011). 숲과 아이. 한국형 숲유치원 시범운영을 위한 원장연수 자료집. 21-45.

대한민국정부(2006). 국가인적자원개발기본계획: 2007년도 시행계획. 제2차 인재강국 코리아. Creative Korea 2006-2010. 교육인적자원부 인적자원정책국 정책총괄과.

목홍숙, 김진화, 최진숙(2011). 프뢰벨, Steiner, 몬테소리의 아동관과 교육사상 비교·고찰. **발도르프교육연구, 3**(2), 45-59.

문연심(2013). **영유아 프로그램 개발 및 평가**. 고양: 공동체.

박도윤(2016). 다문화가정 가녀 지원방안에 대한 연구: 전라남도 담양군을 중심으로. 전남대학교 대학원 석사학위논문.

박세경(2004). 포괄적 보육서비스의 구현과 정책과제. **보건복지포럼**. 통권 제97호, 49-64.

박찬옥, 김낙홍, 구수연, 이옥임, 노희연, 이선영(2011). **영유아 프로그램 개발과 평가**. 파주: 정민사.

반채익(2002). 발도르프 학교의 아동교육관. **교육연구총론, 23**(1), 77-95.

배호순(2001). **교육과정 평가론**. 서울: 교육과학사.

배호순(2003). 학교교육과정 평가설계의 합리화를 위한 프로그램 논리의 적용. **교육평가연구, 16**(1), 1-18.

배호순(1990). **평가의 원리: 교육프로그램을 중심으로**. 서울: 교육과학사.

백선희(1998). 아동보육서비스 프로그램의 기본모형. **한국영유아보육학**, 제13집. 한국영유아보육학회.

백선희(1999). 아동보육 사회서비스 프로그램의 개발과 평가. 중앙대학교 박사학위논문.

보건복지부(2016). 2015 전국보육실태조사: 가구조사 보고.

비노바 바베 저, 김성오 역(2007). **삶으로 배우고 사랑으로 가르치라**. 서울: 씨알평화.

삼성아동교육문화센터 편저(2006). **포괄적 보육 서비스 – 지역사회 연계 프로그램 – 사회복지사 매뉴얼**. 서울: 다음세대.

삼성어린이집 포괄적 보육프로그램. pp.264-281.

소경희(2005). **교육과정개발: 주요 쟁점 및 새로운 접근**. 서울: 교육과학사.

신원섭(2005). **치유의 숲**. 서울: 지성사.

신재한(2010). **교육평가의 이해**. 파주: 양서원.

신지연(2013). 숲유치원과 누리과정의 바람직한 연계방안 모색. 산림교육 활성화를 위한 심포지엄 주제발표 자료집. 93-120.

양연숙(2003). 포괄적 보육서비스를 위한 지역정보센터 프로그램의 개발. **한국영유아보육학, 35**(12), 283-314.

여성가족부(2005). 가족지원서비스 연수보고서: 일본 · 호주.

여성가족부(2005). 건강가정지원센터 발전방안연구.

연은모, 최효식(2014). 영유아 자녀를 둔 아버지의 심리적 특성에 대한 잠재적 유형과 양육참여, 양육태도, 자녀의 또래놀이 상호작용 간의 관계. **유아교육 보육복지연구, 18**(4), 229-251.

원종례(2005). 교사 간 협력모델이 적용된 활용-중심 삽입교수 중재가 장애 유아의 활동참여와 발달에 미치는 영향. 이화여자대학교 대학원 박사학위논문.

유선옥(2002). 포괄적 보육 서비스 도입에 관한 연구. 동아대학교 정책과학대학원 석사학위논문.

윤연경(2009). 생태학적 체계 관점을 기반으로 한 빈곤 계층 영유아를 위한 세계 각국의 프로그램 비교 분석. 총신대학교 교육대학원 석사학위논문.

이명순, 이미화(2006). **포괄적 보육 서비스 아동교육 프로그램**. 서울: 다음세대.

이명희, 김지영, 이지연(2011). **장애유아 통합 프로그램의 실제**. 서울: 학지사.

이소현(2004). 장애유아의 사회적 통합 촉진을 위한 사회적 상호작용 증진 활동이 일반유아들의 사회적 행동에 미치는 영향. **유아교육연구, 24**(2), 159-179.

이소현, 박은혜(2011). **장애유아 통합유치원 교육과정**. 서울: 학지사.

이순형 외(2005). **영유아 보육 · 교육프로그램의 이해**. 서울: 학지사.

이혜숙(2001). 포괄적 보육서비스의 구성요소에 관한 연구. 숭실대학교 대학원 박사학위논문.

임재택(2005). **생태유아교육개론**. 파주: 양서원.

임재택, 김경호, 하정연, 김은주, 최윤정(2000). **할머니 · 할아버지 함께 놀아요**. 서울: 양서원.

임재택, 김은주, 권미량(2002). **우리가 아껴 쓰고 나눠 쓸래요**. 서울: 양서원.

임재택, 김은주, 하정연, 권미량, 조채영(2008). **생태유아교육 프로그램**. 고양: 공동체.

임재택, 하정연, 김은주, 박채숙, 박명숙, 최윤정(1999). **얘들아! 산책가자**. 서울: 양서원.

임재택, 하정연, 김은주, 최윤정, 강신영(2002). **손끝으로 만나는 세상**. 서울: 양서원.

임재택, 하정연, 노진형, 김정미, 이숙희(2000). **선생님! 세시풍속이 뭐예요**. 서울: 양서원.

임재택, 하정연, 신주연(2012). **숲유치원 운영 매뉴얼**. 고양: 공동체.

임재택, 하정연, 신주연(2012). **유치원, 어린이집에서 실천할 수 있는 숲유치원 운영 매뉴얼**. 고양: 공동체.

임재택, 하정연, 신주연, 이소영(2012). 숲활동에서 형성되는 유아들의 관계 탐색: 매일 숲으로 나가는 어울림숲반을 중심으로. **열린유아교육연구, 17**(4), 119-145.

임재택, 하정연, 이소영(2013). 숲에서 유아들이 경험하는 놀이 탐색. **유아교육연구, 33**(2), 343-367.

임재택, 하정연, 조채영(2002). **선생님! 바깥놀이해요**. 서울: 양서원.

임재택, 하정연, 조채영, 노진형, 홍정애, 강현진, 김미옥(2000). **선생님 텃밭가요**. 서울: 양서원.

장혜성, 김수진, 김지영(2010). **개별화 교육 프로그램의 실제**. 서울: 교육과학사.

전남련(2006). **프로젝트 접근법의 이론과 실제**. 파주: 양서원.

전남련, 김재환, 이애련, 황연옥, 이혜배, 강은숙, 김기선, 권경미, 심순애, 엄은옥, 이경선(2008). **영유아 프로그램 개발과 평가**. 파주: 학현사.

전지혜(2013). 취업여부에 따른 기혼여성의 추가 출산 의향 : 경제적 · 문화적 가치관, 지역적 변수의 영향 분석. 서울대학교 대학원 석사학위논문.

정계숙, 노진형(2006). 발달지체유아를 위한 게임 활동 중심 사회적 유능성 증진 프로그램의 효과연구. **열린유아교육연구, 11**(5), 19-49.

정계숙, 이정희, 이은하, 노진형(2006). 동화를 활용한 노래극 중심의 사회적 유능성 증진 프로그램의 효과. **열린유아교육연구, 11**(2), 1-29.

정범모(1956). **교육평가의 원리**. 서울: 풍국학원.

정윤경(2004). **발도르프 교육학**. 서울: 학지사.

정윤경(2011). 발도르프 학교 수업의 특징. **발도르프 교육연구, 3**(1), 49-67.

정윤경(2013). Steiner의 인식론과 발도르프 학교의 감성교육. **교육철학연구, 35**(4), 191-215.

조옥희(2001). **마리아 몬테소리**. 서울: 양서원.

조윤경, 신영, 강지현, 장지윤(2009). **장애유아 통합프로그램 운영의 A to Z**. 서울: 창지사.

지옥정(2009). **유아교육 현장에서의 프로젝트 접근법**. 서울: 창지사.

총신대학교 부속유치원 편(2011). **장애유아 통합교육과정**. 서울: 학지사.

최숙연(2011). 다양성과 통섭을 향한 한국 유아교육의 실천과제 탐색: 루돌프 슈타이너의 교육이론에 근거한 "상상력" 개념을 중심으로. **유아교육연구, 31**(6), 401-426.

최은미(2011). **발도르프 교육의 이해**. 서울: 교육아카데미.

하루야마 시게오 저(1996). 반광식 역. **뇌내혁명**. 서울: 사람과 책.

하정연(2004). 생태유아교육 프로그램에 관한 문화기술적 사례연구. 부산대학교 대학원 박사학위논문.

하정연(2006). **신명나는 아이세상 이야기**. 고양: 공동체.

하정연(2013). **세상에서 가장 행복한 아이들**. 서울: 라이온북스.

하정연(2014). **엄마무릎학교**. 서울: 위고.

하정연, 김용환, 백정이(2016). **자연친화적 접근의 유아미술교육**. 고양: 공동체.

하정연, 김은주, 김은영(2010). **유아교사 텃밭매뉴얼**. 파주: 양서원.

하정연, 이숙희, 배은진, 백현윤, 이연주(2011). **아이들과 함께하는 자연건강교육**. 고양: 공동체.

하정연, 이숙희, 엄순정(2008). **자연친화 놀잇감**. 고양: 공동체.

하정연, 이연주(2009). **월별로 살펴보는 생태유아교육 프로그램**. 고양: 공동체.

하정연, 임재택, 배은진, 백현윤, 이연주(2009). **아이들과 함께 하는 산책**. 고양: 공동체.

하정연, 임재택, 안영숙, 이숙희, 이미래, 남연주, 이영임(2006). **아이들이 차리는 생명 밥상**. 고양: 공동체.

하정연, 임재택, 안영숙, 진보경, 이미래, 남연주, 신주연, 엄순정(2005). **아이들이 그리는 세상**. 파주: 양서원.

하정연, 임재택, 이숙희, 이미래, 남연주(2008). **유아를 위한 식생활 교육**. 고양: 공동체.

하정연, 좌승화, 조채영(2016). **영유아놀이지도**. 고양: 공동체.

한국숲유치원협회 (2013). 산림교육 활성화를 위한 심포지엄 토론자료. 137-146.

홍지연(2002). **영유아 교육 프로그램**. 서울: 창지사.

황해익, 송연숙, 최혜진, 손원경, 남미경, 고은미, 정명숙(2008). **영유아 프로그램 개발과 평가**. 고양: 공동체.

Allen, K. E., & Cowdery, G. E.(2005). *The Exceptional Child: Inclusion in Early Childhood Education*(5th eds). Clifton Park, NY: Thompson.

Bailey, D. B., & Wolery, M.,(1992). *Teaching infants and preschoolers with disabilities*. Upper Saddle River, NJ: Merrill/Prentice Hall.

Barnett, W.(1993). Benefit-cost analysis of preschool education: Findings from a 25-year follow-up. *American Journal of Orthopsychiatric, 63*(4), 500-508.

Bricker, D. D., Bruder, M. B., & Bailey, D.(1982). Developmental integration of preschool children. *Analysis and Intervention in Developmental Disabilities, 2,* 207-222.

Bronfenbrener, U.(1979). *Ecology of Human Development: Experiment by Nature and Design*. 이영역(1992). **인간발달과 생태학**. 서울: 교육과학사.

Cook, L., & Friend, M.(1955). Co-teaching: Guidelines for creation effective practices. *Focus on Exceptional Children, 28*(3), 1-16.

Esposito, B. G., & Peach, W. J.(1983). Changing attitudes of preschool children toward handicapped persons. *Exceptional children, 43,* 202-210.

Fuchs, D., & Fuchs, L. S.(1994). Inclusive schools movement and radicalization of special education reform. *Exceptional Children, 60*, 294-309.

Germain & Gitterman(1976). 김동배, 권중돈(1998)에서 재인용(1977; Germain & Gitterman, 1996); Carel B. Germain and Alex Gitterman, *The Life Model of Social Work Practice: Advances in Theory and Practice*, 2nd ed.(1996)

Guralnick, M. J.(1980). Social interaction among preschool handicapped children. *Exceptional Child Psychology, 31,* 115-130.

Hallahan, D. P., & Kauffman, J. M.(2003). *Exceptional Learners: Introduction to Special Education*(9th ed.). Boston: Allyn and Bacon.

Jaffke, F.(2000). **발도르프 킨더가르텐에서의 놀이와 작업**(윤선영 역). 서울: 창지사(원저는 1991년 출간)

Kadushin, A., & Martin, J. A.(1988). *Child welfare services*(4th ed.). New York: Macmillan. (ANTA(1996); 백선희(1999)에서 재인용).

Katz, L. G., & Chard, S. C.(2013). *Engaging Children's Minds: The Project Approach, Katz*와 *Chard*의 프로젝트 접근법(윤은주, 이진희 옮김). 서울: 아카데미프레스 (원저는 2000년 출간).

Kinch, A. F., & Schweinhart, L. J.(1999). Making chidl care work for everyone: Lessons from the program recognition Project. *Young Children, 54*(1), 68-73.

Lillard, P. P.(1972). *Montessori: A modern approach*. NewYork: Schocken Books Inc.

Louv Richard (2007). **자연에서 멀어진 아이들**(김주희 역). 서울: 즐거운상상(원저는 2005년 출간).

Montessori(1964). *The Montessori method.* NewYork: Schocken Books Inc.

Montessori(1967). *The Absorbent Mind*. (A. Claude Laremont, Trans.) New York: Holt, Rinehart & Winston, Inc.

Montessori, M.(1929). *The Advanced Montessori Method*. William Heinemann.

Montessori, M.(1989). *The Child, Sociey, and the World.* ABS-CLIO Ltd.

Morrison, G. S.(1988). *Early Childhood Education Today*(4th ed.). Merril Publishing Company. A Bell & Howell Information Company.

Odem, S. L., & McEvoy, M. A.(1990). Mainstreaming at the preschool level: Potential barriers and tasks for field. *Topics in Early Childhood Special Education, 10*(2), 48-61.

Odem, S. L., Deklyn, M., & Jenkins, J. R.(1984). Integration handicapped and nonhandicapped preschoolers: Developmental impact on the nonhandicapped children. *Exceptional Children, 51,* 41-49.

Patterson, B. J., & Bradley, P.(2000). *Nuturing our from birth to seven*. 강도은 역(2007). **평생을 좌우하는 0~7세 발도르프 교육: 무지개 다리너머**. 서울: 물병자리.

Roditti, M. G.(1995). Child day care: A key building block of family support and family preservation programs. *Child Welfare, 74*(6), 1043-68.(황미혜(2002)에서 재인용).

Roopnarine & Johnson(2010). *Approaches to Early Childhood Education*. 이진희, 윤은주, 성소영 역(2010). **영유아 프로그램의 다양성과 역동성**. 서울: 아카데미프레스.

Sandall, S., & Schwartz, I. S.(2008). *Building Blocks for Teaching Preschoolers with Special Needs.* Baltimore: Paul H. Brookers Publishing Co.

Soto, G., Muller, E., Hunt, P., & Goetz, L.(2001). Critical Issues in the Inclusion of Students Who Use Augmentative and Altmative Communication: An Educational Team Perspective. *Augmentative and Alternative Communication, 17,* 62-72.

Standing, E. M.(1962). *The Montessori thod in Education*. NewYork: Schocken Books Inc.

〈웹사이트〉

삼성아동교육문화센터 홈페이지 http://child.samsungfoundation.org

Dream Start 홈페이지 http://hopestart.org

Head Start 홈페이지 http://acf.hhs.gov

Sure Start 홈페이지 http://www.surestart.gov.uk

We Start 홈페이지 http://westart.joins.com

찾아보기

ㅇ

저자소개

하정연

연세대학교 대학원 아동학과 졸업
부산대학교 대학원 유아교육학과 졸업(교육학 박사)
전) 부산대학교 부설 어린이집 원장
현) 동원과학기술대학교 유아교육과 교수

노진형

부산대학교 교육대학원 유아교육학과 졸업
부산대학교 대학원 유아교육학과 졸업(교육학 박사)
전) 부산대학교 어린이상담실 상담원
현) 경남대학교 유아교육과 교수

전재선

성균관대학교 교육대학원 유아교육전공
성균관대학교 대학원 아동학과 졸업(철학박사)
현) 동주대학교 유아교육과 교수

황현숙

University of Missouri–Columbia, 석사(유아교육전공)
창원대학교 대학원 교육학과 졸업(교육학 박사)
현) 창원문성대학교 유아교육과 교수

허우정

부산대학교 대학원 유아교육과 졸업
부산대학교 대학원 유아교육학과 졸업(교육학 박사)
현) 동부산대학교 유아교육과 교수

제2판

영유아 프로그램 개발과 평가

1판 1쇄 발행 2017년 1월 5일
1판 2쇄 발행 2017년 8월 30일
2판 1쇄 발행 2019년 6월 30일
2판 6쇄 발행 2025년 8월 30일

지 은 이 | 하정연 · 노진형 · 전재선 · 황현숙 · 허우정
발 행 인 | 박철용
발 행 처 | 양서원
주 소 | 경기도 파주시 직지길 522 파주출판도시
전 화 | 031-955-8000(代)
팩 스 | 031-955-8005
홈페이지 | www.yswpub.co.kr
이 메 일 | yswgroup@naver.com
출판등록 | 1987년 11월 24일 제 406-2003-037 호

ISBN 978-89-994-0918-9

정가 22,000원